학교가 꿈꾸는 교육
교육이 숨쉬는 학교

이 도서의 국립중앙도서관 출판예정도서목록(CIP)은
서지정보유통지원시스템 홈페이지(http://seoji.nl.go.kr)와
국가자료공동목록시스템(http://www.nl.go.kr/kolisnet)에서 이용하실 수 있습니다.
(CIP제어번호: CIP2018014076)

함께교육 2

학교가

꿈꾸는 교육

교육이

숨쉬는

학교

권재원 글

서유재

새로운 교육의
꿈을 위한 행진곡

이 책은 2014년부터 2017년까지 신문, 잡지에 기고했거나 블로그 등에 포스팅한 글들을 정리한 것이다. 2014년에 낸 『학교라는 괴물』의 후속판이라고 봐도 될 것이다.

『학교라는 괴물』을 낼 무렵, 나는 곽노현 교육감의 낙마로 인한 무력감과 실의에 잠겨 있었다. 그런데 책이 나오고 얼마 지나지 않아 예기치 않은 움직임이 일어났다. 책을 읽은 젊은 교사들이 속속 모여들었고, 마침내 자발적 북콘서트까지 열리게 되었다. 이 북콘서트가 계기가 되어 '실천교육교사모임'이라는 새로운 교원단체가 결성되기에 이르렀다. 『학교라는 괴물』이 학교를 바꾸어 나갈 '괴물 선생'들을 불러 모으는 나팔 역할을 한 것이다.

이제 이 책은 그렇게 모여든 교사들에게 자신 있게 들려주는 행진곡이 될 것이다. 그렇기에 이 책에는 『학교라는 괴물』의 냉소적이며 신랄한 문장을 찾기 어렵다. 지금 필요한 것은 냉소와 풍자가 아니라 분명한 방향과 메시지이기 때문이다.

부디 이 책이 대한민국을 리모델링해야 하는 중대한 시기에 시멘트 한 푸대의 역할을 했으면 하는 마음이다.

2018년 봄, 권재원

차례

프롤로그 : 새로운 교육의 꿈을 위한 행진곡　　　　　　　　　　　　　4

| 1장 |

진보와 보수를 넘어, 다시 교육

◉ 결론은 교육이다 11 　◉ 교육개혁과 교육법 23 　◉ 진보교육감들에게 바란다 33 ◉ 진보교육운동의 독점시장 해체를 보며 40 　◉ 문용린 교육감을 보내며 46 　◉ '노조로 보지 않음'의 의미 51 　◉ 교육혁신은 연수제도 개혁부터 55 　◉ 이름만 교육지원청 59 　◉ 신종 줄 세우기 63 　◉ '학교생활기록부 종합전형'을 위한 변명 66 　◉ '진보적' 교육감, '진보의' 교육감, '진보교육'감, '교육 진보'감? 72 　◉ 진보 명망가들의 교육 맨스플레인 79 　◉ 진보교육과 실력 83 　◉ 교육 다양성의 의미 94 　◉ 인성교육에 인성이 없다 105 　◉ 노동이 사라진 교육 119 　◉ 국수주의와 사대주의 사이 130 ◉ 시행령으로 움직이는 교육 134 　◉ 학교와 마을 143 　◉ 민주시민은 책을 읽는다 147 　◉ 교육부 잔혹사 20년 153 　◉ 교사 증원에 대한 우려 169 　◉ 교육의 길 173

| 2장 |

학교의 의미, 교사의 자리

◈ 교사의 죽음을 가볍게 생각하는 사회 179　◈ 학교 안전 문제의 이면 184　◈ 혁신학교의 참된 길 188　◈ 특목고와 자사고가 폐지되면 일반고가 살아날까? 192　◈ 9시 등교 설전 유감 196　◈ 공문, 그리고 교육지원청 200　◈ 등교지도를 폐지하자 212　◈ 교육부의 청소년 안전 걱정 216　◈ 2000년대에 부활한 교육계엄령 219　◈ 혁신학교를 생각하다 223　◈ 교권과 인권은 제로섬이 아니다 228　◈ 국정교과서를 이기는 길 233　◈ 아동학대범죄 방지를 위해 가장 필요한 것 238　◈ 교사는 계급이 없다 243　◈ 세월호와 민주시민 교육 247　◈ 민주적인 학교문화를 위한 제언 252　◈ 학교를 좀먹는 다홍치마 268　◈ 교사 문해력 논란에 부쳐 273　◈ 사교육비 경감의 유혹 276　◈ '샘'이라는 말 282　◈ 교육의 정치적 중립성 288　◈ 교장의 역할 298　◈ 인성교육과 공부의 상관관계 309　◈ 공교육에 대한 자학과 자만 318　◈ 입시교육과 권력의 그림자 322　◈ 중학교 교사의 정체성 326　◈ 3월엔 잡지 말자 337　◈ 가르치는 일의 존엄함 340　◈ 교육개혁의 출발 344　◈ 고작 다섯 명 차이 347

에필로그 : 학교 없는 세상을 꿈꾸며　　　　　　350

1장

진보와 보수를
넘어,
다시 교육

결론은 교육이다
—『21세기 자본』이 우리에게 주는 메시지

프랑스 경제학자 토마 피케티(Thomas Piketty, 1971~) 열풍이 한바탕 불었다. 그가 쓴『21세기 자본』은 딱딱하고 어려운 경제학 책이지만 프랑스에서 5만 권, 미국에서는 출간 한 달 만에 8만 권, 그리고 지금까지 50만 권이나 팔리는 기염을 토했다. 우리나라에서는 출간 첫 일주일 동안 3만 부 이상이 나갔다. 우리나라가 미국보다 출판시장이 훨씬 작은 점을 감안하면 엄청난 판매량이 아닐 수 없다.

『21세기 자본』은 어느 모로 보아도 베스트셀러가 될 만한 조건을 찾아보기 어려운 책이다. 우선 이 책은 독자들을 매우 높게 평가하고 있거나 혹은 매우 불친절하다. 그래서 이 책은『정의란 무엇인가』에 이어 가장 많이 팔리고 가장 적게 읽힌 책 중 하나가 될 것이라고 한다. 아마『정의란 무엇인가』보다도 더 적게 읽힐 것이다. 통계자료와 그래프로 가득한 700쪽짜리 책을 다 읽어 낼 사람은 그리 많지 않기 때문이다. 물론 모든 사람이 이 책을 읽을 필요는 없다. 다만 이 책을 읽은 사람들이 찾아낸 함의에 귀 기울여 보고, 피케티가 오늘날 한국 사회에 던지는 메시지가 무엇인지 고민해 보는 것만으로도 충분하다.

피케티는 여러 나라의 경제순위 상위 10퍼센트 이내 계층과 하위 50퍼센트 이하 계층의 소득이 그 나라 전체 국민소득과 자본의 몇

퍼센트나 차지하는지에 대한 자료를 무려 200년간에 걸쳐 수집하고, 이를 가공하여 하나의 시계열 자료를 구축하였다. 200년이라는 기간도 기간이지만, 소득과 부에 대한 자료가 오늘날과 같이 투명하게 공개된 것이 20세기 중반 이후이며, 200년 전에는 오늘날과 같은 통계기법 자체가 존재하지 않았다는 점을 감안하면 대단한 업적이다. 그래서 그의 해석이나 정책 대안에 동의하지 않는 그레고리 맨큐(Nicholas Gregory Mankiw, 1958~) 같은 주류 경제학자들조차 200년간의 소득과 자본의 시계열 자료를 구축한 업적만큼은 높이 평가하는 것이다. 이렇게 집요한 실사구시의 정신은 교육적으로도 큰 가치가 있다.

그런데 피케티는 경제적 불평등을 연구주제로 삼기는 했지만 결코 좌파도 평등주의자도 아니다. 그가 문제 삼은 것은 불평등 그 자체가 아니라 불평등의 정도가 점점 심해지는 양극화다. 그가 전반적인 불평등 정도를 보여 주는 지니계수보다 최상위 계층에게 소득과 자본이 얼마나 집중되고 있는가를 보여 주는 십분위 배율을 근거로 논의를 진행하는 까닭이 바로 여기 있다. 어느 사회나 불평등은 있을 수 있고, 사실 불가피한 면이 있다. 그러나 사회의 최상층에게 자원이 계속해서 집중되는 양극화, 그리고 그 불평등이 물려받은 부나 신분에 의해 세습되는 일은 정당화될 수 없다. 이게 바로 『21세기 자본』이 말하려고 한 것이다. '불평등의 정당화는 가능한가'가 아니라 '현재의 불평등은 정당화될 수 있는가'인 것이다.

여기서 피케티는 자본수익률(r)과 경제성장률(g)이라는 지표를 비교한다. 자본수익률은 노동이나 사업을 하지 않고 이자, 임대료, 배당

같이 자본(금융자산, 부동산, 주식 등)에서 나오는 소득, 즉 자본소득의 총합을 그 나라의 총자본으로 나눈 것이다. r이 5퍼센트라면 1억을 가진 사람은 아무 일을 하지 않아도 해마다 500만 원을 벌 수 있다는 뜻이다. 간단히 말해 돈 놓고 돈 벌 수 있는 비율이다. 반면 경제성장률은 어떤 나라에서 1년간 생산한 상품 가격의 총합인 GDP가 1년 사이에 얼마나 증가하였는가 하는 것이다. 즉, 이는 노동과 기업 활동이 벌어들이는 소득이다.

그런데 피케티가 200년간의 자료를 분석한 결과에 따르면 자본수익률은 항상 4~6퍼센트 정도를 유지하는 반면 경제성장률은 특별한 예외가 없는 한 1~2퍼센트에 불과하다는 사실을 발견하였다. 간단히 말하면 뼈빠지게 일해서 2퍼센트 소득을 늘려놓았는데, 뭉칫돈이나 부동산 가진 사람, 돈 놓고 돈 먹는 사람은 가만히 앉아서 5퍼센트의 소득을 올린다는 것이다. 이게 세간에 널리 회자되는 'r>g'라는 부등식이다. 그렇다면 누가 돈 놓고 돈을 먹을까? 그게 반드시 자본가에 국한된 것은 아니다. 노동자라 할지라도 임금을 저축하면 자본소득을 올릴 수 있기 때문이다.

그러나 피케티는 열심히 일하고 아껴 쓰고 저축한다는 믿음을 산산조각 내며 예금, 증권, 부동산을 막론하고 상위 10퍼센트가 자본의 대부분을 소유하고 있음을 보여 준다. 하위 50퍼센트의 사람들은 자본을 전혀 갖지 못하거나 빚이 많아 마이너스 상태이며, 상위 10·50피센드 사이의 이른바 중산층은 현재 살고 있는 주택 외에는 이렇다 할 자본이 없다. 그 주택에 걸린 융자금을 생각하면 그들 역시 자본이 없다고 봐야 한다. 따라서 r>g이란 상위 10퍼센트의 소득이 하위계층의 소득보다 더 빨리 증가한다는 뜻이다. 이게 바로 말로만 듣던 빈익빈 부익부다. 달리 표현하면 이미 축적된 재산에서 나오는 소득이 현재 노력하고 일해서 벌어들이는 소득보다 더 많다는 뜻이다. 또한 과거가 현재를 지배한다는 뜻이며, 일해서 성공한 놈이 부모 재산 상속받는 놈 못 당한다는 뜻이다.

이렇게, 자본소득이 노동·사업소득보다 빨리 증가하는 추세가 계속된다면 결국 그 나라 소득의 대부분이 자본소득, 즉 상위 10퍼센트의 소득이 될 가능성이 크다. 피케티는 이를 $\alpha = r \times \beta$라는 공식으로 표현하였다. 이는 한 나라의 총소득 중 돈 놓고 돈 먹은 소득의 비율인 α를 산출하는 공식이다. 만약 $\alpha = 30$퍼센트라면 그 나라 총소득에서 자본소득이 30퍼센트, 노동·사업소득이 70퍼센트란 뜻이다. 그렇다면 r에 곱하게 될 β는 무엇일까? 이것은 자본/소득 비율이다. 예컨대 어떤 나라 국민들의 연간소득의 평균이 2천만 원이고, 그 나라 국민들이 보유한 부동산, 증권, 예금 등의 평균이 1억이라면 이 수치는 5가 된다. 이제 α값을 구해 보자. 자본수익률이 5퍼센트이고, 자본/소득 비율이 5라면 α는 25퍼센트, 즉 그 나라 소득 중 불로소득이 1/4이나 된다는 뜻이 된다.

그런데 이 비율이 평균임을 유념하자. 이미 상위 10퍼센트가 자본의 대부분을 소유하고 있기 때문에 자본/소득 비율이 5인 나라에서 상위 10퍼센트의 자본은 실제로 평균소득의 10배가 넘는 경우가 대부분이다. 즉, 평균적인 소득을 거두는 성실한 노동자가 평생 일해도 기존의 상위 10퍼센트 부자들을 절대 따라잡을 수 없다는 뜻이다. 게다가 상위 10퍼센트의 부자들은 자본을 까먹으며 사는 것이 아니라 r>g이기 때문에 노동소득보다 빠르게 늘어나는 자본소득을 거두면서 사는 것이다. 따라서 α값은 갈수록 늘어날 수밖에 없다.

그런데 피케티의 자료에 따르면 상위 10퍼센트의 부자들이 자본소득만 거두는 것은 아니다. 이들은 좋은 일자리를 차지하고 근로소득도 거둔다. 따라서 이들의 자본소득은 소비되기보다는 저축될 가능성이 커진다. 그래서 이들의 자본 규모는 더 커지고, α도 더 커진다.

이런 양극화의 악순환은 경제성장에도 영향을 미친다. 부자들은 소득이 100만 원 증가해도 이를 쓰지 않고 저축해 버릴 가능성이 크지만, 가난한 사람들은 소득이 100만 원 증가하면 그동안 미뤄두었던 소비를 위해 지출할 가능성이 훨씬 크다. 따라서 똑같은 돈이라도 부자보다는 가난한 사람 주머니에 들어갔을 때 시장 기여도가 크다. 따라서 경제적 양극화가 심해진다는 뜻은 시장의 침체, 즉 성장잠재력의 훼손을 의미한다.

게다가 경제적 양극화가 심각해지면 사회 구성원들이 그 사회의 정당성에 의문을 품게 된다. 아무리 열심히 일해도 불로소득을 올리는 사람들과의 격차가 점점 더 벌어진다면 누가 그런 사회에 소속감을 가지겠는가? 결국 사회 통합이 약해지고 민주주의가 사실상 과도제, 귀족정으로 전락하거나 혼란과 불안 상태에 빠질 위험이 크다.

따라서 경제적으로나 징지적으로나 α값을 줄여서 양극화를 저지해야 할 충분한 이유가 있다. 그렇다면 자본수익률(r)을 낮추던가 아니면 자본/소득 비율()을 낮추어야 한다. 그리고 자본/소득 비율을 낮추는 방법은 자본을 줄이거나 소득을 늘리는 수밖에 없다. 그런데 피케티는 자본수익률이 어느 시대나 늘 5퍼센트 내외로 일정했기 때문에 사실상 불변한다고 밝혔다. 그 까닭은 이 수익률은 경제적으로 결정된 것이 아니라 자본소득자들의 정치적 힘과 협상력의 결과이기 때문이다. 자본소득을 올리는 사람들은 대체로 그 사회의 10퍼센트 이내의 사람들이기 때문에 그들의 수익률을 안정적으로 높게 유지할 수 있는 다양한 수단과 힘을 가지고 있다.

그렇다면 β를 어떻게 줄일까? 논리적으로는 소득을 늘리거나 자본을 줄이는 것 외에는 방법이 없다. 소득의 증가는 결국 경제성장이다. 하지만 피케티는 이미 r〉g라고 명시했다. 아무리 경제성장률이 올라가도 자본수익률 이하이기 때문에 a의 증가를 막을 수 없다. 게다가 경제성장의 동력도 이미 식고 있다. 경제성장의 길에는 두 가지가 있다. 하나는 수량효과, 다른 하나는 생산성의 향상이다. 수량효과는 생산에 투입되는 노동력과 자본의 양을 늘리는 것이다. 인구의 증가는 이 둘을 모두 늘리는 가장 중요한 수량요인이다. 그리고 생산성의 향상은 기술의 발전, 노동자들의 역량 증가다.

그런데 대부분의 선진국들은 고령화 사회로 접어들어 인구 증가에 따른 수량효과를 기대하기 어렵다. 심지어 중국도 고령화 사회로 들어갈 예정이다. 생산성 향상에 기대할 수 있지만 역사적으로 생산성 향상은 수량효과만큼 큰 동력은 아니다. 그렇다면 남은 선택지는 r-g에 해당되는 자본소득을 국가가 세금으로 환수하거나, 자본 자체에 세금을 과세하여 자본/소득 비율을 낮추는 것이다.

물론 주류 경제학자들은 펄쩍 뛴다. 피케티를 공산주의 선동가라고 몰아붙이면서 시장을 믿어야 한다고 한다. 하지만 피케티는 주류 경제학자들이 자본주의가 양극화 문제를 해결할 수 있다는 증거로 제출할 만한 사례들을 미리 분석한 뒤 이는 다만 역사적 우연의 산물이라고 못 박아 버렸다. 하나는 1910년 정점에 이르렀던 유럽과 미국의 양극화가 1930년대 이후 큰 폭으로 완화된 것이며, 다른 하나는 일본이나 NICS(한국, 대만, 싱가포르) 같은 국가들이 심각한 양극화 없이 유럽이나 미국 수준까지 성장한 사례다.

하지만 피케티는 자본주의가 양극화를 스스로 치유한 것으로 보였던 유럽과 미국의 1930~1970년대가 사실은 전쟁과 대공황이라는 예외적인 대형 사건, 그리고 정부의 강력한 개입이 있었기에 가능했다고 주장한다. 두 차례의 세계대전과 1930년대의 세계대공황은 기존 자본을 상당수 파괴하고 자본소득자들을 몰락의 나락으로 내몰았던 것이다. 특히 전쟁과 공황을 극복하기 위해 정부의 영향력이 커진 것이 결정적이었다. 대공황과 세계대전을 극복하는 과정에서 유럽과 미국 정부는 부자들에게 높은 수준의 누진세를 적용하여 이를 빈곤층에 재분배하거나 각종 사회사업에 투자하는 등의 정책을 펼쳤다. 대표적인 사례로 미국의 루스벨트 대통령은 최고소득세율이 거의 80퍼센트에 이르는 엄청난 누진세를 도입하였다. 1910년만 해도 미국은 소득세 자체가 없던 나라였음을 감안한다면 이는 부자들에 대한 약탈이나 다름없었다. 그러나 루스벨트는 여기에 굴하지 않고 부유세, 유산세, 증여세, 주식자본세 등 자본 보유에 대한 과세도 강화하였다. 공산주의자라는 소리까지 들으며 부자들에게서 세금을 거두어들인 루스벨트는 이를 공공사업에 투자하고 사회복지를 강화하는 등 노동계급을 중산층으로 끌어올려 계층 간의 격차를 줄이는 일에 적극적으로 나섰다. 유럽 역시 미국의 선례를 따랐다. 결국 1930~1970년대에 비교적 평등한 자본주의 경제가 가능했던 까닭은 시장의 자기조절 때문이 아니라 외부의 충격, 정부의 강력한 개입과 정책이 있었기 때문이다.

그러나 1980년대 이후 레이건과 대처로 대표되는 신자유주의 정권은 이런 정치적 장치들을 제거하였다. 그러자 자본주의 경제는 빠르게 원래의 양극화 상태로 돌아갔다. 레이건은 70퍼센트이던 소득세 최고세율을 50퍼센트까지 낮추고, 각종 자본과세 역시 폐지하거나 대폭 삭감하였다. 유럽 역시 대처를 필두로 이 길을 따라갔다. 그결과 유럽은 빠르게 1910년 수준의 양극화로 되돌아갔고, 미국 역시 시간문제일 뿐 여기에 근접하고 있다.

이러한 역사적 사실들은 양극화가 경제 문제가 아니라 정치 문제임을 보여 준다. 전쟁과 같은 정치적인 사건, 그리고 루스벨트나 레이건의 경우와 같이 정치권력이 어떤 방향의 정책을 펴느냐에 따라 양극화의 방향은 수렴되기도 벌어지기도 하는 것이다.

동아시아 신흥국들이 비교적 평등한 가운데 빠르게 자본주의를 발전시킬 수 있었던 것 역시 몇 가지 특수한 요인이 겹친 우연한 결과다. 이들은 애초에 축적된 자본 자체가 부족했다. 이들이 경제성장을 시작할 무렵의 자본/소득 비율은 거의 1에 가까웠다. 게다가 이들은 1960~1970년대 동안 자본수익률 5퍼센트의 두 배나 되는 경제성장률을 보여 주었다. 이들의 뒤를 이은 중국 역시 2000년대 들어 그 정도의 경제성장률을 보여 주었다.

그러나 이 예외적인 상황 역시 오래가지 않았다. 아시아 4룡의 경제는 선진국 수준에 올라서는 데 성공했지만 다른 선진국들과 마찬가지로 저성장·저출산의 늪으로 빠져들었다. 게다가 이 나라들은 미국이나 유럽 같은 부유층에 대한 엄청난 누진세, 자본에 대한 중과세를 부과했던 정치적 경험이 없기 때문에 앞으로 아주 빠른 속도로 양극화가 진행될 가능성이 크다. 중국 역시 경제성장률이 7퍼센트 이하로 내려앉았고, 고령화도 빠른 속도로 진행되고 있으며, 1퍼센트가 41퍼센트의 부를 차지하고 있는 등 이미 심각한 양극화의 길을 걷고 있다.

이와 같이 양극화가 완화된 것처럼 보였던 사례들은 자본주의 시장경제의 자기조절과는 무관하다. 이는 모두 경제 자체의 요인이 아니라 경제 외적인 요인, 특히 정치적 요인에 의해 조성된 평등이었다. 정치가 50퍼센트의 이익을 위해 정책을 펴는가, 아니면 1퍼센트의 이익을 위해 정책을 펴는가에 따라 경제적 불평등은 시장과 무관하게 수렴되거나 양극화되었다.

여기서 페리클레스가 내린 민주주의의 정의인 "권력이 다수의 손에서 나오는 정치"라는 말의 진정한 의미를 되새길 수 있나. 민주주의는 다만 선거와 대의제 기구에서 그치는 것이 아니다. 민주주의는 권력이 10퍼센트가 아니라 90퍼센트에 의해 움직이는 정치다. 그러나 갈수록 심각해지는 양극화는 민주주의를 위협한다. 10퍼센트는 보다 많은 지식과 정보에 접근하고 정치에 관심을 둘 여력이 많다. 그러나 생계에 쫓겨야 하는 90퍼센트는 정치에 눈 돌릴 여력도, 정치를 이해하고 움직일 지식과 정보도 부족하다. 하지만 90퍼센트가 정치권력에 영향력을 회복하지 않는 한, 이 양극화는 점점 심화될 것이다.

『21세기 자본』의 주요 내용은 이 정도에서 사실상 마무리된다. 그 이후에 나오는 글로벌 자본세 등의 내용은 피케티 본인도 유토피아적이라고 고백한 바 있다. 그런데 여기에 피케티도 미처 예상하지 못한 행간이 있다. 바로 교육이다.

피케티는 양극화가 결국 경제 문제가 아니라 정치 문제임을 밝혔다. 그런데 정치란 당위의 문제가 아니라 다수의 합의의 문제다. 그리고 그 합의를 이끌어 내는 힘은 숫자나 물리력이 아니라 협상력과 설득력이다. 이때 협상력은 '가진 것'의 힘에서 비롯되고, 설득력은 '아는 것'의 힘에서 비롯된다.

그렇다면 90퍼센트가 발휘할 수 있는 '가진 것'의 힘은 무엇일까? 당연히 자본이 아니라 노동이다. 그런데 그 노동은 자본으로 대체될 수 없는 노동이어야 한다. 언제든지 기계나 전산도구로 대체될 수 있는 노동만 가진 노동자들은 그 수가 아무리 많아도 협상력을 발휘하기 어렵다. 문제는 그런 협상력을 가진 노동자들이 바로 상위 10퍼센트에 속한다는 것이다. 사실 10퍼센트 중에서도 온전히 자본소득만으로 살아가는 사람들은 많지 않다. 그들 중 상당수는 노동소득에 의존해 살아간다. 다만 매우 높은 대우를 받는 자리에서 일할 뿐이다.

문제는 그런 높은 대우를 받는 노동자가 되기 위해 필요한 교육이 매우 비싸며, 90퍼센트가 그 일자리에 진입하기 매우 어렵다는 것이다. 양극화 해소는 바로 이 진입장벽을 허무는 것, 즉 누구나 고급지식과 기술을 익힐 수 있는 교육 평등에서부터 시작되어야 한다. 가난한 학생에게도 혜택이 돌아가는 공교육 투자야말로 자본과세보다도 더 중요한 양극화 해소 방안이다. 교육의 중요성은 다른 측면에도 있다. 90퍼센트는 협상력뿐 아니라 설득력도 필요하다. 이 양극화는 세금을 내야 하는 10퍼센트에게서 자발적인 양보를 끌어내기 전에는 결코 멈출 수 없다. 그리고 10퍼센트를 설득하는 힘은 민주주의와 공정함에 대한 태도, 공동체가 가치 있다고 여기는 것들을 중심으로 합의를 도출해 내는 능력과 직결된다. 이는 결코 자연발생적으로 생기는 능력이 아니며 반드시 교육되어야 하는 것들이다. 그러니 피케티를 대신하여 『21세기 자본』 마지막에 이렇게 덧붙인다 해도 큰 무리는 없을 것이다.

결국 자본주의 사회에서 양극화는 경제 문제가 아니라 정치 문제다. 그런데 이 정치는 10퍼센트가 공동체 전체를 위해 기꺼이 자신의 몫을 공동체에 내줄 수 있도록 설득하거나 압박하는 것이다. 10퍼센트가 차지하고 있는 지위가 세습되지 않고 90퍼센트에게도 기회가 열려 순화된다면 10퍼센트가 지기 자본에 내해 가지고 있는 완강한 태도는 한결 완화될 것이다. 또 90퍼센트가 민주주의, 공정함 같은 보편적인 가치를 중심으로 사회 전체의 합의를 끌어낼 수 있다면 10퍼센트 역시 기꺼이 양보하거나 양보하지 않을 수 없을 것이다. 누가 10퍼센트에게 이런 능력을 만들어 줄 수 있을까? '교육의 문제'다.

교육개혁과
교육법

이명박 정부가 들어설 무렵의 일이다. 경제정책에서 신자유주의적인 편향을 보일 것에 대한 우려는 있었지만, 민주주의와 인권이 퇴행할 것이라는 우려는 크지 않았다. 그러나 2년이 채 지나지 않아 민주정부 10년의 성과는 원점을 지나 퇴행하고 말았다. 한때 아시아 민주주의의 등불이었던 대한민국의 언론자유 수준이 중국이나 아프리카 빈국 수준으로 급락해 유엔 인권이사회나 국제사면위원회에서 특별조사를 실시하는 나라로 전락했다.

왜 이런 일이 일어났을까?

개혁을 '사람'을 중심으로 생각했기 때문이다. 권력기구가 가진 성격과 기능을 상세하게 분석하고, 그것이 민주주의에 기여하는 부분, 혹은 저해하는 부분이 법령의 어떤 문구에서 비롯되는지를 따져 보아야 했다. 하지만, 그 자리에 이른바 '우리 편', '관점이 좋은 사람'을 앉히면서 개혁했다고 믿은 것이다.

그 착각은 이명박 정부가 해당 기관의 수장을 반대쪽 경향성을 가진 사람으로 교체하면서 단숨에 깨졌다. 10년 동안 거의 집행되지 않아 폐지된 것으로 착각하고 있었던 갖종 억압적인 제도와 기관이 '합법', '법치주의'의 외피를 쓰고 다시 굉음을 내며 작동하였다. 그

굉음 속에 공영방송의 선전기관으로의 추락, 전교조의 법외노조화, 그리고 누리과정 문제가 들어 있다.

치밀한 로드맵을 구성해서 차근차근 법 규정을 하나하나 개정해 나갔다면 이런 퇴행과 역진은 불가능했을 것이다. 관련 법을 샅샅이 뒤져서 정부가 언론에 관여할 수 있는 요소를 낱낱이 제거했더라면 지금과 같은 기울어진 운동장은 막을 수 있었을 것이다. 국가가 교육과정의 목표만 제시하고 교육의 구체적인 내용은 학교에서 교사들이 협의하여 자율적으로 구성하도록 교육법이 규정하고 있었다면 지금의 국정교과서 같은 퇴행은 불가능했을 것이다.

가장 중요한 것은 '법에 대한 구체적인 비전과 로드맵'이다. 진보가 집권하는가 마는가는 중요하지 않다. 그보다 더 중요한 것은 집권하기 전에 그런 시스템이 구상되어 있는가, 그리고 그 시스템을 차례로 구현할 입법 로드맵이 갖추어져 있는가 하는 것이다.

교육개혁은 곧 교육법령의 세밀한 개정 작업

그동안 진보진영은 교육개혁이라는 부분에서 유난히 '사람 문제'에 집착했다. 예컨대 사립학교 문제에서도 이사회에 누가 들어가느냐에 집착하다가 저항에 부딪쳤다. 교원정책에서도 유난히 교장제도에 집착했다. 내부형 교장공모제는 평교사 출신의 진보적인 교사가 교장직에 진출할 수 있는 통로를 열고자 하는 의도를 담고 있었다. 그러나 이런 인사들이 교장으로 진출했을때, 혹은 교장 리더십 강좌 등을 통해 기존 교장들의 마인드를 바꿈으로써 학교를 바꿀 수 있을까?

물론 개혁적 교장이 학교를 크게 바꾸어 놓은 사례가 없는 것은 아니다. 하지만 교장 하나 바뀜으로써 학교 전체가 바뀌는 현상이 과연 바람직한 일일까? 그 방향이 진보면 바람직하고 보수면 바람직하지 않은 것인가? 권위적인 교장이 학교를 좌우할 수 있는 제도하에서는 그 방향이 오른쪽이냐 왼쪽이냐는 전혀 의미가 없다. 보수독재든 진보독재든 독재는 독재다. 하지만 진보독재를 펼쳐서 얻은 성과는 다른 교장이 들어서면 한순간에 도루묵이 된다. 마치 민주진보 정권 10년이 지났음에도 각종 권력기구와 언론사 수장이 바뀌자 모든 것이 빠르게 퇴행한 것과 같다.

더 큰 문제는 개혁적이고 진보적이었던 교장들 자신도 바뀐다는 것이다. 인간은 존재에 의해 의식이 규정되는 존재다. 일단 교장이 되고 나면 보는 눈과 생각하는 코드가 바뀌며, 의식적으로 노력하지 않는 한 다른 교장들과 한 무리가 되기 쉽다. 전교조 출신 내부형 공모 교장들이라고 예외는 아니다. 그들도 변한다. 변했음에도 자신들이 여전히 진보적이라고 믿는 최악의 상황이 올 수도 있다.

교육개혁은 개혁적인 교육자들이 교장이 되는 것으로, 개혁적인 인사가 교육감으로 선출되는 것으로, 혹은 정권교체가 이루어져 개혁적인 교육부장관이 취임함으로써 이루어지는 것이 아니다. 오히려 가장 보수적이고 수구적인 교장, 교육감, 교육부장관이 들어서더라도 법에 정해져 있는 대로 교사, 학생, 학부모의 민주적인 상호작용과 견제 아래 학교를 운영할 수밖에 없게끔 하는 것이 교육개혁이다.

교육개혁은 곧 교육법 개정이다. 물론 이런 교육법 개정 작업은 지루하고 까다롭다. 그냥 장관, 교육감, 교장만 우리 편으로 확 갈아버려서 일거에 학교를 바꾸는 것이 더 빠를 것 같다는 유혹을 떨치기 어렵다. 그러나 막상 사람을 바꾸어도 일은 그런 식으로 진행되지 않는다. 오랫동안 내려온 낡은 제도와 관행이 서로 엉켜서 굳건한 장벽을 이루고 있기 때문이다. 이런 것들은 사람들의 의식 구조에 새겨져 있기 때문에 강제력이 없으면 절대 사라지지 않는다.

예컨대 "교사의 본분은 수업이다"라는 말을 부정하는 교사나 교장은 없다. 그러나 관행적으로 교사가 행정업무를 담당했던 체제는 쉽게 바꾸지 못한다. 이걸 바꾸는 방법은 교장의 마인드가 아니라 '교사에게 행정업무배당 금지'와 같은 명시적인 법규정이다. 학교가 민주적으로 운영되어야 한다는 것은 일종의 당위다. 그러나 학교의 대소사를 "학교장이 결정한다"라고 규정되어 있는 한, 학교의 민주주의는 다만 '교장선생님의 인심'에 따라 우왕좌왕할 뿐이다.

교육개혁은 교육법을 바꾸는 것이다. 그것도 법 전체를 뜯어고치는 것이 아니다. 악마는 디테일에 숨어 있다. 교육을 바꿀 비밀 열쇠는 교육법의 한두 문장, 심지어 한두 개의 단어일 수 있다. 하지만 이런 비밀 열쇠는 꼼꼼하게 살펴보지 않으면 쉽사리 모습을 드러내지 않는다. 교육개혁을 꿈꾸는 사람이라면, 교육이 제자리를 잡기 바라는 뜻있는 교육자라면 교육법을 샅샅이 뒤져가며 이 숨어 있는 악마들을 찾아내는 작업을 미리미리 준비해 두어야 한다.

현재 우리나라 교육법이 가지고 있는 몇 가지 문제점을 예시해 보겠다. 물론 앞으로 구체적이고 세밀한 작업이 필요하며, 여기서 제시하는 문제점은 다만 그 시작으로서의 의미만 있을 뿐이다.

①교육철학·교육학적 기반의 부재

현재 우리나라에서 교육과 관련된 법률에는 교육법의 헌법격인 '교육기본법', '초중등교육법', '유아교육법', '고등교육법', '교육공무원법' 등이 있다. 그런데 우리나라 교육법의 가장 큰 문제는 헌법 격인 교육기본법이 제 역할을 못한다는 것이다.

제대로 된 교육법이라면 교육기본법을 통해 우리나라가 추구해야 할 교육의 목표와 원리 그리고 학교상을 합의하고, 이를 바탕으로 초등·중등·고등 교육의 목표를 정해야 한다. 그리고 이 목표를 달성하기 위한 교원의 자격과 임용, 각 학교의 운영 방식을 정해야 한다.

그러나 우리나라의 각종 교육법들은 이런 체계적인 구성과는 거리가 멀다. 초중등교육법, 고등교육법, 유아교육법, 교육공무원법 등이 제각각 만들어졌고, 제각각 부분 개정되었다. 교육기본법에 의거하여 이 법률들이 만들어지지도 않았다. 오히려 일제강점기 때의 교육 관련 법률들을 그대로 옮겨 놓은 상태에서, 그때그때 문제가 발생할 때마다 부분 개정을 누더기처럼 이어 붙였다. 그러다 보니 같은 법 안에서도 논리나 체계도 잘 맞지 않는 경우가 발생한다.

반면 선진국의 교육법은 그 나라가 추구하는 교육의 목표, 교육의 철학을 합의하고 그것을 교육법에 명시하고 있다. 예컨대 핀란드의 교육기본법에는 '사회적 구성주의'라는 교육철학을 명시하고 있으며, 이 교육철학에 의해 교육목표가 설정되고, 이것을 달성하기 위한 제반 조건과 과정, 그리고 교육과정의 기조를 법률로 규정하고 있다.

②추상적이고 모호한 법조문과 과도한 시행령 위임

현행 교육 관련 법률들은 교육학적·교육철학적 기반만 없는 것이 아니라 교육행정상의 정밀함도 부족하다. 논리적으로 반드시 있어야 할 부분이 빠져 있거나, 중요한 용어에 대한 정의가 되어 있지 않거나, 실제적이고 구체적인 사항들을 규정하지 않고 시행령에 위임한 경우가 많다.

특히 초중등교육법과 교육공무원법이 그렇다. 이 법률들은 구체적인 내용의 절반 이상을 시행령에 위임하거나 학교장의 재량으로 넘겨 버리는 경우가 많다. 그런데 시행령은 교육부장관이 국회 의결 없이 멋대로 만들 수 있으며, 학교장 재량인 경우는 사실상 아무런 제재 장치가 없다.

예컨대 초중등교육법, 교육공무원법에 "자율학교(혁신학교)의 교장"을 평교사 출신의 내부형 공모제로 임명할 수 있도록 규정했으나 막상 구체적 절차로 들어가면, 시행령에 전면적으로 위임한 경우가 그 폐단을 잘 보여 준다. 보수정권의 교육부장관이 "전체 자율학교의 10퍼센트 이내만 내부형 공모제를 실시한다"라고 시행령을 만들어서 사실상 바뀐 법률을 무력화시켰기 때문이다. 대통령이 임명한 장관이 국민의 대표기관인 국회의 법률을 멋대로 무력화시키거나 엉뚱하게 적용할 수 있게 된 것이다.

현재 교육부가 국회 의결도 없이 멋대로 고칠 수 있는 초중등교육법 시행령은 그 자체가 법률안이라고 해도 과언이 아닐 정도로 방대한 내용을 규정하고 있다. 시행령 몇 줄만 바꾸어도 공교육 현장이 크게 바뀔 정도의 위력이 있으며, 보수정권들은 이 위력을 마음껏 활용하고 있다. 교육에 관한 한 삼권분립이 무너지고 사실상 행정부가 입법권을 독점하고 있는 셈이다.

심지어 전국의 모든 학교에 영향을 줄 수 있는 '국가수준 교육과정'의 제·개정 작업이 전적으로 행정기관인 교육부에게 넘겨져 있다. 교육과정은 단지 학교에서 가르칠 교과 내용만을 규정하지 않는다. 여기에는 교육의 기본원리, 학교의 운영방식, 학생의 선발과 평가방식 등 교육의 거의 전반적인 부분이 들어 있다. 실제로 교육과정 그 자체가 법률이나 다름없다. 그런데 이 막대한 영향력을 가진 교육과정을 교육부장관은 형식적인 공청회 몇 번만 하면 아무런 견제 없이 개정할 수 있다. 어떠한 의결 과정도 거치지 않는 시행령을 통해 장관이 교육법의 실질적인 내용을 좌우할 수 있고, 법률보다 더 큰 영향력을 가진 교육과정 역시 장관 손아귀에 있다면 이는 민주국가의 입헌주의를 크게 훼손하는 것이다.

반면 핀란드, 스웨덴 등의 교육법에는 하나의 법률안에 그 나라 교육의 목표, 운영의 기조, 학세, 교원의 사격, 양성, 학생의 권리, 그리고 학교의 설립과 운영, 교과의 종류, 수업시간과 수업일수 등 실제

교육운영에 필요한 사항들 거의 대부분이 매우 명확하고 구체적인 조문으로 명시되어 있다. 따라서 교육부가 할 일은 그야말로 규정된 법률을 집행하는 것밖에 남아 있지 않으며, 사실상 법률과도 같은 시행령을 통해 입법활동을 할 여지가 없다. 이런 경우 교육정책의 변경이나 교육과정의 제·개정은 반드시 의회의 의결을 거쳐야 하기 때문에 정부의 독단으로 좌우되기 어렵다.

③ 권위적인 기술체계

'아' 다르고 '어' 다르다. 같은 내용의 법조문이라도 어떤 방식으로 기술했느냐에 따라 현장에서는 전혀 다르게 적용된다. 그런데 우리나라 교육법은 지극히 권위적인 방식으로 기술되어 있다. 일제강점기에 만들어진 법률을 별 문제의식 없이 그대로 베끼거나 옮긴 경우가 많아서다.

몇 가지 예를 들어보자. 노동자가 유급 휴가를 얻을 수 있는 것은 당연한 권리이다. 그러니 "교직원은 ~한 경우 ~간의 유급 휴가, 혹은 무급 휴직을 사용할 수 있다"는 식으로 기술되는 것이 당연하다. 그러나 교육공무원법에는 이렇게 적혀 있다.

제44조(휴직) ① 교육공무원이 다음 각호의 어느 하나에 해당하는 사유로 휴직을 원하면 임용권자는 휴직을 명할 수 있다.

'교원은 3년간 출산 휴직을 사용할 수 있다' 하면 될 것을 구태여

'학교장은 출산한 교원에게 3년간의 휴직을 명할 수 있다'라는 식으로 써 놓은 것이다.

그 밖에도 무수히 많은 법조항에서 '교육부, 교육청, 학교'가 주어로 되어 있어야 할 부분이 '교육부장관, 교육감, 학교장'이 주어로 되어 있다. 이걸 근거로 학교장들이 학교를 독단적으로 운영하고 횡포를 부린다. 학교에 수많은 위원회를 설치하여 심의하도록 되어 있지만 항상 "~위원회의 심의를 거쳐 학교장이 결정한다"라고 되어 있다.

자, 다음 두 개의 문장을 비교해 보자.

(아)학교장은 다음 각호에 해당되는 학생이 신청할 경우 소정의 절차를 거쳐 학교에서의 수학을 허가할 수 있다.

(어)학생은 다음 각호에 해당되는 경우 소정의 절차를 거쳐 학교에서 수학할 수 있다.

이게 바로 아 다르고 어 다른 것이다. 그리고 대부분의 선진국 교육법은 당연히 (어)와 같이 기술되어 있다. 우리나라 교육법을 샅샅이 뒤져 보면 이렇게 아 다르고 어 다른 문구를 무수히 찾아낼 수 있다. 이런 권위적인 문구들을 시대에 맞는 민주적인 방식으로 기술하는 작업은 심지어 수구보수 정당이라 할지라도 반대할 명분이 없으며, 학교 현장에는 의외로 근 변화를 가져올 수 있다.

교육개혁의 마무리는 교육법을 바꿈으로써 가능하다. 하지만 권력을 잡은 뒤에 시작하면 늦는다. 미리미리 세밀한 준비를 해 두어야 한다. 그럼 어떤 방향의 준비가 필요할까? 다음의 넷 정도는 생각해 두어야 하지 않을까?

하나, 본법이 실제 우리나라 교육의 헌법 역할을 하도록 내실 있고 튼튼하게 세우는 일.

둘, 구체적인 내용을 시행령에 위임하지 않고 교육법 안에서 세밀하고 구체적으로 기술하는 일.

셋, 교육과정을 국회나 기타 대의기구의 견제와 토론을 통해 개정하도록 하는 일.

넷, 법률의 기술 방식을 탈권위적이고 민주적으로 바꾸는 일.

진보교육감들에게
바란다*

　지난 2014년 6월 4일 지방선거 결과 진보교육감이 대거 등장하였다. 2010년 지방선거에서 6:10이었던 진보:보수 교육감의 구도가 13:4로 완전히 뒤바뀌었다. 여기에 대해 많은 사람들이 기쁨과 기대를 표시하였지만 일부 수구언론들은 이념교육이 걱정된다는 등의 논조를 펼치고 있다. 한편 선거 전문가들은 "진보는 분열로 망한다"라는 속설과 달리 교육감 선거에서는 보수가 분열로 망했다고 입을 모으고 있기도 하다. 그러나 모두 하나만 알고 둘은 모르는 소리다.

　우선 이념교육 운운하는 논조부터 보자. 조선일보는 「여도 야도 아닌 전교조의 승리」라는 기사를 1면에 배치하면서 진보교육감 약진의 의미를 퇴행적 색깔론으로 덧칠하려 했다. 그러면서 편향된 이념교육에 대한 우려 운운하고 있다. 그러나 교학사 역사교과서 사태에서 보여 주듯, 우리 사회는 이미 진보와 보수 중 어느 쪽이 편향된 이념집단인지에 대해 판단이 끝난 상태다. 교육에 이념을 끌고 들어와 혼탁하게 만든 쪽은 항상 '자칭' 보수 쪽이었지 진보가 아니다.

● 이 글은 진보교육감이 대거 당선되었던 2014년 지방선거 직후에 쓴 글이다. 2018년 지방선거 결과와 비교해서 읽어 보면 흥미로운 점들을 찾을 수 있을 것이다.

보수 후보가 난립하여 진보교육감이 약진했다는 말도 살펴보자. 스스로 보수를 자처하는 후보들이 난립하여 일찌감치 단일화에 성공한 진보 후보들이 어부지리를 본 것처럼 보이는 것은 사실이다. 하지만 2010년에도 단일화를 하지 못해 패배했던 이른바 보수 후보들이 똑같은 실수를 왜 반복했는지에 대해서 주요 언론은 아무런 설명을 하지 못하고 있다. 이는 교육감 선거에 진보와 보수라는 정치적인 잣대를 억지로 끼워 맞추었기 때문이다. 잘못된 잣대를 들이대었으니 도저히 이해할 수 없는 결과가 나왔을 뿐이다. 진보는 현재 상태를 큰 문제 상황으로 규정하여 전면적이거나 큰 폭의 변화가 필요하다고 주장하는 경향, 보수는 오랫동안 내려온 윤리·전통·문화유산의 가치를 존중하고 강조하는 경향이라는 사전적 정의에 따라 양 진영 교육감 후보들의 주장을 살펴보면 이 사실이 분명해진다. 이번 선거에는 사실상 진보교육감 후보도 보수교육감 후보도 없었다.

먼저 진보로 분류된 후보들의 공약을 보자. 교원의 업무를 행정이 아닌 교육으로의 정상화, 배움 공동체로서의 학교 복원, 각종 인사와 행정의 투명한 집행, 교육청의 학교 지원기관화, 단위 학교 수준에서부터 학생·학부모·교사에 의한 교육자치 구현, 소수가 다니는 자사고·특목고보다 다수가 다니는 일반 학교의 강화 등으로 요약된다. 한마디로 학교와 공교육을 정상화하겠다는 것이다. 여기에 진보라고 부를 만한 내용은 없다. 유럽이라면 오히려 보수적이라는 평가를 받았을 내용들이다. 이런 것들은 큰 폭의 개혁이 아니라 공교육이라면 당연히 전제하고 있어야 할 출발점에 불과하기 때문이다. 이들 중 누구도 기존 교육이 지배계급의 이데올로기 교육이기 때문에 혁파해야 한다는 따위의 주장을 하지 않았다. 이른바 진보교육감으로 분류되고 있는 교육감들은 엄밀히 말해 진보교육감이 아니라 보수교육감 아니면 '정상 교육감'이라고 불러야 마땅한 것이다.

반면 보수로 분류된 후보들을 보자. 한쪽에는 학교에서 전교조를 몰아내자, 좌파 교육 몰아내자 따위의 편협한 극우 이데올로기를 주장하는 세력이 있다. 다른 한쪽에는 교육계의 적폐를 통해 이득을 누려 왔던 기득권 집단이 있다. 이들은 모두 '보수'라는 깃발을 내걸었지만, 그 누구도 보수주의의 핵심인 전통윤리, 전통문화, 전통가치, 혹은 인류의 오래된 지혜를 설파하지 않았다. 또한 이들 중 그 누구도 보수주의자의 미덕인 품위, 겸허함, 신중하고 사려 깊음 같은 것을 보여 주지 못했다. 편협한 우익 이념 집단 아니면 기득권을 지키기 위해 수단과 방법을 가리지 않는 시정잡배의 모습을 보여 주었을 뿐이다. 그나마 보수 이미지를 조금이라도 가지고 있었던 문용린 전 교육감은 고승덕 후보와의 이전투구에 뛰어듦으로써 스스로 무너지고 말았다. 한마디로 이번 선거에서 보수교육감 후보는 단 한 명도 존재하지 않았다.

그렇다면 이들은 보수가 아니라 무엇이었을까? 편향된 극우 집단과 '교피아' 기득권 집단에 불과했다. 깃발만 보수일 뿐 실제로는 우익 이념 집단과 기득권 집단이었기 때문에 이 집단 사이에는 합의를 통해 단일화를 할 어떤 공통분모도 없었던 것이다. 심지어 기득권 집단들이 난립한 경우도 있었다. 이들이 연대할 유일한 이유는 자신들의 기득권에 도전할 전교조를 몰아내고자 하는 욕망뿐이지만 그렇다고 전교조 축출을 위해 아무 대가 없이 쿨하게 양보할 수는 없다. 지켜야 할 이익이 있기 때문이다. 그러니 차기 출마를 보장한다거나 각종 이익사업을 약속해 준다거나 하는 등의 대가가 주어지지 않는 한 보수 단일 교육감 후보는 성립될 수 없다. 더구나 당선은 불가능하더라도 15퍼센트 이상 득표하여 선거비용을 보전받을 수 있는 후보가 10억이 넘는 돈을 선뜻 포기하기란 더더욱 어렵다. 이익을 지키기 위해 나왔으니 본전이라도 해야 하는 것이다.

결국 이번 교육감 선거의 결과는 진보교육감의 약진이 아니다. 교육정상화 세력, 즉 교육감 후보가 이념감·정치감·이익감 후보들의 분열을 틈타 약진한 것이다. 이 선거에서 보이지 않았던 것은 오직 하나, 보수교육감 후보뿐이었다. 사실 교육은 진보와 보수의 속성이 모두 있기 때문에 어느 한쪽으로 치우치는 것은 바람직하지 않다. 보수교육감도 꼭 필요하다. 오랜 경륜에서 우러나온 지혜와 품위를 갖춘 진정한 의미의 보수교육감을 꼭 보고 싶다.

한편 당선된 진보교육감들의 어깨도 무겁다. 우리 교육의 낡은 잔재를 혁파하고 나아가 새로운 공교육의 모델을 수립할 호기가 온 것이다. 하지만 이 시간은 거꾸로 엄청난 위기이기도 하다. '소수파의 한계'라는 진보교육감 1기 때는 가능했던 변명이 통할 수 없게 되었기 때문이다. 따라서 이번 진보교육감 2기가 실패한다면 이는 단지 13명 교육감의 실패가 아니라 진보교육 전체의 실패로 각인될 것이다. 늘 야당으로만 맴돌던 열린우리당이 과반 의석을 차지한 다음 치룬 선거에서 처절하게 몰락한 사례가 이를 엄중히 경고하고 있다.

진보교육감들이 이런 전철을 밟지 않으려면 어떻게 해야 할까? 무엇보다도 옳은 것을 주장하는 것과 옳은 것이 되게 하는 것은 다르다는 것을 각골명심해야 한다. 지금까지 진보진영은 옳은 것을 주장하는 일에 치우쳐 왔다. 일단 어떤 것이 옳다는 확신이 들면 그것을 직접 요구하고, 들어주지 않으면 집회와 농성으로 들어줄 때까지 버티는 경우가 많았다. 그러나 그런 방식이 성공한 경우는 거의 없으며, 결과적으로 진보진영의 고립과 소수화라는 결과만 초래했다. A라는 목표를 달성하고자 할 때, 그리고 그 목표가 상대방이나 대중의 변화를 통해 달성해야 할 때 상대방이나 대중에게 A를 계속 강변하는 것으로는 될 것도 되지 않는다. 이럴 때는 오히려 여러 가지 우회적인 방법을 고안하여 결과적으로 A가 되게끔 만드는 것이 정치력이며, 이런 정치력이 바로 선출직인 교육감에게 가장 기대되는 역할이다.

더군다나 지금 진보교육감 쪽은 여전히 약자의 입장에 있다. 물론 17개 교육청 중 13개 교육청에 입성하였으니 겉보기에는 진보 쪽이 힘을 가지고 있는 것으로 보일 것이다. 그러나 설사 17개 교육청 모두 진보교육감이 당선된다 할지라도 교육자치법과 교육관계 법령들이 개정되지 않는 한 교육감 쪽은 여전히 중앙정부에 대해 약자일 수밖에 없는 것이 우리나라의 현실이다.

우리나라 중앙정부의 집중도는 광역자치단체장과 안전행정부와의 비대칭적인 관계만 봐도 당장 확인되는데, 부교육감 하나 임명할 수 없는 교육감은 광역단체장보다도 더욱 취약한 위치에 있다. 교육감이 할 수 있는 일은 의외로 많지 않은 데 반해 교육부장관이 교육감을 방해할 수 있는 방법은 의외로 많다.

따라서 교육감들은 목표를 교육감의 권한으로 당장 바꿀 수 있는 것, 직접 바꾸지는 못해도 바뀐 것과 비슷한 효과를 내거나 변화를 이끌어 낼 수 있는 것, 교육감의 권한으로 할 수 없으나 반드시 이루어야 하는 것으로 분류해 두어야 한다. 이 중 당장 바꿀 수 있는 것은 시간 끌지 말고, 관료들 눈치도 보지 말며 즉시 이행해야 한다. 비슷한 효과를 내거나 변화를 이끌어 낼 수 있는 것은 정교하게 이행 전략과 로드맵을 수립하여 슬기롭게 처리해 나가야 한다. 교육감의 힘으로 할 수 없는 것은, 가능하다면 전국 교육감 일동의 명의로 구체적인 입법안과 제도 개혁안을 국회와 언론에 제안함으로써 전면적 교육개혁에 대한 여론의 압력을 이끌어 내어야 한다.

이 중 가장 중요한 것은 바로 첫 번째다. 교육감이 조금만 손보면 당장 학교 현장에서 변화를 실감할 수 있는 것들이 상당히 많다. 사실 우리나라 학교의 권위주의와 비민주성은 제도보다는 관행에 기반한 경우가 많기 때문이다. 당장 교사들의 행정 잡무 문제만 보아도 법으로는 그 어디에도 교사가 행정업무를 담당해야 한다는 규정이 없다. 잘못된 승진 경쟁이 빚어낸 어처구니없는 사태들도 마찬가지다. 학생들을 과중한 학업노동과 인권유린에 시달리게 만드는 것도 마찬가지다. 모두 어떤 법령에도 없는 것들이다. 교육감이 조금만 관심과 성의를 가지고 학교 현장의 목소리를 듣고자 한다면 잘못되고 번잡한 수많은 관행과 규정을 찾아낼 수 있을 것이다. 그 관행과 규정은 교육감의 지시사항 혹은 교육청 규칙 개정 정도로 능히 해결할 수 있는 것들이다.

흔히 악마는 디테일에 있다고 한다. 맞는 말이다. 교육의 수구세력들, 잘못된 교육을 통해 자신들의 사리사욕을 채워 왔던 세력들이 가장 두려워하는 악마는 바로 디테일에 있다. 물론 잘못된 세력의 악마는 올바른 세력에게는 천사일 것이다. 그러니 새 교육감들에게 간곡히 당부한다. 천사는 디테일에 있으며 이 천사들은 현장에 오래 있었던 사람들 눈에만 보인다. 그러니 교육감들은 큰 그림과 근본적인 비전을 제시하기 마련인 교육운동가, 교원단체 활동가, 시민단체 활동가의 목소리 대신 그야말로 보통의 학생, 교사, 학부모의 목소리를 일상적으로 귀담아듣기 바란다. 이는 박원순 시장의 경우로 충분히 증명되었다.

진보교육운동의
독점시장 해체를 보며

2016년 12월, 서울교사노동조합이 설립신고를 냈다. 이 새로운 교원노조(이하 새 노조)는 전국교직원노동조합(이하 전교조)을 탈퇴한 교사들이 중심이 되어 결성하는 단체라고 한다. 우리나라 현행법에 교원노조의 설립은 자유이며, 실제로 전교조 이외에도 한국교원노동조합(이하 한교조), 자유교원조합(이하 자유교조), 대한민국교원조합(이하 대한교조) 등의 군소 교원노조들이 있으니 새 노조 설립 그 자체가 큰 뉴스거리는 아니다. 또 전교조 역시 가입과 탈퇴가 자유로운 단체이니 일부 교사들이 전교조를 탈퇴하여 새 노조를 세우는 것이 큰일은 아니다.

이 소식이 필요 이상으로 뉴스거리가 되고 있는 까닭은 이른바 진보성향의 교원단체가 쪼개지는 상황이 처음이기 때문이다. 그동안 교원단체는 진보는 전교조로 모여 있고, 보수는 한국교원단체총연합을 위시하여 한교조, 자유교조, 대한교조 등으로 흩어져 있는 형국이었다. 그런데 이제 진보 역시 복수의 노조가 설립되어 서로 경쟁해야 하는 상황이 시작된 것이다.

그런 까닭에 전교조는 자유교조, 대한교조 등 다른 교원노조들의 설립 때와 달리 새 노조의 설립에 매우 민감하게 반응했다. 특히 지난 9월 27일에 열린 전국대의원대회에서 다른 노조에 가입하면 조합원 자격을 박탈하는 내용의 규약을 신설해서 통과시키기도 했다. 이는 노동자가 동시에 두 개 이상의 노동조합에 가입하는 것을 허용하고 있는 현행법이 노동자들의 권익을 보장하기 위한 조항이라는 점에서 이례적이다. 전교조가 노동자의 정당한 권익을 훼손하는 규약을 제정한 것이다.

복수노조 가입 허용이 노동자의 권익인 까닭은, 그렇게 함으로써 기업이 몇몇 매수된 노동자들을 이용하여 어용노조를 먼저 설립해 알박기하는 것을 방지할 수 있기 때문이다. 만약 복수노조 가입이 불가능하다면 노동자는 어용노조 이외의 새 노조가 설립되어도 쉽사리 가입하기 어려울 것이다.

그런데 전교조는 노동자의 이 정당한 권익을 침해하는 규약을 자유교조, 한교조, 대한교조 등이 설립될 때는 가만있다가 크게 보아 같은 편이라 볼 수 있는 새 노조가 등장하자, 그것도 복수노조 가입 시 제명이라는 강경한 규약을 만들었다. 보수노조와 전교조에 동시 가입하는 것은(실제로 그런 교사가 있었는지는 모르겠지만) 눈감아 주었지만 진보노조에는 동시가입하면 안 된다고 주장하는 꼴인데, 모순도 이런 모순이 없다.

새 노조를 설립하려는 교사들은 전교조의 강경대응으로 동시가입이 좌절되자 아예 전교조를 탈퇴하고 새 노조 설립에 박차를 가했다. 새 노조를 대표하는 한 인사는 "전교조가 사업운영이나 의사결정 과정에서 비민주적인 모습을 보이는 등 조합원들이 따라가기 어려운 상황들이 많았다"면서 "시대의 다양한 교육현장의 요구들을 담아 해결하기 위해서는 새 노조 결성이 필요하다"고 말했다. 또 다양한 교사노조의 설립과 가입을 촉진하고, 이렇게 설립된 다양한 교사노조가 사안에 따라 선의의 경쟁과 단결을 통해 교육노동운동의 저변을 넓혀 나가기를 희망한다고 밝히기도 하였다.

혹자는 새 노조가 여론의 집중적인 조명을 받았던 배경에 보수언론들의 다소 불온한 의도가 반영되어 있는 게 아닐까 하는 의심을 하는데, 충분히 일리 있는 의심이다. 전교조가 공무원노조처럼 두 동강이 날 수도 있다는 보수진영의 희망 때문에 보수언론을 중심으로 새 노조에 대한 기사와 인터뷰가 필요 이상으로 과장된 면이 있기 때문이다.

그러나 보수진영, 보수언론의 희망은 당분간 단지 희망사항에 그칠 전망이다. 이들의 희망과 달리 새 노조 설립에 적극 가담하고 있는 교사는 100여 명 정도에 불과하기 때문이다. 이 규모는 전교조가 그동안 존재를 무시하다시피 해 왔던 한교조, 자유교조 등과도 비교가 되지 않을 정도로 작은 규모다.

그런데 전교조에서 이토록 민감하게 반응하는 까닭은 그 규모가 크건 작건 간에 새 노조의 설립은 전교조에 균열을 일으킨 최초의 사례이기 때문이다. 그래서 전교조 측에서는 반민주적인 퇴행을 겪고, 교육운동에 대한 탄압이 가속화되고 있는 어려운 상황에서 전교조라는 중요한 진지를 무너뜨리는 이적행위를 하고 있다면서 새 노조를 비판하고 있다.

하지만 그 비판도 좀 따져 볼 필요가 있다. 새 노조의 설립이 전교조 균열의 시작이라기보다는 오히려 그 결과에 가깝기 때문이다. 새 노조 때문에 전교조에 균열이 생기는 것이 아니라 전교조에 이미 심각한 균열이 났기 때문에 새 노조까지 나오는 것이다. 승객이 구명보트에 옮겨 타는 까닭은 선박이 침몰할까 봐 두려워서이지 선박을 가라앉히기 위해서가 아니다.

전교조라는 거함이 침몰 위기라는 사실은 지난 10년간의 전교조 조합원의 변동만 봐도 확인할 수 있다. 현재 전교조 조합원은 4만 명이 넘는다. 전국 교사들 중 10퍼센트 이상이니 적은 수는 아니다. 그런데 10년 전만 해도 조합원 수가 9만 명이 넘었고, 10만 명 돌파도 시간문제라고 했다. 거의 교사 셋 중 하나가 전교조 조합원이었던 셈이다. 하지만 9만여 명을 정점으로 해마다 조합원이 감소했다. 그러다 10년 만에 정확히 반토막이 되고 말았다. 더 큰 문제는 이렇게 전교조를 탈퇴한 교사들이 갈 만한 다른 교원단체가 없었기 때문에, 전교조 탈퇴와 더불어 교육운동에서도 이탈하고 말았다는 것이다. 그러나 전교조는 큰 위기의식을 느끼지 않았다. 이렇다 할 변화 시도도 없었으며, 심지어 "껍데기는 가라" 식의 반응까지 보였다.

그동안 전교조는 비록 조합원 숫자가 반토막이 되어도 아직은 상당한 규모의 조직이라는 점, 남아 있는 조합원의 '미워도 다시 한 번' 식의 헌신성, 그리고 진보 성향의 교사에게 전교조 외에는 교육운동을 펼칠 만한 별다른 조직이 보이지 않는다는 점에 기대 연명해 왔다. 전교조 주요 활동가들이 '교육운동'보다는 '노동운동'이나 '정치투쟁'에 더 집중하는 것이 불만스럽더라도 전교조가 교육운동을 아예 안 하는 것은 아니기 때문에, 그나마라도 하기 위해서는 전교조에 적을 둘 수밖에 없었던 것이다. 말하자면 진보교육운동에서 독점적 지위를 이용해 왔던 셈이다. 이런 독점시장에서는 아무리 규모가 작더라도 경쟁업체가 진입에 성공하는 순간 지각변동이 일어난다. 그리고 이제 진보교육운동의 독점시장은 무너지고 있다.

아직 미약하지만 이미 '실천교육교사모임'이 만들어져서 수백 명의 교사들을 모았고, 1년 이내에 1천 명을 넘어설 기세다. 그런데 이제 노동조합 자격을 갖춘 새 노조까지 등장했다. 고립된 실천을 넘어 교육운동을 하고자 하는 교사들에게 전교조 이외의 선택지가 계속 제공되고 있다. 새로운 선택지는 이들로 그치지 않을 것이다. 일단 물꼬가 트인 이상 계속해서 새로운 교원 단체들이 만들어질 것이며, 회원 확보를 위해 경쟁할 것이다. 이제 진보교육운동이라는 판이 본격적인 자유경쟁시장으로 바뀌고 있으며, 독점에 길들여진 전교조라는 공룡도 뼈를 깎는 혁신 없이는 그 지위를 유지하기 어려울 수 있다.

하지만 이 경쟁이 선의의 경쟁이 될지, 아니면 얼마 안 남은 기존의 조합원들을 서로 갈라치려는 이전투구가 될지는 새로 진입하는 교원단체들이 얼마나 교사들의 열망을 담아내고, 국민들을 설득할 수 있는 교육 비전을 만들어 내느냐에 달려 있다. 이들이 현재 전교조에 대해 팽배한 불만을 통한 반사이익 이상의 것을 내놓지 못한다면, 혹은 내놓는 것들이 속되거나 진부한 것들이라면 그나마 얻은 반짝 관심은 순식간에 사라질 것이며, 전교조의 위축이 곧 교육운동의 위축으로 이어지는 것을 막지 못할 것이다.

교육은 딱 부러지는 정답을 찾기 어려운 복잡하고 민감한 영역이다. 따라서 진보교육운동 역시 정답이 없다. 교육을 더 좋게 바꾸고, 그 혜택이 특히 사회에서 가장 불리한 처지의 학생들에게도 골고루 주어져야 한다는 두 가지 전제에만 동의한다면, 그 구체적인 내용과 방법에는 여러 갈래가 생길 수밖에 없다. 그리고 교육운동을 하고자 하는 교사들에게는 이 갈래들 중 자신이 옳다고 생각하는 방향에서 헌신할 수 있는 선택지가 주어져야 한다. 하나의 선택지를 주고 '대동단결'을 강요하는 단체나 스스로도 확신할 수 없는 부실한 대안을 가지고 마치 중요한 선택지라도 제공한 것처럼 교사들을 기만하는 단체는 결국 심판받을 것이며 심판받아야 할 것이다.

문용린 교육감을
보내며

　문용린 교육감, 대한민국을 대표하는 교육학자였고, 교육부총리까지 지냈음에도 불구하고 1년 반짜리 단명한 교육감으로 끝나고 말았다. 교육자의 한 사람으로서 아쉽다는 느낌을 지울 수 없다. 특히 교육이 진보와 보수의 두 측면을 모두 가지고 있다는 점에서, 또 외부 인사들이 함부로 건드리면 큰 후유증을 남길 수 있는 영역이라는 점에서 그렇다. 문용린 교육감은 좌우 두 날개를 모두 움직일 수 있고, 교육적 관점에서 일할 수 있는 위치에 있었기 때문이다. 그런 만큼 그의 잘못된 행보가 더욱 애석하다.

　개인적으로 문용린 교육감은 은사와도 같다. 출신 학교의 교수였기 때문이 아니라 실제 그가 쓴 논문이나 번역한 책으로 공부를 했고, 또 도움을 많이 받았기 때문이다. 또한 새로운 교육의 인지과학적·심리학적 정당화 근거를 찾지 못해 고민하고 있을 때 가뭄의 단비 같은 돌파구를 제시해 주었다. 그래서 그동안 그를 날카롭게 비판은 하되 과격한 용어는 삼갔다. 그가 뜻밖의 치졸하고 편향된 선택을 할 때마다 앞섰던 감정 역시 분노보다는 안타까움이었다.

　문용린 교육감은 세 가지 중요한 교육학적 업적을 남겼고, 이는 모두 교육혁신을 꿈꾸는 교육자들에게 상당한 영향을 주었다.

첫째, 도덕성 발달이론으로, 도덕성을 마땅히 해야 하는 당위 혹은 타고난 천성이 아니라 발달론적으로 바라보는 것이다. 이는 인성교육이 중요한 교육 영역으로 자리잡는 데 기여하였다.

둘째, 칙센트미하이(Csíkszentmihályi Mihály, 1934~)의 '몰입FLOW' 이론을 교육에 도입한 것이다. 몰입이란 어떤 과제에 흥미를 느껴 시간이 정지될 정도로 몰두한 상태이며, 이러한 상태에서 사람들은 극도의 행복감을 느낄 수 있다. 이는 그동안 학습이냐 행복이냐 양자택일에서 고민하던 교육자들에게 학습 과정에서 행복감을 고취시킬 방편을 마련할 수 있음을 일깨워 준 중요한 업적이다.

셋째, 하워드 가드너(Howard Gardner, 1943~)의 '다중지능이론'을 소개한 것이다. 이는 지능이 하나의 단일한 요인이 아니라 상호 독립적인 여러 영역으로 이루어져 있다는 점을 밝힘으로써 전면적 발달, 전인 교육에 대한 강력한 이론적 근거가 되었고 영어, 수학, 과학에만 집중적으로 자원을 투자하는 교육계에 경종을 울렸다.

문용린의 저서를 읽은 교육자들은 인지적인 것에 매몰되었던 학습의 목표를 인성, 행복, 다양한 능력의 발달로 확장시킬 수 있었다. 혁신학교를 주도한 진보교육자들 중 얼마나 많은 사람이 도덕성 발달이론, 몰입이론, 다중지능이론을 가뭄의 단비처럼 받아 마셨는지 모른다. 그래서 2012년 교육감 보궐선거 때 진보적 성향의 유권자들 중 상당수가 이수호 대신 문용린을 선택하기도 했다. 이는 교사 출신을 자저하지만 어느 모로 보나 노동운동가, 정당 활동가로 보였던 이수호 후보에 비해, 비록 보수 후보로 나왔지만 교육 전문성, 식견에서 더 탁월해 보였고, 또 교육학적 배경이 고루하지 않고 혁신적이었기 때문이다.

그래서 2014년 지방선거에서도 대부분의 진보교육자들은 진보교육감 후보가 문용린 교육감을 물리치기 대단히 어려울 것이라고 예측했다. 보수 후보라는 타이틀을 달고 나오면서 실질적인 내용은 진보 후보들까지 포괄할 수 있는 바탕을 가지고 있기 때문에 콘크리트 지지층+현직 프리미엄+α까지 표의 확장성이 크다고 보았기 때문이다. 승산이 없다는 이유로 선뜻 출마하려는 진보 인사가 많지 않아 조희연 후보가 등 떠밀리듯, 마치 바둑의 사석 같은 기분으로 출마했다는 말이 있을 정도다.

실제로 임기 동안 문용린 교육감은 영리하게 행동했다. 학생인권조례와 혁신학교처럼 보수진영에 곽노현표 정책으로 알려진 정책들에 대해서는 공격적으로 나서서 집토끼를 지키는 한편, 중도파에게는 조례 전면 폐지나 혁신학교 폐쇄 등의 무대포 공격은 삼가고 합리화, 내실화 등의 용어를 사용함으로써 안심시켰다. 도리어 문예체 교육 활성화나 학교폭력 예방 같은 알려지지 않은 곽노현표 정책은 더욱 확대하기도 하였고, 공정택 시절의 국영수 몰입교육, 입시반, 내신반, 방과후학교 확대 따위의 정책과도 선을 그음으로써 수구적이거나 극우적인 모습이 되지 않도록 관리하였다. 뉴라이트와 함께 움직이지도 않았고, 신자유주의적인 정책을 펼치지도 않았다. 어느 모로 보나 문용린 교육감 시절 서울 교육의 모습은 공정택 시절보다는 곽노현 시절에 더 가까웠다.

그런데 선거를 얼마 앞두고 문용린 교육감이 엉뚱한 행동을 보여 주었다. 바로 67개 혁신학교를 전면 폐쇄하겠다고 공언한 것이다. 더구나 조전혁 등의 극우주의자와 보수교육감 공동성명 따위를 발표하기도 했다. 그 순간 그가 그동안 조심스럽게 쌓아 왔던 교육학자로서의 이미지, 중도적인 이미지는 무너지고 수구 우익의 모습만 각인되고 말았다. 고승덕 후보가 느닷없이 약진하면서 느꼈을 초조감을 이해 못 할 바는 아니다. 그러나 당장의 지지율에 연연하지 않고 굳건하게 교육적 소신을 지키면서 품위 있게 교육 전문가의 모습을 보여 주었더라면 과연 조희연 후보가 승리할 수 있었을까?

심지어 그는 상대 후보와 그 딸이 엉켜 싸우는 상황에서 "남의 가족사를 가지고 왈가왈부하지 않겠다"라는 교육자다운 모습을 보여 주는 대신, 함께 뒤엉켜 교육감 선거를 아수라장으로 만들어 버렸다. 그가 한국 교육학의 태두급이라는 점에서 이런 추한 모습은 수많은 교육계 후배들에게 큰 상처가 되었다. 선거에서 진 것보다 더 애석한 것은 교육계 전체의 품위를 떨어뜨리고 말았다는 것이다.

이제 자연인으로 돌아간 문용린 교육감은 교육계 후배들에게 이 마음의 빚을 갚기 바란다. 그 길은 잠깐 정치판에 경도되어 본분을 잃었던 과거를 깊이 성찰하는 것이다. 그리고 그가 남겨 놓은 미완의 행복교육론을 완성하는 것이다. 그것이 교육계의 태두로서 후배들에게 남긴 깊은 상처에 대한 속죄의 길이 될 것이다.

또 장차 보수교육감을 꿈꾸는 예비 후보들은 문용린 교육감의 실패를 반면교사 삼아, 교육에 이념을 끌고 들어오는 일을 삼가고, 조

전혁 같은 극우주의자와 함께 보수라는 이름을 공유하는 일을 피해
야 할 것이다. 오직 교육적 진정성, 고집스러운 교육 외길, 이런 것이
보수교육감의 미덕이다.

'노조로 보지 않음'의 의미
—법외노조가 된 전교조의 발상의 전환을 상상해 본다[•]

　전교조를 법외노조로 만든 노동부의 조치에 대해 전교조가 제기한 소송에서 재판부는 노동부의 손을 들어주었다. 이로써 대법원 판결이 나올 때까지는 노동부가 전교조에 통보한 '노조로 보지 않음' 조치가 효력을 계속 이어가게 되었다. 교육부는 교원노조로서의 법적 지위를 되찾지 못한 전교조와의 일체의 교섭을 중단하였고, 더 나아가 각 시도교육청에 기존에 전교조와 체결한 단체협약도 무효화할 것을 은연중에 요구하고 있다. 이에 발맞추어 수구 우익단체들은 전교조를 불법단체라고 주장하며 갖은 공격과 모욕을 가하고 있다.

　그러나 역설적이게도 노동부의 '노조로 보지 않음' 통보로 인해 교육부장관에게 전교조와 성실하게 교섭·협의해야 할 의무가 발생했다는 사실은 의외로 많이 알려져 있지 않다. 「교원지위향상을위한특별법」(일반법도 아니고 특별법이다) 11조 1항에 보면 「교육기본법」 15조 1항에 해당하는 교원단체는 교육부장관 및 교육감과 교섭 및 협의를

● 이 글은 전교조를 법외노조로 만든 행정조치에 대한 소송에서 전교조가 패소한 다음에 쓴 글이다. 이 소송의 대법원 판결은 2018년 5월 현재 아직 나오지 않고 있으며, 전교조는 여전히 법외노조로 남아 있다.

할 수 있도록 되어 있으며, 동조 2항에 따라 교육부장관 및 교육감은 제1항에 따른 교섭·협의에 성실히 응해야 하며, 합의된 사항을 시행하기 위하여 노력해야 한다. 지금까지 이 조항에 의해 교육부장관과 시도교육감은 한국교총과 교섭 및 협의를 했고, 한국교총은 이 법에서 규정한 '교원단체'로서의 지위를 독점적으로 누려 왔다.

그런데 「교육기본법」 15조 1항의 내용을 살펴보면 교총이 교원단체로서의 지위를 독점적으로 누려야 할 어떠한 근거도 찾을 수 없다. 다만 "교원은 상호 협동하여 교육의 진흥과 문화의 창달에 노력하며, 교원의 경제적·사회적 지위를 향상시키기 위하여 각 지방자치단체와 중앙에 교원단체를 조직할 수 있다"라고 되어 있을 뿐, 교원단체의 자격을 누가 어떻게 인가하는지, 몇 개의 교원단체가 설립 가능한지에 대한 규정은 전혀 존재하지 않는다. 동법 15조 2항에 "제1항에 따른 교원단체의 조직에 필요한 사항은 대통령령으로 정한다"라고 되어 있기는 하지만 해당 대통령령이 제정되지 않았기 때문이며, 설사 제정된다 하더라도 교총에게 유일한 교원단체 지위를 부여하는 따위의 대통령령은 위헌판결을 받을 가능성이 100퍼센트다.

그런데 전교조는 노동부와 교육부가 전교조를 노조로 보지 않겠다는 통보를 받았을 뿐 노조 설립 취소, 혹은 노조 해산 명령 등을 받은 상태가 아니다. 즉, 불법단체이니 해산하라는 것이 아니라 단체로 모여 있는 것은 인정하겠으나 다만 노조로서 상대해 주지는 않겠다는 통보를 받은 것이다. 따라서 전교조는 여전히 합법적인 법인으로서의 위상을 보유하고 있다. 이는 1989년의 상황과는 많이 다르다. 당시 전교조는 불법단체였다. 결성을 주도한 교사는 형사 처벌을 받았고, 탈퇴하지 않으면 파면되거나 해임되었다. 하지만 2014년 현재 '노조로 보지 않음' 통보에도 불구하고 전교조는 여전히 수만 명의 교사들이 회비를 내는 단체로 성립되어 있다. 사업자등록번호도 유지되고 있으며, 교사들은 이 단체의 회원이라는 이유로는 어떤 처벌이나 징계도 받을 수 없다.

그렇다면 전교조가 현재 교원단체로서의 자격을 가지고 있음이 명백해진다. 불법단체가 아닌 이상 어떤 형태로든 법적 자격을 가지고 있는 셈인데, 전교조는 교원들이 교육진흥과 문화창달, 그리고 교원의 지위 향상을 목적으로 중앙과 지방자치단체에 조직한 단체임이 너무 명백하여 「교육기본법」 15조 1항의 조건을 완벽하게 충족시키기 때문이다. 게다가 교원단체의 설립 인가 등에 대한 어떤 절차도 규정되어 있지 않기 때문에 15조 1항의 조건을 충족시킨다면 어떤 단체도 교원단체로 보지 않을 근거가 없다. 따라서 교육부는 전교조에 '노조로 보지 아니함' 통보를 함과 동시에 '교원단체로 간주함'이란 통보를 함께 한 것이나 마찬가지다.

교육부장관과 교육감에게는 교원노조법에 따른 교섭을 중단함과 동시에 「교원지위향상을위한특별법」에 따른 교섭과 협의를 전교조와 함께 실시해야 할 새로운 의무가 발생한 셈이다. 더 나아가서 전교조뿐 아니라 '좋은교사운동' 같은 단체 역시 교원들이 중앙과 지방자치단체에 조직한 단체라는 점에서 명백히 교원단체라고 할 수 있고, 그 밖에도 '새로운 학교 네트워크', '교컴' 같은 단체 역시 교사들이 결성한 사단법인이라는 점에서 교원단체의 자격을 가지는 만큼이 단체들과도 교섭·협의해야 한다.

그러니 교육부는 어차피 몇 달 지나면 휴직 기한이 종료되어 학교로 복직할 수밖에 없는 전교조 전임자 31명을 몇 달 더 빨리 쫓아내는 일에 아까운 에너지를 소모할 때가 아니다. 전교조와의 정책교섭, 협의부터 준비하여 성실히 임해야 한다. 마찬가지로 각 시도교육감 역시 노동부장관이나 교육부장관의 눈치 볼 것 없이 '특별법에 의거하여' 전교조와 각 시도 교육정책에 대한 교섭·협의에 나서야 할 것이다. 마찬가지로 전교조 역시 노조 지위 회복을 위한 소송은 계속하는 한편, 교원단체로서 교섭·협의 창구의 개설을 요구하고, 교육 발전과 교원의 지위 향상을 위한 각종 정책을 개발하고 관철시키기 위한 노력을 계속하여야 할 것이다.

교육혁신은
연수제도 개혁부터

진보교육감이 취임한 지 한 달이 지났다. 교육혁신의 청사진을 보여 주거나 적어도 앞으로의 방향성을 제시할 수 있는 성과가 필요한 시점이다. 일부 지역을 중심으로 자사고의 존폐를 두고 대결이 벌어지고 있는 양상이긴 하지만, 어차피 이는 단기간에 결론이 날 수 없는 일이다. 교육감의 권한으로 할 수 있는 일은 자사고 폐지가 아니라 자사고들 중 설립의 취지와 목적에 맞지 않는, 즉 '불량 자사고'를 가려내는 정도이다. 그나마 이 또한 교육부장관과의 협의를 거쳐야 하기 때문에 당장 결판내기 어려운 일이다. 여기에 너무 몰두하다 교육감 권한으로 당장 할 수 있는 작지만 의미 있는 혁신 아이템을 놓칠 우려가 있다.

교육감의 권한으로 당장 실행에 옮길 수 있는 것은 주로 교원정책이다. 진보교육감들은 한결같이 승진보다는 학생교육에 매진한 평교사들의 경험과 경력을 존중하고, 교육보다 행정이 더 존중받는 왜곡된 교단을 정상화하겠다고 입을 모았다. 그런데 문제는 막상 이를 어떻게 실천해야 할지 막막하다는 것이다. 승진제도를 개선하려고 하니 이 역시 법률을 개정해야 하기 때문에 교육감의 권한을 벗어난다. 교장, 교감을 비롯한 교육관료들의 권한을 축소하려고 하니 저항도 만만치 않을뿐더러 수많은 잘못된 규정과 관행이 난마처럼 얽혀 있다.

이럴 때는 시야를 좁혀서 교단을 세밀하게 살펴보아야 한다. 승진 경쟁에 뛰어들어 교단을 아수라장으로 만드는 교사들이 처음부터 그런 사람들이었던 것은 아니다. 오히려 그들은 남다른 열정과 열의를 가진 교사들이었을 가능성이 더 크다. 그런데 그렇게 교육에만 매진해 온 교사들이 자신의 삶을 후회하기 시작한 순간, 자신의 삶이 모욕당했다고 느끼는 순간, 왜곡된 승진 경쟁이 시작된다. 열정과 열의가 없는 교사는 후회도 모욕도 느끼지 못한다. 그런데 교육에만 매진한 교사의 삶을 모욕하고 후회스럽게 만드는 것들은 법과 제도가 아니라 그 사이사이에 숨어 있는 각종 관행이나 근거 없는 규칙들이다. 교육감은 바로 이런 것들을 찾아서 모두 일소해 버릴 수 있는 힘을 가진 존재다.

가장 대표적인 것이 교원 연수와 관련된 관행과 규칙 들이다. 물론 전문성 계발은 교사의 의무 중 하나다. 하지만 전문성 계발의 방식이 교사가 누군가로부터 배우는 위치에 서야 하는 연수만 있는 것은 아니다. 물론 교사도 배울 수 있고 배워야 한다. 하지만 교사를 전문직으로 인정한다면, 그 배움은 기본적으로 교사 공동체의 자율적인 학습과 연구에 기반해야 한다. 연수는 이 과정에서 필요한 경우에 교사가 선택할 수 있어야 한다. 하지만 현재 모든 교육청에서는 오직 연수만 전문성 계발로 인정하여 학점을 부여하고 있다. 교사들이 학회를 만들어 수백 시간의 세미나를 해도, 수십 회의 학술대회를 개최해도, 수십 권의 전문 서적을 출판해도, 심지어 각종 연수에 수십 시간을 강사로 출강해도 15시간 동안 스마트폰 쳐다보며 들은 원격연수만큼의 학점도 인정받지 못한다. 연간 90시간 정도 연수 강의를 하는 베테랑 교사가 정작 연수를 많이 듣지 않았다는 이유로 수석교사 심사에서 탈락하는 어이없는 일이 생길 정도다. 이는 교육청이 교사를 스스로 연구하고 지식을 생산하는 전문직이 아니라 통제와 관리의 대상으로 보고 있음을 자백하는 것이나 다름없다.

연수와 관련하여 높은 전문성과 열의를 가진 교사들이 모욕을 느끼는 순간은 연수에 강사로 출강했을 경우에도 비일비재하다. 각종 공공연수원에서는 이른바 강사비 지급 규정이라는 내규를 운영하고 있다. 이 규정에 따라 강사의 등급이 매겨지고 강사비가 차등 지급되는데, 일반강사의 경우 1급은 한 시간에 25만 원, 2급은 12만 원, 3급은 7만 원을 받는 등 편차가 매우 크다. 그런데 어느 경우나 교사는 다만 6급 공무원으로 규정되어 최하인 3급으로 책정된다. 각종 연수원의 강사 규정을 보면 1급 강사는 조교수 이상의 대학교원, 3급 이상 공무원, 박사학위를 소지한 4·5급 공무원 등으로 되어 있으며, 2급은 대학교의 전임강사, 4·5급 공무원, 대기업이나 공사 부장, 3년 이상 실무 경력의 전문자격증 소지자로 되어 있다. 교사가 포함된 3급 강사는 그저 6급 이하 공무원이나 기타 사례 발표자다. 적어도 연수원에서 다른 교사들을 상대로 강의할 정도의 교사라면 경력이 20년이 넘는 경우가 많다.

현행 법령(인사혁신처 공무원임용규칙 별표1)으로도 20년 이상 경력의 교사라면 4·5급 공무원 수준(2급 강사)으로는 대우하도록 되어 있다. 게다가 그 교사가 박사학위를 소지하고 있다면 1급 강사로 대우하는 것이 마땅하다. 그러나 교사는 경력이 1년이건 20년이건 무조건 6급 이하 공무원이나 기타 사례 발표자 등으로 취급하고 있다. 이는 20년의 전문 경력을 사회가 전혀 인정하지 않는다는 공식 선언이나 다름없다. 심지어 다른 공공연수원뿐 아니라 교육연수원조차 아무런 문제의식 없이 이 규정을 베껴서 사용하고 있다. 교사가 그동안 계발한 전문성, 이룩한 업적과 무관하게 강사비는 교장이냐 교사냐만을 구별하고 있다. 교육에 수십 년을 매진하고 전문성을 계발해도 사회가 이를 전혀 인정하지 않음을 적나라하게 보여 주는 것이다.

딱 두 가지만 바꾸면 된다. 연수 학점에 연수 수강뿐 아니라 각종 자율적 연구활동, 저술활동 등도 포함시키자. 교원이 각종 연수에 출강할 때 강사비를 교장이냐 교사냐가 아니라 교원으로서의 교육경력과 업적을 기준으로 산정해야 한다. 이 둘은 교육청 규칙 혹은 연수원 내규이기 때문에 교육감 한마디면 언제든 고칠 수 있는 것이며, 교육활동에 전념해 온 교사를 교육관료에 비해 결코 허술히 대하지 않음을 선언하는 효과를 보여 줄 것이다.

이름만
교육지원청

진보와 보수를 막론하고 새로 취임하는 교육감마다 강조하는 것이 "교육청은 교사를 감독하는 기관이 아니라 교육을 잘하도록 지원하는 기관"이라는 것이다. 각 시군구 산하 교육청의 이름을 이른바 '교육지원청'으로 바꾼 것도 진보교육감이 아니라 보수정권의 교육부가 한 일이다. 그런데 문제는 이름만 '지원청'으로 바뀌었을 뿐이라는 것이다. 여전히 교육지원청은 학교를 관리·감독하고 각종 정책사업을 강요하는 곳으로 군림하고 있다.

교육지원청 관료들만 탓할 일이 아니다. 이름을 교육지원청으로 바꾸고 교육청의 일은 학교를 지원하는 것이라고 선언만 했을 뿐, 무엇을 어떻게 지원할 것인지에 대한 구체적인 업무지침과 규정, 그리고 교육청 평가지표 등은 전혀 제공하지 않았기 때문이다. 명색이 교육지원청이지만 막상 그 지역 학교의 행정업무가 얼마나 간소화되었는지, 각 학교에서 수행하던 행정업무들을 지원청이 얼마나 많이 직접 처리하여 학교 부담을 줄였는지 등이 결정적인 기관 평가지표가 아니었던 것이다. 그러니 관료들은 이름만 바뀐 교육지원청에서 예전 산하교육청 시절 하던 일을 그대로 반복할 수밖에 없는 것이다.

사실 모든 교육행정이 전산화되고 교육청 서버에서 관리되고 있다. 그러니 이런 일들을 각 학교에서 일일이 처리할 필요도 없다. 교육청에서 일괄적으로 처리할 수 있는 행정업무는 조금만 정성 들여 연구하면 끝없이 찾아낼 수 있다. 몇 가지 예를 들어보면 이렇다.

학교는 해마다 각종 컴퓨터 프로그램 라이선스 갱신 업무로 골머리를 앓는다. 주로 한컴 오피스, 윈도우, 마이크로소프트 오피스, V3가 그 대상이다. 게다가 해괴하게도 상당수 학교가 이 프로그램 라이선스 갱신 업무를 행정직원이 아니라 교사에게 맡긴다.

그런데 컴퓨터 프로그램은 과거와 달리 CD패키지가 아니라 인터넷 상의 다운로드로 판매되는 경우가 대부분이다. 따라서 학교마다 따로 구입할 이유가 없다. 예컨대 어느 지역 교육지원청 관할 구역 내에 200개의 학교가 있고, 각각 100대씩의 교직원 및 학생용 컴퓨터가 있다고 하자. 현행대로라면 각 학교마다 프로그램 회사에게 100회의 카피가 가능한 라이선스를 구입하며, 프로그램 회사는 200건의 계약을 체결한다. 하지만 그 지역 교육지원청이 2만 카피가 가능한 라이선스를 구입한다면? 각 학교는 프로그램 라이선스 갱신 업무를 덜고, 프로그램 회사는 200건 대신 1건의 계약만 관리하면 되고, 교육청은 프로그램 구입 비용을 줄일 수 있다. 실제로 2011년, 서울시교육청은 학교별로 서버를 운용하고 유지·보수업체와 계약하는 방식에서 교육청 서버로 통합하여 일괄 유지·보수하는 방식으로 바꾸어 각 학교 홈페이지 서버 관리 업무를 대폭 감축한 바 있다.

또 다른 예로 전입학 업무를 간소화할 수 있다. 현재 전입학 업무는 학교와 학부모 모두에게 번거롭다. 이를 전입 지역 교육지원청 민원 서비스실에서 원스톱으로 처리할 수 있도록 한다면 학교와 학부모 모두 편리한 교육행정지원을 받게 된다. 심지어 전산망을 이용하여 학부모가 직장에서 가까운 교육지원청에서 자녀 전입학 업무를 처리하도록 할 수도 있다. 이렇게 하면 수업해야 하는 교사는 수업 틈틈이 처리해야 했던 전입학 업무의 번거로움을, 학부모는 전입학 담당 교사의 수업이 끝날 때까지 멍하니 기다려야 했던 불편함을 해소할 수 있다. 각종 국회의원 요구 자료 역시 각 학교로 공문 이첩해서 보고하게 하는 대신, 학교정보공시와 교육행정시스템 등을 활용하여 각 교육지원청이 최대한 직접 작성하고, 도저히 알 수 없는 내용만 각 학교의 교장이나 교감에게 업무메일을 통해 전달받는 방식으로 처리할 수 있다.

교육지원청의 업무가 안 그래도 많다는 불만이 제기될 수도 있다. 하지만 이는 교육지원청의 다른 업무를 줄이거나 폐지함으로써 해결할 수 있다. 예컨대 이른바 지역 특색사업이 그렇다. 대부분 전시성, 이벤트성 행사에 불과하기 때문에 아예 폐지하는 것이 바람직하다. 또 교육청 홍보 게시판 역시 대부분의 내용이 다만 치적 홍보 혹은 각 학교에 반강제적으로 채워 넣도록 한 내용으로 채워지고 있기 때문에 폐지하는 것이 바람직하다.

그런데 현실은 정반대다. 교육지원청이 전출입 학생 배정 안내 같은 원래 하던 업무조차 학교에 떠넘기는 사태까지 발생했다. 관료제 조직의 속성상 원래 하던 일을 스스로 바꾸려 하지는 않고 되도록 약자에게 업무를 떠넘기려는 경향이 나타나는 것은 당연하다. 그리고 현재와 같은 교육행정 체제에서 학교는 항상 약자다. 만약 본청에서 교육지원청에게 구체적인 학교행정 지원 방안에 대한 지침과 사례 등을 상세하게 안내하지 않으면, 교육지원청은 학교에 군림하면서 지원 대신 관리·감독만 하려 들 것이다.

이런 문제에 대한 해법은 교육청 내에서 아무리 TF 따위를 꾸려도 쉽게 마련하기 어렵다. 교육청 외부의 행정 전문가(관료가 아닌)와 경영 전문가의 컨설팅을 통한 치밀한 리엔지니어링이 필요하다. '교육청의 존재 이유는 학교가 교육을 잘할 수 있도록 도와주는 것이다'라는 절대적인 목적을 설정하고 현재 교육청, 교육지원청의 구조와 업무가 이 목적을 달성하는 데 얼마나 조직의 역량을 집중시키고 있는지 치열한 분석과 개조가 필요한 것이다. 교육행정은 서비스이며 학교는 교육행정의 수요자임을, 교육감은 학교들의 수장이 아니라 행정 서비스 책임자임을 진보교육감부터 먼저 실천했으면 한다.

신종
줄 세우기

교원능력개발평가라는 것이 있다. 교사들에게 전문성 신장의 동기를 부여하고, 부적격 교사를 가려낼 전가의 보도처럼 화려하게 등장했는데 결국 학생, 학부모, 교사 누구도 원하지 않는 애물단지가 되고 말았다. 학교로부터 참여의 기회도 별로 부여받지 못하는데다 교육 전문가도 아닌 학부모들에게 수업 동영상 자료 하나 보고 교사를 평가하라는 것 자체가 무리한 발상이다.

더구나 학부모가 작성해야 할 평가 문항이 수업만 있는 것도 아니다. 학생지도, 학생상담, 학급운영, 학생인권 등 평소 학교 일에 관심을 가지고 교사와 수시로 소통하지 않으면 도저히 알 수 없는 내용들이 대부분이다. 결국 학부모들은 높은 점수를 매기거나, 교사에 대한 뜬소문에 의거해서 점수를 매기거나, 아니면 말할 수 없는 일에 대해서는 침묵하라는 비트겐슈타인의 가르침대로 평가에 응하지 않는 수밖에 없다. 게다가 이 평가를 하기 위해 교육행정시스템에 접속하는 것도 일이다. 각종 인증서와 엑티브X로 주렁주렁 떡칠을 한 시스템에 걸핏하면 일어나는 접속 오류를 견디며 몇십 분씩 아무 실효성 없는 평가에 매달릴 학부모가 얼마나 있겠는가? 따라서 학부모들 중 대다수는 교원능력개발평가에 자발적으로 응하지 않는다.

이렇게 프로그램의 참여율이 저조할 경우, 해법은 프로그램의 개선 아니면 폐지일 것이다. 그런데 엉뚱하게도 참여 독려를 대책이라고 내놓는다. 각 학교마다 교원능력개발평가 학부모 참여를 독려하라며 교육지원청이 교장에게, 교장이 담임교사에게 연일 압력을 행사한다. 참가율 50퍼센트를 넘기라는 할당량까지 주어져 담임교사들은 별수 없이 제발 자신을 평가해 달라며 학부모들에게 읍소하는 웃지 못할 코미디를 연출한다. 심지어 교감이나 담당부장이 담임교사를 사칭하여 학부모들에게 참여를 호소하는 문자를 거의 스팸처럼 발송해서 학부모가 담임교사에게 항의하는 지경에 이른 학교도 있다.

　이런 한심한 작태가 일어나는 까닭은 교육부가 최소 참가율 기준을 정해 놓고 마치 이 기준을 채우지 못하면 대단한 불이익이 있을 것처럼 으름장을 놓고, 교육지원청에서 각종 조사 참가율을 가지고 학교들을 줄 세우는 구태가 아직도 남아 있기 때문이다. 교원능력개발평가뿐이 아니다. 교육부나 교육지원청에서 실시하는 각종 여론조사, 만족도 조사가 모두 이 모양이다. 예컨대 해마다 실시하는 학교폭력 실태조사의 학생 응답률이 90퍼센트가 넘었음에도 불구하고 관내 중학교 중 최하라면서 담당 장학사가 99퍼센트에 맞추라고 요구하는 경우가 심심치 않게 일어난다. 교육지원청은 이걸 기준으로 학교를 줄 세우고, 교육부는 이걸 기준으로 교육지원청을 줄 세운다. 모든 여론조사는 응답자의 자발성이 생명인데, 각 학교마다 하기 싫다는 학생들, 학부모들에게 억지로 응답을 강요한다. 심지어 응답하지 않은 학생의 신상까지 파악하여 무기명이 원칙인 조사의 의미를 퇴색시키는 경우도 생기고 있다.

이것이 바로 꼬리가 몸통을 흔드는 목적 전치 현상의 전형이다. 효과야 있건 없건 간에, 학부모가 교원의 능력개발에 어떤 자극이 되라고 실시한 평가일 텐데, 거꾸로 학부모를 평가에 얼마나 많이 참여시키느냐가 교원의 능력이 되어 버렸다. 학생들을 폭력 피해로부터 지켜주자고 나온 학교폭력 실태조사인데, 도리어 참가율을 높이기 위해 학생의 선택권을 박탈하는 또 다른 폭력이 되고 말았다.

이런 구태는 이른바 진보교육감이 처음 당선된 지역뿐만 아니라, 진보교육감 2기, 3기를 말하고 있는 지역에서도 예외 없이 발생하고 있다. 지금 SNS와 각종 언론에는 진보교육감들의 화려한 언변과 사진이 경쟁적으로 올라오고 있다. 혁신을 약속하고, 여러 단체를 찾아가 기념사진을 찍는다. 평등교육에 대한 열변을 토하기도 하고, 한국교육의 미래를 논한다. 그러나 학교 현장에는 이렇게 어이없는 구태가 아직도 버젓이 진행되고 있고, 이 모든 것이 진보교육감의 이름으로 강제되고 있다.

지금 우리나라 교육은 미래교육을 말하기 전에 먼저 기본부터 갖추어야 한다. 그 기본이란 수업이 학교의 중심에 놓여야 하며, 다른 번잡한 일들이 학교를 흔들어서는 안 된다는 지극히 상식적인 것이다. 그 기본은 이런 사소한 일들부터 하나하나 해결하는 데에서 갖춰질 것이다. 기본을 갖추지 않고 이루어지는 이른바 교육혁신은 혁신이 아니라 안 그래도 번잡한 학교에 넌져진 또 다른 잡무에 불과할 것이다.

'학교생활기록부 종합전형'을 위한 변명

우리나라 대학입시는 수시와 정시로 이루어진다. 이렇게 용어 뜻만 가지고 말하면 마치 특별한 일부 지원자만 수시로 뽑고 나머지 대부분은 정시로 뽑는 것처럼 들린다. 어른들 정서에도 수능 점수를 가지고 한 줄 세워서 커트라인으로 자르는 정시가 제대로 실력을 겨루는 대학입시처럼 보이며, 이런저런 서류 제출하고 면접해서 뽑는 수시는 제대로 실력을 볼 수 있을지 의심스럽기만 하다.

그런데 현실은 반대다. 서울대학교는 거의 75퍼센트를 수시로 뽑는다. 그나마 85퍼센트까지 늘렸다 다소 줄인 것이다. 고려대학교는 장차 수시 선발 인원을 80퍼센트 이상으로 늘린다고 공언했다. 수시가 정식 선발이며, 정시가 오히려 추가 선발 정도의 부수적인 위치에 있다. 해마다 수능 시험일이 되면 전국이 계엄상태가 되지만, 의외로 수능은 대학입시의 주연이 아니다. 수능의 기능은 1차적으로는 수시모집이 요구하는 등급 컷 통과용, 그리고 수시에서 원하는 대학에 진학하지 못했을 경우 정시에 도전하기 위한 일종의 보험이다.

어느새 우리나라의 대학입시가 사실상 바뀌어 버린 것이다. 학력고사든 수능이든 시험을 쳐서 그 시험 점수로 줄을 세우는 전통적인 입시는 이제 20퍼센트 남짓한 지분만 남은 구시대의 유물이 되었고,

서류전형(학교생활기록부, 자기소개서, 추천서 등)＋구술·면접·실기 방식으로 이루어지는 수시가 가장 전형적인 대학입시가 되었다.

흔히 일반인과 언론은 이를 '학종(학교생활기록부 종합전형)'이라고 부른다. 학종은 내신성적뿐 아니라 생활기록부 전반을 두루 검토하고, 학생의 자기소개서와 교사의 추천서 등을 참고하여 해당 학생의 적성, 자질, 리더십, 학교생활, 인성, 기타 모집 단위에서 중요하게 생각하는 특기나 가치 등을 종합적으로 파악하는 평정 방식을 말한다.

그런데 최근 학종에 대한 학교 안팎의 공격이 거세다. 안에서의 공격은 주로 정시로 입학한 학생들이 수시로 입학한 학생들을 무시하거나 혐오하는 방식으로 나타났다. 우선 이른바 명문대에 수능정시로 입학한 학생들이 수시로 입학한 동료 학생들을 공격했다. 서울대에서는 일부 정시 합격생들이 수시의 한 종류인 지역균형선발 입학생들을 '지균충'이라는 혐오표현까지 사용하며 멸시함으로써 사회적 공분을 일으켰다. 자기들은 수능 네 영역 모두 1등급을 받고 들어왔는데, 소위 수시충들은 생활기록부에 이런저런 기록 집어넣고, 면접 때 말 좀 잘하고서는 겨우 수능 세 영역 2등급으로 들어왔으니 같이 취급될 수 없다는 것이다.

그들의 일그러진 자부심을 질타하는 진보언론 역시 학종을 공격하면서 결과적으로 정시를 옹호하는 이율배반적인 행동을 보여 주었다. 정시는 공부 열심히 해서 시험 잘 치면 개천에서 용 날 수 있는 기회를 주지만, 수시는 부유층 학생들에게 유리하나는 것이다. 그들의 주장에 따르면, 구술 면접은(주로 사교육을 통해) 각종 인문학 독서, 토의토론, 스피치 훈련을 받은 학생이 유리하고, 학종은 생활기록부에 다양한 볼거리, 즉 스펙을 많이 넣을 수 있는 특목고나 자사고 학생들이 유리하다는 것이다.

이런 식의 공격이 이어지다 보니 학종을 부잣집 아이들이 시험이라는 관문을 피해 쉽게 명문대 가는 지름길 정도로 생각하는 사람이 많다. 시험 쳐서 대학 가는 방식으로는 가난한 학생들과 같은 조건에서 경쟁해야 하기 때문에, 돈 없어서 사교육 못 받으면 감당할 수 없는 방법으로 대학입시를 바꾸었다는 것이다.

하지만 이는 사실과 거리가 멀다. 학종이 아니라 학력고사 시험 한 번으로 대학 입학을 결정짓던 시절에도 이른바 강남 8학군 학생들의 진학률은 다른 지역과 비교도 되지 않을 정도로 높았다. 서울대를 예로 들면, 전체 신입생 중 강남 8학군 출신 학생의 비율이 가장 높았던 시기는 학종도 사교육도 없었던 1985년으로 인구 1만 명당 서울대 입학생 숫자가 전국 평균의 4배였다. 이 비율은 각종 수시입학이 확대되면서 2.5배 정도로 줄어들었다. 시험 점수로 줄을 세우는 방식의 입시야말로 가장 '강남 친화적'인 방식이었던 것이다.

이런 문제를 떠나 우선 대학입시의 목적을 따져 보아도 학종에 대한 비난은 지나치다. 대학입시의 목적은 개천에서 용 나게 하는 것이 아니다. 명문대에 입학했다고 용이 되는 것 자체가 이미 잘못이다. 대학입시의 목적은 그 분야의 공부를 잘할 소양이 있는 학생을 선발하는 것이다. 대학은 고등 교육기관이며 전문 교육기관이다. 대학은 시민으로서 갖춰야 할 일반적인 소양을 길러 주는 곳이 아니라, 그 시대가 요구하는 분야의 실력 있는 전문가를 길러내는 곳이다. 이때 실력은 단순한 학업성취를 말하는 것이 아니다. 자기주도적 학습 능력, 자기관리 능력, 사회적 상호작용 능력 등을 모두 포괄하는 것이다.

이런 능력들을 수능 같은 시험이라는 방법으로 평가할 수 있을까? 시험이 실력을 평가하지 못한다는 비판이 어제오늘 일은 아니다. 이런 능력을 평가하려면 실제 그 학생이 학습하는 과정, 생활하는 과정, 문제에 직면해서 이를 해결하는 과정을 관찰하는 수밖에 없다. 하지만 대학 입학사정관이 미리 어떤 학생을 점 찍어 놓고 몇 년간 관찰한다는 것은 불가능하다. 그래서 학교 교사가 몇 년에 걸쳐 관찰하고 기록한 생활기록부를 통해 확인하겠다는 것이다. 물론 기록만으로 학생을 완전히 파악할 수는 없으니 좀 더 정밀한 평가를 위해 구술, 면접, 기타 각 모집 분야별로 특색 있는 평가방법을 활용하는 것이다. 어느 경우에나 시험은 그 대안이 될 수 없다.

학종 초창기에 부유층 학생이나 자사고·특목고가 유리한 빈틈이 있었던 것은 사실이다. 지금도 그들이 정보력을 동원해 빈틈을 계속 노릴 수는 있다. 하지만 지속적인 점검으로 해결하면 될 일이며, 실제로 그렇게 하고 있다. 예컨대 부유층 학생들이나 특목고에 유리한 각종 올림피아드 수상 실적 따위는 아예 생활기록부에 기록하지 못하며, 자소서 등에서 이를 언급하거나 암시하면 아예 0점 처리한다. 또 정보력과 돈을 이용한 스펙을 방지하려고 학교 바깥에서 이루어진 활동이나 수상 내역은 생활기록부에 기록하지 않는다. 심지어 교내외를 막론하고 수상 기록 자체를 반영하지 않는 학교도 있다. 독서 활동 기록 역시 고액의 독서논술 사교육의 영향력을 줄이려고 상세하게 독후감을 기록하는 방식에서 저자명과 책 제목만 쓰는 것으로 바뀌었다. 생활기록부를 알차게 채우려고 값비싼 사교육을 받는다고 주장하는 사람들은 사실상 학종에 대해 아무것도 모르고 지레짐작으로 비난하고 있는 것이다.

학종에서 유리한 생활기록부를 만드는 방법은 별다른 것이 없다. 학교생활을 충실히 하는 것, 시험에 들어가는 것만 하는 것이 아니라 학교에서 이루어지는 비교과 활동에도 능동적으로 참여하고 교사, 특히 자신이 진학하고자 하는 분야의 교과 교사와 적극적인 상호작용을 하는 것이다. 사교육을 많이 받은 학생, 특히 선행학습을 많이 한 학생은 오히려 학종에 불리하다. 아무래도 학원 때문에 학교의 각종 활동을 등한시하기 쉽고, 미리 배운 내용 때문에 수업시간에 소극적이거나 비참여적일 가능성이 크기 때문이다.

학종에서 이런저런 문제가 발생할 수는 있다. 아직 10년도 되지 않은 제도이니 안정화되는 데는 시간이 걸릴 것이다. 하지만 수능 하나로 줄 세우던 방식으로 돌아가자거나, 정시를 확대하자는 주장만큼은 절대 해서는 안 된다. 애초에 학종은 실력은 없으면서 시험 점수만 높은 학생들이 막상 실력이 필요한 순간에 제대로 역할을 하지 못하기 때문에 등장한 것이다. 시험으로는 실력을 제대로 평가할 수 없고, 21세기가 요구하는 실력과 역량은 시험과 점점 더 거리가 멀어지고 있음이 분명한데도 단지 개천에서 용 날 가능성 때문에 그런

구시대적 방식으로 돌아가자고 주장한다면, 이는 교육을 다른 것의 수단으로 생각하는 반교육적 발상이다. 더구나 시험으로 줄 세우는 방식은 개천에서 용 나기에 유리한 방식도 아니었으며, 사교육을 줄이는 방식도 아니었다.

학종이 최선의 대입제도라고는 말할 수 없다. 하지만 이를 계속 수정 보완하여 정착시키는 것이 현재로서는 최선의 선택일 것이다. 설사 다른 대안이 나오더라도 시험으로 한 줄 세우는 방식이 되어서는 안 된다.

'진보적' 교육감, '진보의' 교육감, '진보교육'감, '교육 진보'감?*

진보교육감 2기가 마무리되고 있다. 진보교육감 2기와 1기는 상당히 다르다. 우선 양적으로 비교가 되지 않는다. 1기 진보교육감은 6명에 불과하여 전체 교육감 중에서 소수의견 그룹에 지나지 않았다. 하지만 2기는 무려 13명이나 되는 진보교육감이 탄생하여 오히려 보수교육감이 소수의견 그룹이 되었다. 전국의 1만 2천여 개의 초중고등학교 중 무려 1만1천여 개의 학교가 진보교육감 관할에 놓였다고 하면 더 확실히 와 닿을 것이다.

사회의 전반적인 여건과 인식도 진보교육감에게 우호적으로 바뀌었다. 빨갱이 교육감 등의 의구심 어린 눈총도 거의 사라졌다. 혁신학교나 학생인권 같은 의제도 이제는 상당히 보편화되었다. 대구, 경북 등 이른바 보수교육감의 텃밭에서도 혁신학교에서나 볼 수 있었던 다양한 수업이 도입되고, 성적 줄 세우기 교육에서 벗어나야 하며 문예체 교육을 강화해야 한다는 데 그 누구도 이의를 제기하지 않는다. 김영란법 제정 등을 통해 알 수 있듯이, 부정과 비리에 대한 사회

---

* 이 글은 2기 진보교육감 체제가 절반이 지난 2016년에 쓴 글이다. 2018년에는 이 글에서 제기한 문제가 해결되길 바란다.

적 민감도도 매우 높아졌다.

그런데 역설적으로 이러한 긍정적인 변화가 진보교육감들에게는 도리어 위기의 시작이기도 하다. 1기 때는 청렴한 공직사회, 체벌 반대, 다양한 학생 참여형 수업 장려만으로도 진보교육감의 차별성을 분명하게 드러낼 수 있었다. 하지만 이제는 보수정권이 자유학기제를 먼저 도입할 정도로 상황이 바뀌었다. 몇 년 전만 해도 진보진영에서 수능의 난이도를 낮추고 등급제 자격 고사로 바꾸어야 한다고 주장했지만, 지금은 보수정권이 앞장서서 수능을 물수능으로 바꾸고 있다. 진보교육감이라는 브랜드만으로 희소성을 주장하며 지지를 호소하기 어려워진 것이다. 오히려 지역에 따라서는 진보교육감이라는 말에 피로감을 느끼는 현상까지 나타나고 있다. 왜 교육감이 아닌 진보교육감을 선출해야 하는지를 보다 분명하게 설명해야 하는 시기가 온 것이다.

문제는 진보교육감이라는 말 자체가 마치 장님 앞에 선 코끼리처럼 의미가 너무 복합적이라는 것이다. 사람들마다 서로 다른 이유로 다른 성격의 교육감 이미지를 만들어 놓고는 저마다의 진보교육감을 규정한다. 그리하여 진보교육감 앞에는 수많은 "진보교육감은 ~ 해야 한다"라는 요구가 쏟아진다.

당연히 이 요구를 다 들어줄 수는 없다. 이 요구들은 스펙트럼이 넓을 뿐 아니라 심지어 서로 상충되기까지 한다. 이 중 일부만 취사 선택하면 "진보교육감이라고 하더니 이렇게 우리를 배신했다"라는 식의 비난이 사방팔방에서 터져 나온다.

이때 누구에게도 비난받지 않는 길을 찾으려고 하다가는 함정에 빠지기 쉽다. 이 함정은 매우 치명적인 진퇴양난이다. 한쪽의 비난을 잠재우면 마치 풍선처럼 다른 쪽에서 배신자, 무능력자라는 식의 비난이 쏟아져 나오는 일이 반복될 것이기 때문이다. 이런 식으로 우왕좌왕하다 보면 결국 백년지대계라는 교육이 산으로 강으로 정신없이 오가다가 결국 바다 구경도 못해 보고 임기가 끝나 버린다.

그러니 진보교육감은 어떤 의미에서의 진보교육감이 될 것인지를 인식하고 분명한 비전을 제시해야 한다. 이는 '진보적' 교육감, '진보의' 교육감, '진보교육'감, 그리고 '교육 진보'감 중 어느 길을 갈 것인가 선택해야 함을 말한다.

'진보적' 교육감이란 사회 진보를 추구하는 교육감이다. 즉 교육행정, 학교운영을 민주화하고 권위주의를 일소하고, 교육의 여러 혜택이 저소득층이나 취약계층 학생들에게 더 많이 주어지는 일에 관심을 기울이는 교육감이다. 만약 '진보적' 교육감의 길을 선택했다면 어떤 특정한 방향의 교육철학이나, 특정한 교육방법을 주장하거나 요구하는 일에 손대지 말아야 한다. 더군다나 특정한 유형의 모델을 혁신학교라고 규정짓고 기존 학교를 구시대 학교로 매도하는 행위를 삼가야 한다. 그런 행위를 하는 순간 '진보적' 교육감은 자가당착에 빠진다. '진보적' 교육감에게 혁신학교란 특정한 학교 모델, 특정한 수업이 이루어지는 학교가 아니라 교육주체들의 자발성을 바탕으로 민주적이고 창조적으로 운영되는 학교일 뿐이다. 어떤 방식의 교육을 할지는 각 학교에서 교사들이 정할 일이지 교육감이 예시를 들어줄 일이 아니다. 오히려 '진보적' 교육감이라면 혁신학교의 모델을 지정해 주는 일보다는, 다른 학교보다 더 열성적이고 창조적으로 운영될 혁신학교가 가능하면 중산층 주거지역보다는 취약계층 주거지역에 집중되도록 예산이나 교육 자원 배치를 조정할 것이다.

'진보의' 교육감은 자신을 진보진영의 사람이라고 인식하고 이를 위해 일한다고 생각하는 교육감이다. 달리 말하면 운동권 교육감이라고 할 수 있다. 물론 진보교육감 중 대놓고 이렇게 생각하는 사람은 거의 없겠지만 의외로 빠지기 쉬운 함정이다. 실제 선거 과정에서 이른바 '진보진영' 단체들의 도움을 많이 받았기 때문이다. 하지만 교육의 정치적 중립성은 헌법상의 권리이자 의무다. 설사 진보진영의 도움을 받았다 하더라도 교육감은 교육을 생각해야지 진영을 우선시해서는 안 된다. 만약 교사보다 운동권 인사들과의 소통이 많다고 느껴진다면 냉철하게 자기반성을 해야 한다.

물론 교사와 소통하는 것은 운동권과 소통하는 것보다 답답하고 지루하다. 교사들은 그 본성상 보수적인 성향을 가질 수밖에 없으며, 완전한 진보가 될 수 없고, 그래서도 안 된다. 교육은 미래세대를 길러내는 일임과 동시에 과거의 유산을 전수하는 일이기도 하다. 이 중 어느 하나도 더 중요하거나 덜 중요하지 않다. 진보교육감도 교육감인 이상 교육을 책임져야지, 특정 진영의 운동 지형을 넓히는 일에 의식적이든 결과적이든 복무해서는 안 된다.

'진보교육'감은 교육에 대한 여러 견해들 중 '진보교육'이라는 특정한 견해를 지지하고 이를 관철시키려는 교육감이다. 거칠게 분류

하자면 장 자크 루소(Jean-Jacques Rousseau, 1712~1778)를 그 기원으로 하고 존 듀이(John Dewey, 1859~1952)를 거쳐 프레네(Celestin Freinet, 1896~1966), 몬테소리(Maria Tecla Artemisia Montessori, 1870~1952), 비고츠키(Lev Semenovich Vygotsky, 1896~1934), 프레이리(Paulo Freire, 1921~1997) 등의 교육학을 기반으로 하고 있다면 '진보교육', 리처드 스탠리 피터즈(Richard Stanley Peters, 1919~2011), 제롬 브루너(Jerome Seymour Bruner, 1915~2016, 1990년 이전 학설에 한하여) 등의 이론에 기반하고 있다면 '보수교육'이라 볼 수 있다. 또 미국에서는 진보주의 교육학에 가깝지만 타일러(Ralph W. Tyler, 1902~1994), 블룸(Benjamin S. Bloom, 1913~1999) 등도 우리나라에서는 보수주의 쪽으로 분류된다. '진보교육'감은 자신이 실제로 진보주의 교육학에 정통한 교육자라면 매우 긍정적인 역할을 할 수 있다. '보수교육'감과 선의의 경쟁을 통해, 4년마다 벌어지는 교육감 선거를 수준 높은 교육 토론의 장으로 바꿀 수 있기 때문이다.

문제는 교육감 자신이 진보교육학에 대한 충실한 학습과 연구 없이 다만 진보교육을 내세우는 몇몇 학자나 교육단체의 의견에 따라 진보교육을 추진하는 경우다. 이는 일선 학교의 교육전문가들인 교사들을 무시하는 처사이며, 심하게 표현하면 진보라는 이름의 파쇼에 가깝다. 만약 자기 자신이 충분히 교육학을 연구하고 실천한 교육자가 아니라면 진보교육감은 '진보교육'감이 되려고 나서는 일을 자제해야 한다.

'진보의' 교육감은 바람직하지 않고, '진보교육'감은 현행법상 교사가 교육감 선거에 나서거나 관여할 수 없기에 사실상 불가능하다.

그래서 대부분의 진보교육감은 상당히 오래전에 교사였거나, 혹은 초중고등학교 교육 경력이 없는 대학교수들, 그것도 교육학 전공자 보다는 각종 시민운동에 참여했던 교수들이다. 그렇다면 남아 있는 선택지는 '진보적' 교육감뿐일까? 하나가 더 남아 있다. 그건 바로 교육을 특히 공교육을 각종 정치적·경제적 풍파로부터 지켜내고, 교사와 학생의 상호관계를 소중하게 여겨 이 싹이 훌륭한 교육으로 무성하게 자랄 수 있도록 북돋아 주는 역할을 담당하는 것이다. 스스로 어떤 진보교육을 주창하기보다는 교육이 스스로 진보할 수 있도록 도와준다는 의미에서 이를 '교육 진보'감이라고 부를 수 있다.

사실 이는 '진보적' 교육감, '진보교육'감과도 크게 어긋나는 일이 아니다. 진보교육은 학생이 스스로 학습하고 성장할 수 있도록 기회를 열어 주는 것을 중요시한다. 진보교육의 핵심은 '학생 중심'이 아니라 학생이 올바른 길로 성장하도록 나쁜 외적 영향으로부터 지키는 것이다. 따라서 교사는 학생을 그저 바라보는 존재가 아니라 학생이 낡은 제도나 관행, 편견의 영향으로부터 자유로울 수 있도록 여건을 조성해 주는 능동적인 역할을 수행해야 한다. 그렇다면 진보교육감 역시 교사가 스스로 학습하고 성장할 수 있도록 기회를 열어 주고, 교사에게 가해지는 부당한 외적 간섭과 억압을 막고, 학교에 찌들은 낡은 관행과 제도를 혁파하는 역할을 담당해야 할 것이다. 즉, '진보적' 교육감의 역할을 함으로써 교육의 진보를 이루고 그럼으로써 진보교육을 꽃피우는 것이다. 여기에 한 발 더 나아가 그렇게 꽃피운 진보교육을 취약계층의 학생들이 누릴 수 있도록 우선적으로 제공한다면 금상첨화가 되겠다. 그리고 이러한 것들이 바로 진보교육감만이 할 수 있는 일이다.

청렴한 학교니, 학생중심의 교육이니, 문예체 교육이니, 창의적인 교육 협력적 교육 같은 것들은 이제 보수교육감, 수구교육감도 다 외치는 구호가 되었다. 문제는 그것을 관철시키는 방식이다. 그것을 관철시키기 위해 교사들의 진보를 가로막는 장애물을 능동적으로 제거해 주느냐 아니면 교사들에게 진보하라고 강요하느냐, 바로 여기에 진보교육감의 리트머스 종이가 드리워질 것이다. 2기 진보교육감의 임기가 반환점을 돌고 있는 시점에서 진보교육감을 자처하는 교육감이라면 자신의 마음속에 리트머스 종이를 한 번쯤 대볼 필요가 있을 것이다.

진보 명망가들의
교육 맨스플레인

　요즘 '맨스플레인'이라는 말이 부쩍 많이 회자되고 있다. 남자(Man) 와 설명(Explain)의 합성어인 이 말은 뭐든지 여자를 가르치려 들고 설 명하려 드는 남성의 행위를 꼬집은 말이다. 이는 남자가 여자보다 우 월하다는 전제에서 남자가 여자를 가르치고 이끄는 입장에 서려는 시대착오적인 행동이다.

　그런데 우리나라에서는 이 맨스플레인이 사회적·집단적으로 일 어나는 경우가 많다. 뭔가 여성과 관련된 사회적 쟁점이 발생하면 수 많은 남성 댓글러가 달려들어 여성들에게 집단적인 훈계를 퍼붓는 경우가 대표적이다. 이제 이 집단적 맨스플레인은 진보적인(!) 남성 들이 여성들에게 진정한 페미니즘에 대해 훈계하는 지경까지 갔다.

　그런데 최근에는 교사에 대한 맨스플레인이 부쩍 늘고 있다. 물론 교사 그 자체는 남성도 여성도 아니지만, 교사 집단 자체를 일종의 여성으로 의인화한 뒤 남자들이 한 수 가르쳐 주겠다고 나서는 행태 들이 유행처럼 번지고 있는 것이다. 실제로 "교사는 여자들 직업으 로는 최고"라는 말이 인구에 아주 오랫동안 회자되어 왔다. 최고의 직업이 아니라 굳이 '여자 직업'으로 최고라는 말을 붙인 것은 결코 칭찬이 아니다. 이는 그나마 여자들이 할 수 있는 일 중에는 제일 낫다는 정도의 의미이며, 째째하고 시시해서 남자들이 굳이 하지 않을 뿐 마음만 먹으면 언제든지 여자들보다 잘할 수 있다는 남성 우월주의가 깔려 있는 말이다.

실제로 우리나라의 대졸 남성들 중 상당수는 교사라는 직업이 고도의 지식과 숙련이 필요한 전문직이라고 믿지 않는다. 예컨대 아내가 교사인 직장인 남성은 자신의 아내가 전문성을 함양하기 위해 엄청난 시간을 필요로 하는 전문직이라고 생각하지 않으며, 오히려 일찍 퇴근하고 방학이 있기 때문에 육아를 독박 씌워도 되는 비싼 알바 정도로 생각하는 경우가 많다. 남자들이 '여자 직장'인 교직에 가지고 있는 우월감, 자기들이 안 하고 있을 뿐 언제든지 저 "아줌마 선생"들보다 더 잘할 수 있다는 우월감의 민낯은 교사와 관련한 사회적 쟁점이 터졌을 때 인터넷 댓글들을 한 번만 읽어 봐도 대번에 알 수 있다.

문제는 이제 교직이 더 이상 시시한 직업이 아니라는 것이다. 그리고 이 시시하지 않은 좋은 직장을 여자들이 차지하고 있는 데 대한 사회적 분노와 질시가 교직에 대한 왜곡된 공격과 집단적인 맨스플레인으로 나타났다. 교육이 이래야 한다 저래야 한다는 남성 비전문가들의 훈수가 쏟아진다.

이들 교육 맨스플레이너들의 공통점이 있다. 하나는 교육에 대한 어떠한 이론적 기반도 경험도 없다는 것이다. 이들은 대체로 교육에 대한 별다른 공부도 실천도 없이 교육에 대해 말하고 있다. 이는 여자들이 하는 일인 교육쯤은 더 고차적인 일을 하던 남자들이 언제든지 간섭해도 된다는 우월감의 발로로밖에 안 보인다. 이들은 아득한 옛날 자신들의 학생 시절의 기억, 가족이나 친지를 통해 들은 풍문, 자기들이 아는 일부 교사들의 이야기에 상상력을 보탠 것들을 기반으로 용감하게 교육에 대해 한 수 가르치려 든다.

또 다른 하나는 교육 맨스플레이너들이 대체로 정치적으로 진보로 분류되는 사람들이라는 것이다. 이는 우리나라 진보진영이 오히려 보수보다도 더 폐쇄적이고 봉건적인 문화를 가지고 있기 때문이다. 이들 진보 어르신들이 아무리 엉뚱한 이야기를 하더라도 비판하고 수정하는 풍토가 없다. 또 엘리트주의에 대한 반발 때문인지는 몰라도 진보진영 활동가들은 진보 어르신의 권위에는 완전히 복종하면서 각 분야 전문가의 권위는 쉽사리 인정하지 않는 경향이 강하다는 점도 일조하고 있다. 교육과 더불어 의학 역시 진보성향의 남성들이 전문성을 인정하지 않고 온갖 낭설을 퍼뜨리는 영역이라는 것도 같은 맥락이다.

일이 이 지경이 된 데에는 교사의 책임도 크다. 외부 명망가들의 맨스플레인이 계속될 때 사실과 다른 부분은 명확하게 바로잡고, 그들의 몰이해에 대해서는 전문가로서 그 주제넘음에 대해 따끔하게 일침을 놓아야 하는데 그러지 못했기 때문이다.

이제 진보진영은 교사에 대한 맨스플레인을 멈추어야 한다. 다른 분야에서 명성을 얻은 명망가들이 그 명망을 가지고 함부로 이러쿵저러쿵할 수 있을 만큼 교육이 만만한 분야가 아니며, 교사들이 그런 엉뚱한 분야 명망가들에게 훈수나 들어야 할 만큼 한심한 사람들도 아니라는 점을 분명히 알아야 한다. 교사들 역시 이런 맨스플레인에 전문성과 비판의식을 가지고 따끔하게 대응해야 한다.

이는 교사가 사회의 다른 영역의 전문가들과 연대하고 대화하는 통로를 막자는 것이 아니다. 교육에 대해 함께 고민하고 함께 공부하고자 하는 연대는 매우 중요하다. 교육이 사회로부터 고립되면 다만 책벌레로 전락하기 때문이다. 또 교육을 바로 세우지 못하게 만드는 여러 사회적·제도적인 장벽들은 교사들의 힘만으로는 무너뜨릴 수 없기 때문에 폭넓은 사회적 연대가 필요하기도 하다.

하지만 연대가 필요하다는 것이 아무나 무책임한 훈계질을 해도 된다는 뜻은 아니다. 그 훈계질을 교육에 대한 애정과 관심이라고 둘러대지 말라. 페미니즘을 가르치려 드는 맨스플레이너들 역시 여성과 페미니즘에 애정과 관심이 있어서 그러하다고 말하는데, 이와 별로 다르지 않다. 진정한 애정과 관심은 자신이 할 수 있으며 상대에게 필요한 일을 해 주는 것이다. 이를 바탕으로 장벽을 무너뜨리는 힘 있는 연대와 지원을 제공하는 것이지, 시대에도 맞지 않고 사실관계도 틀린 잔소리와 훈계를 늘어놓는 것이 아니다.

진보교육과
실력

교육 목표로서의 '실력'

우리는 '실력'이라는 말을 자주 사용한다. "김 박사는 매우 실력 있는 의사다", "지금 상황이 어려우니 실력 있는 변호사를 구해 달라", "권 선생 같은 실력 있는 교사를 만난 아이들은 복 받은 거다" 등의 표현을 아주 자연스럽게 사용한다. 심지어 정치에 대해서도 "폴 라이언 하원의장은 대통령 후보는 아니지만 공화당의 실력자다"처럼 실력이라는 말을 쓴다.

교육에서도 실력이라는 말을 많이 사용한다. 학교는 "학생들의 실력 향상을 위해 노력"해야 하기 때문이다. 교육은 학생에게 긍정적인 변화를 목적으로 하는 작용이며, 그 긍정적인 변화에 학생의 실력 향상은 당연히 포함된다. 더구나 공교육 기관인 학교는 그 설립과 운영 주체인 사회에 대해 책임을 져야 하는데, 그중 학생들의 실력 향상은 매우 큰 비중을 차지한다. 일제강점기 때 독립운동의 투 트랙이 바로 민족 실력 양성과 독립전쟁이었다. 그리고 그 실력 양성을 감당하기 위해 민족지도자들이 사비를 털어가며 사립학교와 민립 대학을 설립하였다.

지난 20여 년간 교육에서 실력은 보수진영의 전유물처럼 사용되었고, 진보진영에서는 의도적으로 이 용어를 외면했다. 실력에 대한 강조가 사회 불평등의 재생산을 정당화할 것이라는 걱정을 했기 때문이다. 실제로 보수진영에서는 노력의 차이가 실력의 차이를, 그리고 실력의 차이가 사회적 불평등을 만든다는 식의 논리를 구사해 왔다. 그런데 이들은 이 실력을 키우기 위해서는 경쟁을 해야 한다고 주장한다. 학생들도 경쟁하고, 교사도 경쟁하고, 학교끼리도 경쟁해야 한다고 한다. 이들에게 교육은 실력을 기르기 위한 경쟁이 일어나는 과정이자 동시에 실력 있는 사람을 가려내는 선발 과정이기도 하다.

반면 진보진영에서는 실력이라는 말에 알러지 반응을 보이는 경향이 있다. 실력에 대한 강조는 곧 엘리트주의로 비치고, 이는 진보의 제1가치인 평등에 배치되는 것으로 보이기 때문이다. 심지어 김동춘은 일부 엘리트가 학벌사회를 이루고서 권력과 자원을 독점하는 메리토크라시(실력주의)를 데모크라시(민주주의)와 대비시키기까지 했다. 김동춘은 학벌이 좋은 사람, 가방끈이 긴 사람이 아니라 땀 흘려 일하는 사람이 더 좋은 대접과 존중을 받는 세상이 되어야 한다고 말한다.

그런데 진보진영에서 선풍적인 인기를 끌었던 경제학자 토마 피케티는 반대로 메리토크라시를 민주주의의 근간이 되는 매우 중요한 원리로 제시하여 우리나라 진보진영을 당황스럽게 만들었다. 사실 피케티의 『21세기 자본』을 한 줄로 요약하면 "세습과 상속의 힘이 실력의 힘을 능가해 버려 민주주의의 근간인 메리토크라시를 위협하고 있다"이다.

피케티의 말처럼 메리토크라시가 민주주의의 근간이 되려면 반드시 갖춰야 하는 두 가지 전제 조건이 있다. 하나는 실력이 제대로 평가되어야 한다는 것이다. 실력이라는 이름으로 실력이 아닌 다른 것, 예컨대 학벌이나 경제수준 같은 것이 평가되어서는 안 된다. 다른 하나는 실력 향상의 기회가 모든 계급 계층에게 평등하게 주어져야 한다는 것이다. 만약 실력 향상의 기회가 특정한 계급이나 계층에게 더 유리하게 혹은 불리하게 주어진다면, 즉 교육의 기회가 평등하지 않다면, 메리토크라시가 민주주의의 근간이 되기는 어려울 것이다.

따라서 진보진영이 경쟁, 서열화 등을 막기 위해 실력이라는 목표를 외면하는 것은 오히려 그들이 그토록 반대하는 부유층과 지배층의 세습 상속을 도와주는 셈이 된다. 진보적인 교육자일수록 오히려 실력이라는 목표에 응답해야 한다. 이미 2500년 전에 페리클레스가 말했듯이 "집안이 가난하다는 이유로 타고난 재능이나 조국에 대한 열의가 빛을 보지 못하도록 하는 일이 없도록" 해야 하는 것이다.

실력의 두 얼굴 : 능력과 역량

실력에 응답한다는 것은 다음의 세 가지 문제를 고민한다는 것이다.

1)실력은 무엇인가?
2)실력을 양성하는 방법이 무엇인가?
3)실력을 평가할 수 있는 방법이 무엇인가?

첫 번째 문제부터 혼란스럽다. 책 한 권의 논의가 필요한 주제이지만 거칠게 정리해 보자면, 실력은 능력(Ability)과 역량(Competency)으로 이루어지는 것이다. 두 용어는 비슷하게 보이지만 그 시제가 다르다. 능력(Ability)은 현재 상태에서 주어진 과제를 성공시키는 데 필요한 지식과 기능을 얼마나 갖추고 있는지의 문제다. 따라서 능력은 현재 주어진 과제 및 분야가 분명하며 갖추어야 할 지식과 기능의 기준도 대체로 명확하다. "권 박사는 실력 있는 의사다"라고 말하거나 "권 변호사는 실력 있다"라고 말할 때의 실력은 능력을 말하는 경우가 많다. 의사의 실력은 병을 진단하고 환자를 치료하는 데 필요한 지식과 기술이며, 변호사의 실력은 법률 지식을 충분히 갖추고 이 지식을 사용하여 변론을 잘하여 재판에서 이기는 것이다. 이 경우 실력을 평가하는 방법도 비교적 명확하다. 환자 잘 고치는 의사가 실력 있는 의사이며, 재판에서 이기는 변호사가 실력 있는 변호사다.

그런데 "은지는 실력 있는 학생이다"의 경우는 어떨까? 은지는 대체 어떤 분야의 어떤 지식과 기술을 가지고 있다는 뜻일까? 방학하는 날이면 교사들은 "방학을 노는 기간이 아니라 실력을 키우는 기간으로 사용하기 바랍니다"라는 취지의 훈화를 하는 경우가 많은데, 대체 어떤 분야의 어떤 지식과 기술을 갖추라는 것일까? "실력 있는 학생"은 도대체 어떤 학생을 말하는 것일까?

대학교라면, 아무리 모든 대학생의 공무원 시험 준비생화가 진행 중이라고는 하지만 어쨌든 명색이 '전공'이라는 것이 있다. 그러니 전공 학과에 따라 실력에 해당되는 지식과 기능이 무엇인지 분명하다. 하지만 초중등학교는 보통교육 기관이다. 미리 정해진 어떤 구체적인 분야의 능력과 기능이 없다. 그렇다면 모든 분야의 지식과 기능을 두루 갖추어야 실력 있는 학생이 되는 것일까? 그런 실력자는 어른 중에서도 찾기 어렵다. 그러니 청소년에게 요구한다는 것은 어불성설이다.

이때 사용되는 용어가 바로 역량(Competency)이다. 역량은 어떤 문제에 직면했을 때 이를 해결하기 위해 지식과 기능을 학습·적용하고, 타인과 협력하고 소통하며, 이 과정에서 자기 자신을 잘 관리하고 통제할 수 있는 능력과 태도를 통칭하는 것이다. 즉, 능력이 학습의 결과라면 역량은 학습할 능력이라고 할 수 있다. 능력이 구체적인 지식과 기술이라면, 역량은 지식과 기술을 익히고 활용할 수 있는 가능성이다.

초중등학교 학생들은 사회에서 활동하기까지 아직 10년 이상의 시간이 남은 학생들이다. 그사이에 세상이 어떻게 바뀔지 아무도 모른다. 그들이 장차 어떤 문제 상황에 처하게 될지, 또 그들이 어떤 분야에서 일하게 되며, 어떤 분야가 유망할지 아무도 예단할 수 없다. 어느 미래학자가 한국 학생들은 곧 사라질 직업을 위해 엄청난 시간을 공부한다고 비판했지만, 앞으로 등장할 직업과 유망할 직업을 제시할 수 없는 것은 그 미래학자도 마찬가지다.

초중등학교 학생들은 어떤 도전에 직면할지, 어떤 분야에서 일하게 될지 정해지지 않은 넓은 가능성의 상태에서 학교를 다닌다. 따라서 어떤 분야의 능력(ability)을 중심으로 실력을 기르는 것은 열린 가능성을 미리 차단하는 것이나 마찬가지다. 학생들이 직면해야 할 문제와 도전이 무엇인지도 그때 가서 겪어 봐야 알 수 있으며, 어떤 지식과 기술이 필요한지도 부딪쳐 봐야 알 수 있다.

게다가 이제는 진부한 표현이지만 알파고 시대다. 미리 정해진 분야의 지식과 기능은 이미 기계의 영역으로 넘어가고 있다. 이제는 지식과 기능을 얼마나 많이 익혔는가보다는 급변하는 상황과 도전에 따라 필요한 지식과 기능을 파악하여 학습할 수 있고, 새로운 지식과 기능을 창출해야 한다. 또한 기존의 지식과 기능을 새로운 방식으로 활용하고, 이를 위해 필요한 다른 사람과의 관계 및 자기 자신을 잘 관리할 수 있는지가 더 중요하다. 즉, 역량이 점점 더 중요해지고 있는 것이다. 초중등학교 학생들이 길러야 하는 실력은 장차 어떤 분야에서 일하게 되고, 어떤 도전에 직면하더라도 유연하게 대처할 수 있는 역량이다.

시험과 실력

그런데 그동안 우리나라 학교에서는 역량을 중심으로 하는 실력에 대한 논의가 부족했고, 또 있더라도 일종의 이상주의로 여겼다. 이상은 좋지만 현실은 당장 눈앞에 닥친 문제, 즉 시험을 해결하는 것이었기 때문이다. 물론 보수와 진보를 막론하고 "시험 잘 치는 것이 실력이냐"라고 물어보면 그렇지는 않다고 대답할 것이다.

그러나 "방학 중에 실력 향상에 힘쓰라"라는 훈화를 "역량을 향상시키라"라는 말로 생각하는 사람은 별로 없을 것이다. 교사, 학생, 학부모를 막론하고 "방학 동안 점수 낮은 과목을 보충하여 시험 점수를 높이라"라는 말로 받아들이는 것이 자연스럽다. 은연중에 우리는 어떤 학생의 실력을 시험 점수로 가늠하는 것을 당연시하고 있다.

하지만 시험은 학생이 미리 정해진 특정 분야의 지식과 기능 중 얼마나 많은 부분을 얼마나 정확하게 복사했는지를 평가하는 측정 도구의 한 종류에 불과하다. 즉, 실력의 매우 작은 일부분만을 보여 줄 뿐이다. 더구나 시험이라는 평가 도구는 지식과 기능을 정확하게 평가할 수 있는지조차 의심받는 방법이다. 시험은 학생이 알아야 할 지식, 숙달되어야 할 기능을 모두 물어보고 확인할 수 없기 때문에 그중 일부를 일종의 표본으로 뽑아서 확인하는 검사방법인데, 표본이 노출되는 순간, 혹은 표본이 선정되는 과정이 노출되는 순간 평가 대상과 평가 결과 사이에 엄청난 차이가 발생한다. 전체를 공부하는 대신 노출된 표본만 공부하면 높은 점수를 받을 수 있다. 북미에서 시험문제를 예상하는 행위(기출문제집 등)를 고사 부정행위로 간주하는 건 시험이라는 평가의 치명적인 약점을 이용하는 비겁한 행동이라고 보기 때문이다.

그런데 우리나라는 이른바 기출문제집이라는 형태로 수년간의 표본이 훤히 노출되어 있으며, 시험문제를 잘 푸는 요령을 가르쳐 주는 학원이 성행하는 나라다. 공부하는 대신, 실력을 키우는 대신, 그 측정 도구만 연습하는 것이다. 이 연습은 돈을 들이면 얼마든지 할 수 있고, 돈을 많이 들이면 실력이 없어도 높은 점수를 받을 수 있게 만들어 준다. 그러니 시험 잘 치는 학생들은 많지만, 그들의 대부분은 역량은 고사하고 능력 있는 학생도 아니다. 운전면허 시험 점수와 실제 운전 실력 사이의 아득한 괴리감과 마찬가지다.

이제는 시험 점수에 대해 은연중에 공유하고 있던 믿음과 미련을 버려야 한다. 시험 잘 치는 학생이 아니라 어떤 문제상황에 처했을 때 문제 해결에 필요한 지식과 기능을 스스로 학습할 수 있는 학생이 실력 있는 학생이다. 이를 OECD에서는 지식의 학습이 아니라 학습의 학습(learning to learn)이라고 불렀다.

진보가 진정으로 고민해야 하는 것은 모든 사람이 실력의 차이가 없는 세상, 혹은 실력의 차이가 있어도 똑같은 대접을 받는 허황된 꿈을 꾸는 것이 아니다. 그런 꿈을 현실로 만들 수 있는 방법은 하향평준화밖에 없고, 그것은 결코 바람직하지 않다. 오히려 빈곤·취약계층 학생들의 참된 실력을 길러주기 위해 노력해야 하며, 시험점수라는 거짓 실력을 퇴출시키기 위해 노력해야 한다.

왜 갑자기 실력인가?

그동안 지식과 기능 중심의 교육, 시험 중심의 평가를 비판하던 것은 진보 쪽이었다. 그런데 뭔가 이상하다. 보수정권이라고 할 수 있는 박근혜 정부에서 역량 중심 교육과정을 도입하고, 과감하게 시험을 폐지한 자유학기제를 실시하고, 일방적인 교수법 대신 학생의 능동적인 참여를 강조하는 수업 혁신을 장려하는 등의 정책을 펼치는 일이 일어났기 때문이다. 이런 정책들은 10년 전만 해도 노무현 정부에서조차 급진적이라고 불렀을 만한 것들이다. 또 하나 이상한 점이 있다. 진보진영이 학생부 종합전형을 반대하고 수능이라는 시험 중심의 입시제도를 고수하고 있다는 것이다. 10년 전만 해도 진보진영은 수능에 적대적이었고, 한 줄 세우기 수능 대신 여러 줄 세우기로 다양한 소질과 재능을 빛나게 하자고 외쳤다. 바로 그 입으로 다른 말을 하고 있는 것이다.

보수진영이 갑자기 급진적으로 바뀌거나, 과거의 시험 중심의 한 줄 세우기 교육에 대해 깊은 반성이라도 한 것일까? 그렇지 않다. 이러한 변화는 보수진영에서 가장 중요하게 생각하는 기업의 이윤 창출 환경이 바뀌었기 때문이다.

20세기까지만 해도 자본의 이윤 획득에 있어 가장 중요한 요소는 자본의 집중이었다. 거대한 생산설비와 표준화된 생산공정이 가장 중요했다. 즉 기계와 시설이 가장 중요했고 노동, 즉 사람은 그다음 문제였다. 기계와 시설을 개발하고 관리할 소수의 엘리트 외에는 근면성실하고 정확하게 업무를 수행할 일꾼이 필요할 뿐이었다. 그래서 기업들은 시험 점수와 실력의 괴리를 알면서도 문제 삼지 않았다.

기업들에게 가장 중요한 것은 기계와 시설 도입에 필요한 대규모 자본을 동원하고 배분하는 정부와의 밀착이었다. 보호무역이라는 온실 속에서 정경유착에만 성공하면 누워서 떡 먹기로 이윤을 축적할 수 있었다. 실력 있는 인재는 별로 필요 없었고, 오히려 방해가 되었다. 이런 정경유착을 비판적으로 따지고 들 수 있기 때문이다. 그래서 1990년대까지 대부분의 기업은 신입사원을 업무와 직접적인 관련이 없음에도 영어와 상식 두 과목 시험을 쳐서 뽑았다. 실력보다는 주어진 정답에 순응하는, 훈련이 잘된 직원이 필요했던 것이다.

그런데 21세기에 들어서면서 상황이 달라졌다. 거대한 생산설비와 표준화된 생산공정에 기반한 대기업의 시대가 저물고, 급변하는 환경에 맞춰 유연하고 재빠르게 혁신하는 기업이 둔탁한 대기업을 압도하기 시작했다. 보호무역의 장벽이 걷히면서 땅 짚고 헤엄치기 시대는 막을 내리고, 바야흐로 전 세계의 혁신적인 기업들과 경쟁하는 진검승부의 시대가 열렸다. 이제 실력 있는 인재를 얼마나 확보하느냐가 기업의 경쟁력이 되었고, 사활의 문제가 되었다. 이때 실력 있는 인재란 기존의 것을 많이 아는 사람, 즉 능력이 뛰어난 사람이 아니라 이 능력을 재구성하고 새롭게 할 수 있는 사람, 즉 역량이 뛰어난 사람이다.

문제는 역량이라고 하는 것을 미리 파악하기 어렵다는 것이다. 역량은 문제 상황과 도전에 직면했을 때 비로소 발휘되는 것이다. 즉, 일을 해 나가면서 확인할 수 있지 일을 하기 전에 확인하기는 매우 어렵다. 따라서 시험은 역량을 평가할 수 없는 도구다. 그런데 그동안의 우리나라의 교육체제는 시험 점수를 기준으로 편성된 학벌체제였다. 따라서 학벌은 실력 있는 인재를 가려내는 지표로서 아무짝에도 소용이 없게 되었다. 높은 학벌을 보유한 학생들이 막상 사회에 진출했을 때 그 학벌 서열만큼의 실력을 보여 주지 못하는 경우가 늘어나면서 이는 사실로 드러났다. 그리하여 마침내 그동안 묵인되어 왔던 학벌과 실력과의 괴리가 문제로 떠올랐다.

그렇다면 어떻게 해야 학생의 실력을 평가할 수 있을까? 역량은 다양한 문제상황과 도전에 직면해 보기 전에는 확인할 수 없기 때문에 학교 교육 자체가 다양한 문제상황과 도전에 대처해 나가는 과정으로 이루어지지 않는 한 평가할 수 없다. 또 역량은 여러 분야를 넘나들면서 지식과 기능을 재구성하는 능력이다. 따라서 교과 간의 장벽이 굳건한 현재의 교육과정으로는 길러낼 수도 평가할 수도 없다. 바로 이것이 보수정권까지 나서서 학교 교육의 일대 혁신을 요구하는 배경이다. 이는 한마디로 '시험 잘 치는 학생'이 아닌 '실력 있는 학생, 역량 있는 학생'을 길러내라는 사회적 요구인 것이다.

이러한 역량에의 요구가 무조건 긍정적인 것만은 아니다. 현재 보수진영에서 제기하고 있는 역량 중심 교육과정은 역량에서 기업의 입맛에 맞는 일부분만을 '핵심역량'이라고 간추려 내어 집중적으로 육성하려 하고 있다. 이는 인간 역량의 총체성, 종합성을 훼손하는 기형적 역량이다. 하지만 그렇다고 진보진영이 역량 중심 교육을 거부하고 시험 중심의 과거로 퇴행하려는 모습을 보일 수는 없는 노릇이다. 오히려 현재 보수진영에서 제기하는 혁신적인 역량 중심 교육이 학생의 온전한 실력을 기르는 것이 아니라 기업에게 유리한 반쪽짜리 실력임을 드러내고 온전한 역량 교육을 주장하고 관철시켜야 한다. 진정한 실력이 무엇인지 보여 주고 실력을 향상시키는 교육 실천의 사례를 보여 주어야 한다. 이제는 진보교육의 '실력'을 보여 주어야 할 차례가 왔다. 진보교육은 실력에 응답해야 한다.

교육 다양성의
의미

유신의 추억 : 단 하나만이 허용되었던 교육

박근혜 정부가 무너지게 된 계기가 무엇일까? 최순실 게이트? 아니다. 실은 그보다 훨씬 먼저 민심이 떠나기 시작했다. 최순실 게이트는 그 크리티컬 포인트에 해당된다. 박근혜 정부가 무너지게 된 계기는 그 속에서 '유신의 악취'가 났기 때문이다. 박정희에 대한 추억, 유신시대에 대한 향수에서 비롯된 정부였기에 악취와 함께 물러날 수밖에 없었던 것이다. 그리하여 박근혜 탄핵은 단지 박근혜 한 사람의 파면이 아니라 한 시대, 그 지긋지긋한 유신시대가 촉수를 잃어버리고 역사의 뒤안길로 물러나는 과정이기도 했다.

그런데 아직까지도 끈질기게 그 촉수를 붙인 채 버티고 있는 유신의 마지막 잔재가 있다. 바로 국정교과서다. 문재인 대통령이 국정교과서를 폐지했는데 무슨 소리냐 하겠지만, 우리 마음속 국정교과서의 그림자는 의외로 강하다. 억압적 통치, 봉건적 위계질서, 제왕적 대통령 등은 제도와 함께 무너질 수밖에 없지만, 감수성이 예민한 유년·청소년기 때 받았던 교육의 그림자는 의식적으로 깨뜨리지 않는 한 자기도 모르는 사이에 집단 최면처럼 한 세대에 속하는 사람들을 끈질기게 지배한다.

현재 연령이 40대 중반 이상인 세대, 즉 1980년대나 그 이전에 중고등학교를 다녔던 세대는 '대한교과서'라는 회사를 기억한다(지금은 미래앤컬처그룹으로 바뀌었다). 1970년대까지는 전국 모든 학교의 모든 과목 교과서를, 1980년대에는 도덕(국민윤리), 국어, 국사, 사회 교과서를 찍어내던, 즉 국정교과서를 발간하는 회사였다.

그 시절에는 그러려니 했지만, 다시 생각해 보면 놀라운 일이다. 전국 모든 학교의 모든 학생들이 똑같은 교과서를 가지고 공부했다니 말이다. 어디 그뿐인가? 모든 교과서의 제일 첫 표지에는 태극기와 함께 '국기에 대한 맹세'가 적혀 있었다. 그 맹세 내용은 요즘처럼 "자유롭고 정의로운 대한민국을 위해 충성을 다할 것"을 다짐하는 것이 아니라 "조국과 민족의 무궁한 영광을 위하여 몸과 마음을 바쳐 충성을 다할 것"을 다짐하는 무시무시한 것이었다. 한마디로 파시스트의 구호였다. 국가와 민족의 영광을 위해 개인에게 무제한의 희생을 강요할 수 있다는 것은, 각 개인의 개성과 차이를 인정하지 않고 국가와 민족의 이름으로 모두 하나가 되어야 한다는 뜻이다.

그 무시무시한 페이지를 넘기면 다음에는 '국민교육헌장'이 나온다. 교육에 관한 한 헌법 이상의 위치를 가진 것으로, 이유를 따지지 않고 무조건 외워야 하는 것이었다. 그 내용은 철저하게 국가와 민족에 대한 충성, 그리고 반공 이데올로기에 기초해 있었다. 따라서 모든 교육은 애국과 반공, 이 두 가지를 최종 목표로 하여 이루어져야 했다.

국민교육헌장은 다만 형식상의 선언이 아니라 법률을 초월하는 헌법적 지위를 가지고 있었다. 모든 교직원과 학생 들은 이것을 무조건 외워야 했다. 외우지 못하는 공직자가 해임되는 일도 있었다. 만약 이 헌장에 대해 따질 경우 즉시 국가보안법이나 대통령 긴급조치가 발동되어 구속되었다. 실제로 왜 이 헌장이 충성만 강조하고 효도에 대해서는 말하지 않느냐고 비판했던 교사(비판의 내용으로 보아 진보보다 보수에 더 가까웠을)가 구속되기도 했다. 이 헌장을 얼마나 지독하게 외웠는지 졸업한 지 30년 이상이 지난 지금도 50대들은 첫 번째 문단을 암기할 정도다.

이 무시무시하고도 지긋지긋한 국민교육헌장은 전두환·노태우 정권 동안에도 유지되었다. 1980년대에 빨갱이 교사로 몰려 해직당했던 '민중교육' 사건 교사들, 그리고 최종순 교사 등의 사례들을 보면, 요즘 같으면 진보교육감이 아니라 보수교육감 지역에서도 우수 사례로 선정될 만한 것들이었다. 박근혜 정부가 강조하는 '꿈끼교육' 조차 그 시절로 가면 영락없는 빨갱이 교육으로 몰렸을 것이다. 내용은 중요하지 않았다. 정부가 내려보낸 교육과정에 조금이라도 손을 댔느냐가 중요했다. 조금이라도 손을 대서 재구성하거나 다르게 가르치면 가차없이 좌경용공으로 몰렸다.

흔히 우리는 어이없는 억압적 정책을 보고 "여기가 북한이냐?"라는 비유를 한다. 하지만 국민교육헌장과 국정교과서가 지배하고 있었던 유신시대, 그리고 5공화국 시대의 교육은 바로 "여기가 북한이다"라고 공언하고 있었다. 북한 체제라는 것이 별다른 게 아니다. 오직 하나의 가치관과 관점만이 인정받는 사회라면 그 사회가 바로 북한이다.

국민교육헌장은 1994년이 되어서야 김영삼 대통령에 의해 전면 폐지되어 역사의 폐기물로 사라졌다. 그러나 문서는 폐기되어도 기억은 남는다. 그 기억은 자기도 모르는 사이에 각 개인의 정체성에 아로새겨져서 문해력과 비판적 성찰능력이 떨어지는 사람들을 중심으로 하나의 신념체계, 즉 이념을 이룬다. 그 이념은 강하게 작용하면 '정부를 중심으로 하나됨', '국가 지도자와의 일치', '반공으로 일치단결, 벗어나면 빨갱이' 같은 식으로 나타나며, 약한 경우에도 정리정돈에 대한 강조, 개인주의에 대한 거부감, 다양성·복잡성을 무질서와 혼돈으로 느끼는 성향 등으로 나타난다.

교육 다양성을 혼돈으로 받아들이는 보수

유신정권, 전두환·노태우 정권으로 이어지는 수십 년 동안 국민교육헌장 같은 획일적인 이데올로기 교육을 받은 우리나라 성인들은 어떤 식으로든 이러한 획일적 집단주의의 영향을 받았다. 물론 각고의 노력 끝에 이런 획일적 이데올로기 교육의 잔재를 털어낸 사람도 있지만, 털어냈다고 착각할 뿐 실제로는 무의식적으로 지배받는 경우도 많다. 이는 교육 다양성에 대한 거부 반응이 보수와 진보 두 진영에서 모두 나타나는 것을 통해 확인할 수 있다.

먼저 보수 쪽부터 살펴보자. 사실 보수가 교육 다양성을 반대하는 것은 당연하다. 보수란 변하지 않는 과거의 가치, 도덕, 문화, 즉 전통을 강조해야 하고 국가, 민족, 공동체의 통합을 개인의 자유나 권리보다 더 상위에 두기 때문이다. 하지만 우리나라의 보수주의자들이 믿고 있는 불변의 가치는 고유의 전통이 아니라 유신교육과 그 잔재에 의해 주입된 전체주의에 불과하다. 그래서 우리나라의 보수세력은 하나로 통일된 것, 어긋남 없이 가지런한 상태를 이상화한다. 그리고 그들이 강조하는 공동체 역시 반공이라는 이념적 잣대를 기준으로 거기에서 조금만 어긋나도 배제하는 분열의 공동체다.

실제로 보수적인 교사일수록 흐트러짐 없는 하나를 추구한다. 교실의 책상들은 비뚤어짐 없이 일직선으로 정렬되어야 한다. 학생들은 오와 열을 맞추어 집합해야 한다. 모든 문제에 대한 정답은 하나뿐이며, 오답을 말하는 학생은 반드시 그 생각을 교정하거나 아니면 배제한다. 최근 박근혜 정부가 각 부처마다 나름의 개성을 보여 주고 있었던 다양한 로고를 모조리 태극 문양으로 통일시킨 것도 바로 이 때문이다. 그들의 눈에는 다양한 로고가 각 부처의 특징을 잘 살리고 있는 것이 아니라 정부가 혼돈 상태에 빠져 있는 것으로 보였던 것이다.

이런 왜곡된 보수의 눈으로 볼 때 현재 우리나라의 교육계는 충격과 공포 그 자체다. 그들에게는 전국의 모든 학교에서 모든 과목에 걸쳐 다 같이 하나뿐인 국정교과서를 사용하고, 교사들 역시 나름의 교육관 따위 없이 교과서가 정한 대로만 수업해야 하고, 실제로 그렇게 수업하고 있는지 장학사들을 통해 수시로 검열하는 것이 정상이다. 그런 그들에게 학교마다 다른 교과서를 사용하고, 그 교과서마저 교사마다 나름의 교육관을 가지고 재구성하여 다양한 방법으로 가르치고, 지도안을 교장에게 검열받지도 않는 현재의 교육상황은 아수라장으로 보일 것이다. 교사가 질문을 해도 구속시키던 시절을 추억하는 눈에 학생들이 교사에게 마구 질문을 하는 교실이 무엇으로 보이겠는가?

더구나 그들이 추억하는 시절, 전국의 모든 학생들에게 똑같은 교육을 시키는 목표가 국민들의 '총화 단결'로 '공산주의'에 맞서 싸우기 위함이었음을 감안하면, 이 같음에서 벗어나는 모든 시도는 무조건 '공산주의'다. 국정교과서를 밀어붙이면서 "우리나라 역사학자의 95퍼센트가 좌파"라고 부르짖었던 이들의 말은 단지 수사법이 아니라 진심이다. "나랏님이 제시하는 것 외의 말을 하는 자들은 결과적으로 모두 공산당을 이롭게 하는 것"이기 때문이다. 현재 교과서들에 특별히 공산주의와 관련된 내용들이 적혀 있어서가 아니다. 이들 눈에는 국가가 지정하는 통일된 교과서가 아닌 다양한 교과서들이 있고, 교사가 다시 이걸 재구성해서 다양한 수업을 하고, 여기에 대해 어떤 검열도 이루어지지 않는 상황 그 자체가 공산주의인 것이다. 역설적으로 국정교과서를 실시하고 있는 나라들이 대체로 공산당이 지배하는 나라들임에도 말이다.

문제는 우리나라의 교육 다양성이 보수 쪽에서 혼돈으로 받아들일 만큼 대단한 것이 아니라는 점이다. 우리나라의 교육 다양성은 이제 겨우 그 싹이 올라오는 단계에 불과하다. 심지어 현재 우리나라의 교육은 국제적인 기준에서는 다양성이 과하기는커녕 여전히 획일적인 쪽에 가깝다.

예컨대 여러 종류의 교과서가 허용되어 있기는 하지만, 교육과정에서 이미 내용요소와 성취기준이 매우 상세하게 규정되어 있다. 교과가 도달해야 할 학습 목표의 수준을 넘어 소단원 수준의 내용까지 이렇게 상세하게 규정한 교육과정은 적어도 선진국 중에서는 찾아볼 수 없다. 더구나 이 내용요소와 성취기준은 교육과정 해설서를 통해 매우 구체적이고 세부적인 내용까지 상세하게 제시되고 있다. 이 성취기준과 내용요소를 하나라도 빠뜨린 교과서는 검인정 과정에서 탈락하기 때문에 교과서 저자들은 소신과 개성을 발휘하는 모험을 하지 않는다.

따라서 아무리 교과서의 종류가 다양하다 할지라도 결국 그 구조와 내용은 대동소이하다. 각 교과서들의 차이는 다만 디자인이나 각종 읽기자료, 학생활동 같은 부분에서만 드러날 뿐이다. 어떤 의미에서 우리나라는 다양한 검인정 교과서가 아니라 디자인이 서로 다른 국정교과서가 있는 나라다.

교사들 역시 획일적인 교육에 길들여진 세대가 절반 이상을 차지하고 있다. 이들에게 충분한 자율권이 주어지지도 않았다. 이와 같이 우리나라 공교육은 아직도 다양성 결핍 상태를 벗어나지 못하고 있다. 그나마 우리나라 교육이 다양해지고 있다고 느껴지는 것은 교과서나 교육과정 때문이 아니라 일부 교사들이 스스로 교육과정을 재구성하고 다양한 수업방법을 도입하고 있기 때문이다.

다양성을 불평등으로 오해하는 진보

보수는 그렇다 치자. 그런데 놀랍게도 진보 쪽에서도 교육 다양성에 대한 무의식적인 거부반응이 있다. 진보 쪽에서 교육 다양성이라는 말에 거부반응을 보이는 까닭은 이것을 교육 불평등과 연결짓기 때문이다. 하지만 이는 교육 평등과 교육의 획일성을 착각한 결과다.

"개천에서 용이 나야 한다"라는 말이 그 오해를 단적으로 보여 준다. 엄밀히 말하면 개천에 있건 하늘에 있건 용은 용에 맞는 교육을, 미꾸라지는 미꾸라지에 맞는 교육을 받아야 한다. 이는 용이 더 우월하기 때문이 아니라 각자 타고난 적성과 소질에 맞는 교육을 받지 않으면 교육이 고역이 되고 불행해지기 때문이다. 현재 우리나라의 교육 불평등은 미꾸라인데도 뻘에서 헤엄 치기 대신 비행술, 화염 만들기 등의 교육을 강요받아야 하는 중상 계층의 학생들과 용의 자질을 가졌음에도 비행술, 화염 만들기 교육에 필요한 비용을 충당하지 못해 뻘에서 헤엄 치기 외에는 선택지가 없는 빈곤층 학생들의 문제다.

상황이 이런데도 진보진영에서는 종종 '용의 교육'에 해당되는 수월성 교육 그 자체를 귀족교육으로 몰아치는 경향이 있다. 날 수 있는 모든 학생들이 비행술을 배울 기회를 누리지 못하는 현실을 바꿔야 하는데, 비행술을 가르치는 학교 자체를 공격하는 것이다. 모든 학교가 뻘에서 헤엄 치기만 가르쳐야 한다고 주장하는 것이다.

그래서 진보진영의 교육 평등론은 하향평준화의 함정으로 빠질 위험이 크다. 보수진영의 이런 식의 비난이 전혀 근거 없는 것이 아니다. 실제로 진보진영에서 나오는 교육 담론에는 교육 내용을 쉽게 하고, 입시 경쟁도 완화하여, 학생들이 공부 딜 하고도 대학에 갈 수 있게 하자는 쪽으로 흐른다. 즉, 학생들은 동일하지 않으며 그중에는 수월한(excellent) 학생들이 있으며, 이들을 선발하여 거기에 적합한 교육을 할 필요가 있음을 인정하지 않는 것이다.

그러나 수월한(excellent) 학생들이 다녀야 할 수월성 교육기관에 단지 수월해 보일 뿐 사실은 평범한, 부유층 자제(귀족이라고 하자)가 수월하게(easily)들어가는 것이 문제다. 수월성 교육 자체를 부정하고 모두 보통학교로 통폐합하자는 식의 주장은 또 다른 방식의 획일적 교육을 주장하는 것이다.

이미 2500년 전 페리클레스는 아테네가 "재능이 있는데 출신 성분이나 재산 때문에 빛을 보지 못하는 일은 없으며, 모든 재능과 성취를 빛나게 한다"라고 말했다. 교육 불평등을 해소한다는 것은 다양한 분야, 다양한 수준의 교육을 획일적으로 균등화시키는 것이 아니라 학생들이 신분과 재산이 아닌 오직 자신의 재능과 성취에 따라 다양한 교육을 받을 기회를 주고, 사회에 진출할 기회를 주는 것이다. 그런 점에서 "태어난 환경은 달라도 받는 교육은 같아야 한다"라는 어느 진보교육감의 말은 아직 싹도 트지 못한 교육 다양성을 질식시킬 수 있는 위험천만한 발언이다.

교육 다양성은 인류 진화와 생존의 전제조건

이제 가장 어려운 물음이 남았다. 왜 교육은 다양성을 가져야 하나? 여기에 대해서는 두 가지 대답이 가능하다. 하나는 다양성 그 자체가 이미 인간의 본성이라는 것이다. 그리고 다른 하나는 다양성은 인류가 존속하고 발전하기 위한 조건이라는 것이다.

한나 아렌트는 명저 『인간의 조건』에서 다양성이야말로 가장 근본적인 인간의 조건이라고 했다. 아렌트는 노동, 작업, 행위를 인간의 가장 근본적인 조건으로 보았다. 노동은 생계를 위해, 작업은 자신의 영속성을 위해, 그리고 행위(정치)는 자신의 '다름'을 드러내기 위해 필요하다고 했다. 그런 점에서 인간은 정치적인 동물이다. 만약 인간이 서로 '다름'을 확인하고자 하는 본성이 없었다면 하나의 절대적인 명령과 복종만 남을 뿐, 서로 다른 견해들이 분출하고 그 속에서 합의점을 찾아나가는 정치과정이 불필요할 것이기 때문이다.

실제로 전체주의는 이런 인간의 다양성을 말살하고 모든 사람들을 공동체가 요구하는 추상적인 이념으로 동일화하려는 시도다. 우리가 전체주의를 증오하고, 역사상 그 어떤 전체주의도 거센 저항에 부딪쳤던 까닭은 바로 이것이 '다름'을 드러내고자 하는 인간의 가장 근본적인 조건을 억누르기 때문이다.

교육도 마찬가지다. 다양한 활동, 다양한 내용과 견해가 분출하는 학교는 인간의 조건에 맞는다. 그런 학교는 학생들에게 행복감을 준다. 그러나 하나의 내용, 하나의 견해가 강요되는 학교는 그 내용과 견해가 아무리 옳고 도움이 되더라도 인간의 조건에 부딪치기에 불행하다. 지금 40~50대가 학창시절을 불행하게 기억하고 있는 까닭도 바로 그 동일성의 억압 때문이다.

다양성은 비단 인간의 조건만이 아니다. 다양성은 사회의 번영과 존속을 위해서도 필수적이다. 실제로 이는 생명 그 자체의 조건이기도 하다. 만약 어떤 생물의 종이 개체 간의 차이 없이 같은 속성으로 통일되어 있다면, 그 종은 환경의 아주 작은 변화에도 적응하지 못해 순식간에 멸종하고 말 것이다. 그러나 충분한 다양성이 있는 종은 환경이 어떻게 변하더라도 거기에 적응하며 진화할 것이다. 진화란 어떤 특정한 방향과 목적을 가진 것이 아니라 불규칙하게 변하는 환경 속에서 마침 그 환경에 적합한 속성을 가진 개체들이 있어, 이들이 생존하고 후손을 남기는 과정이기 때문이다.

이는 인간 사회에도 마찬가지로 적용된다. 사회 구성원들 간의 개성이 만발한 사회는 종 다양성이 풍부한 생물의 종과 같다. 그런 사회는 환경이 어떻게 달라지더라도 거기에 적응할 수 있는 능력을 갖춘 구성원들을 찾을 수 있다. 그리고 이 구성원들의 능력을 교육을 통해 사회 전체가 공유하고 후손에게 전수함으로써 사회가 발전하는 것이다. 따라서 사회 구성원들이 어떤 하나의 견해, 하나의 관점으로 통일되어 있는 사회는 취약하다. 가능하면 서로 다른, 심지어 상충되는 견해와 관점이 공존하고 경쟁하는 사회가 건강하다. 그리고 이런 사회는 자라나는 학생들이 학교에서 다양하고 상충되는 견해와 관점들을 꽃피우는 경험을 함으로써 가능하다. 교육의 다양성은 학생들의 행복의 조건이자 우리 사회의 발전과 존속의 조건인 것이다.

인성교육에
인성이 없다

2015년 1월 20일에 제정된 인성교육진흥법이 같은 해 7월 21일부터 효력을 개시하였다. 이 법률의 핵심적인 내용은 ①국가, 지자체, 학교에서 인성교육을 의무화하고, ②그 교육성과를 평가하며, ③이 교육을 담당할 인성교육 단체, 교육원, 프로그램을 정부기관에서 인증 및 허가한다는 것이다. 즉, 교육과정을 통한 인성교육이 아니라 인증받은 인성교육 단체, 교육원, 프로그램을 통한 인성교육을 '의무적'으로 시행하라는 것이다. 이에 따라 이미 각 학교는 인실련 같은 특정 단체가 제공하는 인성교육 프로그램을 매년 의무적으로 유료로 실시하게 되었다. 그리고 여기에 대해 다음과 같은 문제점도 제기되고 있다.

첫째, 국가가 나서서 법을 만들어 '인성교육'을 관리하는 것이 세계적으로 유례가 없다는 것이다. '인성'을 일종의 도덕적인 개념으로 본다면, 국가나 권력기관이 어떤 도덕적 가치를 전면에 내세우는 것은 윤리학에서 대단히 경계하는 방식이다. 국가가 국민의 도덕과 윤리를 책임져야 한다는 사고방식은 아리스토텔레스 시대의 논리이며, 마키아벨리 이후 도덕적 목적을 내세우지 않는다는 것은 이미 상식이다. 역사적으로 볼 때 근대 이후 국가가 나서서 옳고 그름, 선악에 대한 도덕적 판단을 하는 경우는 전체주의나 파시즘밖에 없었다.

둘째, 초중등교육법이 이미 제정되어 있고, 국가수준 교육과정이 고시되어 있는데도 각종 특별법이라는 옥상옥을 통해 학교교육의 내용을 교란시키는 일이 자꾸 전례로 남아서는 안 된다는 점이다. 그동안 우리나라는 어떤 문제가 발생할 때마다 정규교육과정에 별도의 프로그램을 덧붙이는 풍토가 만연했다. 당연히 이런 프로그램들은 정규교육과정과의 조화를 염두에 두지 않기 때문에 학교에 큰 부담이 되거나, 혹은 형식적으로만 수행되기 마련이다. 대개의 경우는 후자이다.

인성교육이 목표로 하는 인성의 모호성 혹은 폭력성

인성교육법이 거의 만장일치로 국회를 통과하게 된 배경에는, 교육은 지식이 아니라 인성을 키우는 것이라는 뿌리깊은 관념이 작용했다. 특히 이 관념은 보수보다 진보 쪽이 더 강하다. 아마 교육과 관련하여 "인성교육이 중요하다"는 말은 진보와 보수의 거의 유일한 합의점일 것이다. 문제는 이 인성이 도대체 무엇인가, 그리고 그것을 어떻게 교육할 것인가에 대해 합의된 부분이 없고, 합의도 어렵다는 것이다.

일단 인성교육을 사전적으로 "사람의 성품을 바르게 기르는 교육"이라고 정의해 보자. 그렇다면 당장 의문이 생긴다. 무엇이 사람을 다른 동물과 구별하는 본질적인 성품인가? 그리고 이 바른 상태라는 것이 도대체 어떤 상태인가? 이러한 물음들은 쉽게 정의 내리기 어려운 매우 논쟁적인 것들이다. '사람의 본성'이라는 주제처럼 수많은 학파와 학자를 양산한 주제가 또 있을까?

이런 까닭에 학자들은 저마다 인성을 정의하고 여기에 근거하여 저마다의 인성교육을 주장하고 있다. 조난심(2015)은 생명존중, 성실, 자주, 절제, 경애, 효도, 자기주도성, 관용, 사고의 유연성, 예절, 협동, 준법, 책임, 타인 배려, 공동체의식, 민족애, 인류애, 타문화 이해 등이 인성의 본질적 구성요소라고 주장하였다. 강선보(2008)는 관계성, 도덕성, 전일성, 영성, 생명성, 창의성, 민주시민성을 인성의 구성요소라고 주장하였다. 이 두 사람의 주장만으로도 이미 정규교육과정의 전체 교과목을 포괄할 정도로 인성교육의 범위가 광대해진다.

게다가 정직, 정의, 인내심, 용기, 신용, 존중, 양심, 자기존중, 감정이입, 공감, 자기통제력, 자기충만 등의 훌륭한 가치가 어째서 인성교육의 구성요소가 될 수 없느냐고 반문한다면, 이 역시 부정하기 어렵다. 더군다나 경애, 자기주도성, 공동체의식, 민주시민성 같은 것을 하나의 단일한 덕목이라고 보기도 어렵다. 이러한 것들은 수많은 덕목들의 조합 혹은 그것들이 조화를 이루는 상태이기 때문이다. 그렇다면 그 아래에 더 상세한 하위개념들의 목록이 추가되어야 한다. 이런 식으로 자꾸 확장하다 보면 인성의 구성요소를 나열하는 것만으로도 책 한 권이 나올 정도다.

하지만 보다 심각한 문제는 '인성교육진흥법'이 인성교육을 예·효·정직·책임·존중·배려·소통·협동이라는 8가지 목표를 달성하는 교육으로 명확하게 규정하고 있다는 것이다. 인성의 범위가 그토록 넓고 논쟁적인데 어째서 이 8개만 딱 잘라서 인성교육의 목표로 삼았는지에 대한 교육학적·윤리학적 정당화가 있어야 했는데, 아무런 근거도 찾아보기 어렵다. 이런 식으로 몇몇 덕목을 국가가 대뜸 법으로 지정하여 교육하도록 강제하는 경우는 북한 같은 나라 외에는 세계적으로도 찾아보기 어려운 사례다.

우리나라에서만 이른바 인성교육으로 호들갑이라는 것은 구글 검색만 해 보아도 확인할 수 있다. 구글에서 인성교육을 검색하면 무려 741,000여 개의 검색결과를 얻지만, '人性教育'을 검색하면 별다른 검색결과가 나오지 않는다. 한자를 사용하는 일본, 중국, 대만 및 여타 중화권에서도 '인성교육'이라는 이름의 교육은 존재하지 않는 것이다.

그렇다면 영미권에서 'Character Education'이라고 부르는 교육의 경우는 어떨까? 실제로 우리나라의 학자들이나 교육관료들은 외국에서 인성교육을 소개할 때 Character Education을 주로 사용한다. 하지만 이 용어는 엄밀히 말해 교육학적 용어가 아니다. Character Education은 주로 교육계 외부의 시민단체(주로 보수단체)의 압력에 의해 학교에 도입되었지, 교육학자나 교사 들의 요청에 의해 실시되지 않았다. 오히려 교육자들은 이를 일종의 성격개조, 세뇌교육처럼 느껴서 상당히 꺼린다. 그래서 우리나라의 인성교육에 해당되는 교육을 영미권에서는 'Civil Education(시민교육)', 'Moral Education(도덕교육)' 등으로 일컫는 경우가 많다. 하지만 우리나라 인성교육론자들이 이 용어를 사용하지 않는 까닭은 현재 우리나라 정규교육과정에 시민교육에 해당되는 사회과, 도덕교육에 해당되는 도덕과가 이미 설치되어 있기 때문이다.

교육 외부에서 도입된 미국 인성교육의 비전문성과 실패

문제는 Character Education(이하 인성교육)이 명확하게 규정된 교육론이 아니라는 것이다. 이 용어는 시대에 따라 계속해서 그 의미가 바뀌었으며, 심지어 정반대의 의미로 사용되기도 하였다. 그럼 미국을 중심으로 이 인성교육의 의미 변화 과정을 간단히 살펴보자.

미국의 인성교육은 엄숙주의를 강조했던 칼뱅주의 교회에서 기원하였다. 18세기 식민지 초기 시절 미국에 정착한 이들은 어릴 때부터 신앙, 금욕, 근면, 검약 등의 덕목을 철저히 훈련시켜야 한다고 믿었기 때문에 교회에 학교를 열어서 성직자나 독실한 어른이 아이들에게 이런 덕목들을 가르쳤다.

그런데 19세기 들어 미국이 근대적인 공화국으로 성장하면서 이는 미국 교육의 문젯거리가 되었다. 미국은 보편적인 공교육을 시행하고자 학교를 설립하였는데, 종교교육을 실시하지 않는 것을 원칙으로 했다. 미국의 건국정신은 국교를 인정하지 않는 세속주의와 정교분리에 기반하고 있었기 때문이다. 미국 공교육의 설계자라 불리는 호레이스 만은 산업화가 진행됨에 따라 나타나는 빈곤과 각종 사회문제를 예방하기 위해 빈곤층의 자녀들을 도덕적 타락에 빠지지 않노록 하는 책무가 학교에 있다고 보았다. 호레이스 만(Horace Mann, 1796~1859)이 생각한 도덕교육은 효도, 예절, 신앙심 따위의 덕목들을 가르치는 것이 아니라 공화국 시민으로서의 공적인 자질과 태세를 갖추는 교육, 즉 민주시민성 교육이다. 이렇게 19세기에 미국에서 인성교육은 신앙, 종교교육에서 민주시민성 교육으로 바뀌게 되었다.

2차 세계대전을 거치면서 콜버그(Lawrence Kohlberg, 1927~1987) 등에 의해 민주시민성 교육으로서의 인성교육마저 비판의 도마 위에 올랐다. 물론 콜버그는 민주시민성 자체를 부정하지는 않았다. 다만 어떤 것들이 민주시민성에 해당되는 것인지를 국가가 지정하여 가르칠 권리가 없다는 것이 비판의 골자다. 국가가 어떤 덕목들을 인성 혹은 민주시민성이라는 이름으로 명명하는 것을 허용한다면, 결국 국가가 정치적 권력뿐 아니라 도덕적 권위까지 움켜쥐는 결과를 초래한다. 이렇게 국가가 정치와 도덕의 권위를 모두 움켜쥘 경우, 그 귀결은 파시즘이다. 세계인들은 이미 파시즘이 야기한 비극을 수천만 명의 목숨을 대가로 철저하게 배웠다.

이들이 그 대안으로 제시한 도덕교육은 덕목이나 덕성을 가르치는 것이 아니라 도덕적 탐구과정을 훈련하는 것이다. 이로써 1960년대 미국에서 인성교육은 '메타적' 의미를 가지게 되었다. 인성교육이란 특정한 가치, 덕목, 혹은 인성, 인격을 목표로 하는 것이 아니라 삶 속에서 가치, 도덕의 문제를 분별해 내고, 나름대로 가장 합리적인 도덕적 판단을 내릴 수 있는 의사결정 능력을 함양하는 것이 되었다. 예컨대 갈등이나 딜레마 상황에서 분노하거나 패닉에 빠지는 대신 충돌의 원인이 되는 가치나 덕목이 무엇인지 발견해 내고 그 선후경중을 판단하여 적절한 도덕적 판단을 내릴 수 있도록 하는 다양한 경험을 제공하는 것이다. 결국 옳고 그른 가치는 존재하지 않는다. 다만 어떤 과정을 통해 옳고 그름에 도달했느냐가 도덕성을 결정한다. 사실상 인성교육이 교육에서 완전히 추방된 셈이다.

이러한 1960년대의 도덕적 탐구와 의사결정 능력 함양으로서의 도덕교육과 사실상 인성교육의 추방은 보수주의자들의 분노를 샀다. 보수주의자들은 마땅히 가르쳐야 할 가치 있는 도덕이 있다고 믿는 집단이다. 그런데 1960년대 이후 미국의 도덕교육은 특정 가치와 도덕이 더 중요하고 올바르다고 가르치지 않고, 다만 가치판단의 과정과 방법만을 가르쳤기 때문에 이른바 미국적 가치들 역시 단지 탐구와 분석의 대상으로 전락하고 말았다. 보수주의자들은 미국의 학교교육이 미국적 가치를 폄하하고 마땅히 옳은 그런 가치를 부정하고 도덕을 상대주의의 대상으로 격하시켰다고 비난했다. 그러나 이들은 교사들이나 교육학자들에게 별다른 영향력을 행사하지 못하였다. 1980년대 들어서면서 미국 보수주의자들은 학교에서 인성교육을 되살려야 한다는 주장을 정치적 구호로 끌어올렸다. 이른바 인성교육운동이 활발하게 일어났고, 각종 인성교육 단체들이 설립되었다. 물론 이들이 주장하는 인성교육은 도덕적·설교적 성격을 가진 덕목 교육이었다.

그런데 이들 인성교육론자, 단체 들은 교사나 교육학자 들과는 무관한 사람들이었다. 이들은 주로 보수적이고 종교적인 일반인들을 기반으로 하였다. 이늘은 소위 민주시민 교육과 상대주의 교육 때문에 학생들이 도덕적으로 타락했고, 미국이 타락했다고 주장했다. 이들은 어른이 좋은 행실과 습관의 표준을 제시하고 학생들에게 이를 본받도록 철저하게 가르치는 전통적인 학교상에 대한 향수를 가진 사람들로서 자신들의 복고적 욕구를 교육적이 아니라 정치적으로 해결하였다. 이들이 조직한 각종 인성교육 단체들이 각 주나 연방 정치인, 그리고 지역 교육청에 광범위한 로비를 실시했다. 그 결과 각 주마다 이런저런 인성교육 프로그램이 등장했다. 심지어 빌 클린턴 대통령(실제로는 도덕주의자인 앨 고어 부통령의 영향일 가능성이 크지만)조차 이들의 로비를 받아들여 다섯 차례의 인성교육위원회를 개최하였다. 이후 조지 부시 대통령은 보수주의자답게 인성교육 프로그램을 교육의 최우선 정책으로 설정하여 각종 인성교육 프로그램을 개발하여 학교에 내려보내고, 인성교육 단체들에게 막대한 연방지원을 퍼부었다.

그러나 교육학자, 심리학자, 사회학자 등 전문가들은 이렇게 부활한 인성교육에 회의적이었다. 특히 성격심리학, 사회심리학, 진화심리학이 발전할수록 도덕이라는 것이 가르친다고 해서 함양되는 것이 아님이 분명해졌다.

성격심리학자와 사회심리학자 들은 사람들이 서로 관계하고 영향을 주고받고 생각하는 방식에 대한 연구를 통해 이른바 도덕적 행동이라는 것들이 개개인의 성품이나 훈육뿐 아니라 사람들 사이의 관계, 사회적 상황 등의 영향을 강하게 받는 역동임을 밝혀냈다. 간단히 말해 학생들이 착하게 자라도록 하고 싶으면 착함을 가르칠 것이 아니라 착함이 인정받고 힘을 얻는 사회적 조건과 유인체계, 그리고 우호적이고 이타적인 사회 분위기(특히 가족과 학급)를 조성해야 한다는 것이다.

한편 1990년대 들어 새로이 대두된 진화심리학은 도덕적 행동에 유전과 생물학적 힘이 어떻게 영향을 주는지 규명하였다. 진화심리학에 따르면, 이른바 도덕적 행동은 그것이 옳고 착하기 때문에 의무로서 부과된 것이 아니라 그런 행동을 선호하는 기질이 적응적으로 유리하여 유전되었기 때문에 일어나는 것이다. 예를 들면 이타심, 불의감처럼 도덕적 행동을 이끌어 내는 기질은, 그런 기질을 가진 사람들이 더 잘 적응했기 때문에 더 많은 자손을 남길 수 있었다는 것이다. 그리하여 오늘날 우리는 대체로 선량한 사람들이 더 많은 사회를 살아가고 있다.

이와 같이 미국에서 인성교육은 학문적으로는 그 효과가 매우 의심스러운 것으로 여겨졌다. 실제로 미국 교육과학 연구원(The Institue of Education Sciences)이 미국 연방정부의 지원을 받아 2010년 10월에 실시한 '인성교육 프로그램 효과성 연구'에서 학교 차원의 인성교육 프로그램은 학생들의 행동이나 학업에서 그 어떤 의미 있는 향상도 가져오지 못한 것으로 밝혀졌다. 이보다 3년 앞서 미국 교육부의 위탁을 받아 이루어진 인성교육 효과에 대한 보고서도 대부분의 인성교육 프로그램이 뚜렷한 효과를 보이는 데 성공하지 못했다고 단호한 결론을 내리고 있다. 이 보고서를 인용해 보면 "과거나 지금이나 어떤 연구에서도 인성교육 프로그램의 효과를 과학적으로 정당화할 수 있는 어떤 학계 검증도 발견하지 못하였다"라고 말할 수 있다.

결론적으로 미국에서 인성교육은 사실상 기각되었다. 오늘날 미국에서 인성교육을 진지하게 제기하는 교육자들은 거의 존재하지 않는다. 간혹 관련 논문이 나오기는 하는데, 여러 교육학자들의 비판과 검증(peer review)을 거치지 않은 그들만의 리그에서 발표되는 논문들이 대부분이다. 오히려 인성교육이 왜 실패했는가에 대한 비판적인 논문들은 권위 있는 교육학회에서 종종 찾아볼 수 있다. 이들을 정리해 보면 인성교육은 대체로 다음과 같은 이유 때문에 비판의 대상이 되었다(마이클 데이비스, 『인성교육 무엇이 문제인가?』; 피터 스마고린스키, 『인성교육 담론 : 교실에서의 문화전쟁』 등).

1) 인성교육은 학생들의 인성이 뭔가 결핍되어 있다는 가정에서 출발한다. 이는 학생들의 인격 그 자체를 존중의 대상이 아니라 교정과 조작의 대상으로 바라보는 결과를 가져온다.

2) 대부분의 인성교육 프로그램은 그 프로그램을 실시하기 이전과 이후 학생들에게서 어떤 변화를 기대할 수 있는지를 구체적으로 제시하지 못하였다. 각 프로그램마다 저마다 다른 효과를 제시하는데, 이 효과들 간의 공통성을 찾기 어렵다. 즉, 인성교육을 실시하지만 그 효과가 무엇인지에 대해서는 어떤 합의도 없다.

3) 그나마 대부분의 인성교육 프로그램이 자신들이 주장하는 효과를 입증하는 어떤 경험적 증거도 제출하지 못하였다. 인성을 어떻게 양적으로 측정할 수 있느냐는 반문이 가능하지만, 그렇다면 애초에 인성을 몇몇 특정한 속성으로 환원하는 발상을 한 것이 잘못이다.

4)좋은 인성이 무엇인가에 대한 논쟁, 그리고 이를 위해 인성교육이 무엇을 가르쳐야 하는지에 대한 논란이 계속되어 왔다. 그 결과 인성교육 프로그램마다 목표와 기준이 제각각인 혼란 상황이 계속되었다. 이렇게 덕목들 간의 일관성이 없어서 누구나 자기들이 중요하다고 여기는 가치, 덕목 들을 인성교육이라고 주장할 수 있으며, 학생이나 사회에 매우 기초적인 덕목들(이미 공교육이 담당하고 있는)도 인성교육이라고 주장할 수 있다.

5)인성교육 프로그램으로 제시된 것의 대부분이 보수편향적인 이념성을 보여 주거나, 이미 극복된 과거의 편견을 반영하거나, 혹은 특정 종교집단의 관점에 치우친 경우가 많아 공교육에 적합하지 않았다.

6)대부분의 인성교육 프로그램과 인성론자 들은 사회통합과 도덕성을 혼동하고 있다. 이들은 사회통합이라는 당위를 설정해 두고 여기에 보탬이 되는 속성을 인성이라 부르는 경향이 많은데, 이는 자칫 전체주의, 파시즘적 인간관을 기를 수 있다.

진정한 인성교육은 공교육의 정상화로부터

살펴본 바와 같이 인성교육은 이미 완전히 실패한 프로그램이다. 그렇다면 인성을 보다 폭넓은 개념으로 설정하여 인간의 본성, 성품으로 접근하는 경우는 어떨까? 교육부 수탁 연구자들은 이를 염두에 두고 인성교육을 도덕적 인성(moral character), 시민적 인성(civic character), 지적 인성(intellectual character), 수행적 인성(performance character)의 복합적 차원에서 이루어지는 교육으로 정의하고 있다. 즉 유능하고, 윤리적이고, 참여적이며 효과적인 사회 구성원의 성향과 자질을 기르겠다는 것이다. 따라서 도덕적 인성에만 한정된 도덕교육과는 다른 차원의 교육이라고 주장하고 있다.

도덕적 인성이란 도덕적 책임감을 가지고 행동하는 성향이다. 시민적 인성은 공동체의 이익에 기여하는 책임감 있는 시민성으로 자기를 초월하는 성향과 능력이다. 지적 인성은 호기심이 있고, 개방적·반성적·전략적·회의적이며, 진리를 추구하려는 성향이다. 수행적 인성은 개인의 의도와 목적을 달성하도록 해 주는 성향, 덕, 자질로 인내, 근면, 용기, 회복력, 낙관주의, 솔선, 충실 등의 자질을 포함한다.

그런데 이렇게 폭넓게 인성교육의 목표를 잡아 버리면 사실상 교육 전반을 일컫는 것이 된다. 이런 식으로 따지면 대한민국 정규교육과정 자체가 하나의 거대한 인성교육 프로그램이다. 우리나라 교육과정의 목표 자체가 지식, 도덕, 감성, 신체의 폭넓은 발달과 성장을 통해 민주시민으로서의 자질을 함양하고 널리 공동체에 기여하도록 한다는 이른바 홍익인간이기 때문이다. 흔히 입시교육 대신 인성교육, 지식교육 대신 인성교육이라는 말들을 하지만(특히 진보진영에서 이런 말을 많이 한다) 우리나라 정규교육과정 어디에도 지식교육, 입시교육하라고 규정된 부분은 찾기 어렵다.

우리나라뿐이 아니다. 근대 공교육 자체가 이미 인성교육을 목표로 하는 것이다. 애덤 스미스, 존 스튜어트 밀 등 자유주의자들은 노동자계급 아동들의 도덕적 타락을 막기 위해 6~12세 사이의 모든 아동들을 학교에 보내는 의무교육제도를 제안했다. 근대 교육학의 창시자라 불리는 헤르바르트(Johann Friedrich Herbart, 1776~1841)의 교육학 역시 도덕적인 시민 양성을 목적으로 하고 있으며, 도덕적 시민의 자질에 필요한 지식과 태도를 각 교과를 통해 함양하도록 하였다. 실제로 독일, 프랑스 등에서 의무교육법을 제정하고 근대적인 공교육을 실시한 목적 역시 애국심과 민족정체성을 고취시켜 사회질서를 유지하고자 하는 목적이 컸다. 그런데 여기에 무슨 인성교육 프로그램이 별도로 필요하며, 또 관련 법률까지 필요하겠는가? 인성교육을 법률로 규정한 것이 우리나라가 최초인 이유는 다른 나라가 인성교육에 관심이 없어서가 아니라 이미 정규교육과정을 통해 이를 충분히 하고 있기 때문이다.

우리나라 교육의 가장 큰 문제는 인성교육 프로그램의 부족이 아니라 인성교육이 충분히 이루어지도록 되어 있는 정규교육과정의 비정상화와 왜곡이다. 게다가 2000년대 들어 우리나라 교육당국은 '학력 신장'을 전면에 내세웠고 이를 위해 교사들 간의, 또 학교들 간의 경쟁을 부추기는 정책을 점점 강화하였다. 일제고사 결과를 토대로 교육청 평가가 달라지고, 그 평가에 따라 중앙정부가 시도교육청에 지원하는 교부금 규모가 수백 억씩 차이 나는 상황에서 한가롭게 교육과정의 원래 목적은 민주시민성, 홍익인간 따위의 타령을 할 수 있겠는가?

게다가 2000년대 이후 우리나라 교육정책은 민주시민성 함양의 핵심인 사회과, 도덕과를 끊임없이 위축시키고 변방으로 몰아내고 있다. 인성의 중요한 요소인 감수성을 기르는 예술교과들도 점점 위축시키고 있다. 인성교육의 부족 때문이 아니라 정규교육과정의 왜곡, 그리고 지나치게 높은 경쟁의 밀도가 학생들의 인성을 황폐화시키는 원인이다. 인성교육법이 처음 공론화되던 2012년 9월 4일에 있었던 인성교육 세미나에서 교육학자들이 이구동성으로 지적했던 내용도 특별법, 특별 프로그램을 만들지 말고, 대신 학생들이 학교와 학원에 붙잡혀 있는 시간을 줄이고 스스로 뭔가 할 수 있는 시간 여유를 만들어 주라는 것이었다. 한마디로 교육기본법과 교육과정에서 제시하고 있는 대로 홍익인간과 민주시민성이라는 본연의 목표를 달성할 수 있도록 공교육을 정상적으로 운영하라는 것이다. 공교육의 정상적인 운영, 그것이 인성교육이다.

노동이 사라진
교육

한때 "하고 싶은 거 다 하면, 소는 누가 키우나?"라는 말이 선풍적인 인기를 끌며 유행했다. 원래 이 말은 보수적인 남자가 집안일에서 벗어나 다양한 활동을 하려고 하는 여성에게 "그럼 집안 살림살이는 누가 하는데?"라는 의미로 던지는 말이었다. 하지만 유행을 타면서 원래의 의미와 다른 뜻으로 사용되었다. "너도나도 폼나고, 재미나고, 편한 일만 하려고 들면 우리 사회를 유지하고, 우리가 살아가는 데 꼭 필요하지만 그다지 폼나지도, 재미나지도 않은 그런 일들은 도대체 누가 하느냐?" 이런 의미로 바뀐 것이다. 그리고 이 말이 그토록 크게 유행한 것도 원하든 원하지 않든, 그런 일들을 하면서 살아가야 하는 사람들의 답답하고 우울한 마음을 시원하게 긁어 주었기 때문이다.

심지어 유명 뉴스 앵커도 이 말을 그런 의미로 사용했다. 우리나라에서 가장 유명한 뉴스 앵커가 사회 여러 분야의 유명인사들이 정계에 줄줄이 입문하는 현실을 개탄하면서 "너도나도 다 정치 하겠다고 나시면 도대체 소는 누가 키울 건가?"라고 꼬집었던 것이다.

우리가 살아가는 데에는 '소를 키우는' 일에 해당되는 일들, 티나지 않고 폼도 안 나고 즐거울 거라 장담도 할 수 없는 그런 일들이 필요하며, 그 일들을 해야 할 누군가가 반드시 필요하다. 가정이라면 집안일이라 불릴 청소, 설거지, 빨래 등이 그렇고, 사회 전체적으로 보면 사회 구성원들의 생활과 사회 존속에 필요한 재화와 서비스를 생산하고 제공하는 일들이 그렇다. 이런 일이 바로 '노동'이다. 누군가는 해야 하지만 내가 그 누군가이고 싶지는 않은 일, 그것이 노동이다.

노동으로부터의 거리가 사람의 가치를 결정하는 우리 사회

신분제 사회는 어떤 일을 하느냐에 따라 사람의 귀천을 나누는 사회다. 사실 혈통이라는 모호한 개념은 실제로 식별할 수 없다. 그래서 노동을 담당하는 계층과 노동이 의무가 아닌 계층이 바로 신분제의 골간을 이루었다. 그때만 해도 노동이라는 말은 사용되지 않았고 '하찮은 일', '천한 일'이 그 의미를 대신했다. 신분이 높은 사람들은 이런 천한 일 대신, 보다 고상하고 품격 있다고 여겨지는 정신적이고 영적인 일을 담당했다.

고대 그리스의 시민들이나 중세 유럽의 귀족, 혹은 우리나라의 양반들은 차라리 굶었으면 굶었지 천한 일은 하지 않았고, 생계에 굴복하여 이런 일을 하는 순간 경멸과 조롱의 대상이 되었다. 하지만 시민혁명으로 신분제가 철폐되면서 고상하고 품격 있는 일과 천한 일 사이의 차별도 철폐되었다. 그리고 천한 일들, 즉 사회에 필요한 것들을 생산하는 일들이 '천한 일'에서 '노동'이라는 정당한 이름으로 불리게 되었다.

우리나라는 사정이 달랐다. 우리나라는 같은 동아시아의 중국, 일본과 비교하더라도 훨씬 완고한 신분제 사회였다. 청나라나 에도막부 시대의 일본은 이미 노동의 지위가 올라가면서 부유한 농민이나 상공업자가 사대부나 무사보다 더 위세가 당당한 사회로 바뀌어 있었다. 그러나 조선에서는 그런 일이 일어나지 않았다. 청나라, 일본의 신분제가 부농, 상공업자의 상대적인 신분상승을 통해 무너졌다면, 조선의 신분제는 부농, 상공업자가 '양반'이라는 신분을 구입하는 과정으로 무너졌다. 즉, 양반과 평민의 차별이 사라진 것이 아니라 평민들이 양반이 된 것이다.

이는 과거 양반 호칭이었던 첨지, 참봉 따위가 동네 노인을 부르는 평범한 호칭이 되어 버리고, 급기야 양반이라는 말이 비칭으로 전락하는 방식으로 나타났다. 호칭만 양반 호칭을 서로 사용하고 있을 뿐, '천한 일'과 '귀한 일'의 차별은 그대로 남아 있었다. 그래서 일본은 이미 17세기부터 장인들이 융숭한 대접을 받았지만, 우리나라는 20세기가 넘어가도 여전히 '쟁이'에 불과했다.

문제는 필요한 것을 생산하는 일과 거리가 멀면 멀수록 품격 있는 일로 간주되었고, 가까우면 가까울수록 천한 일로 여겨졌다는 것이다. 그리하여 마침내 본디 평등한 의미를 담고 있던 '노동'이라는 말 자체가 '천한 일'이라는 뜻으로 격하되었다. 그래서 우리나라에서는 조지 오웰이나 존 스타인벡의 소설에 빈번하게 등장하는 "노동계급의 자부심" 같은 말이 일상적으로 쓰이지 않았다. 이들 작품 속에서 노동자들은 비록 삶이 고달프더라도 자신들이 고용주들보다 천하다거나 격이 낮은 인간이라는 생각은 하지 않는다. 또 자신들이 하는 일이 천한 일이란 생각도 하지 않는다. 이런 자부심이 있기 때문에 노동자들에게 더 많은 대우와 존중을 사회에 호소할 수 있는 것이다. 스스로를 천한 일 하는 자라 여기는 사람들이 어떻게 사회에 존중과 대우를 요구할 수 있겠는가?

하지만 우리나라에서는 직접 생산하거나, 직접 운송하거나, 혹은 직접 판매하는 일에 종사하는 사람들 3대 천민에 속한다. 그리고 이들 앞에 선 고객은 신분고하를 막론하고 모두 왕이 된다. 직접 노동한다는 것, 그것만으로도 이미 존엄에 씻을 수 없는 상처가 된다. 그래서 이런 일을 하는 사람들 역시 한사코 자신이 그런 일을 한다는 것을 감추려 들며, 적어도 자식들은 그런 일을 하지 않기를 바란다. 심지어 연봉이 1억 원에 육박하는 이른바 귀족 노동자들조차도 그 돈을 자녀 사교육비에 쏟아부어서 자신과 달리 좀 더 추상적인 일에 종사하기를 바란다. 학부모가 자녀의 장래 직업으로 공무원이나 교사를 희망하는 까닭 역시 소득이 많아서라기보다는 노동이라 불리는 일과 거리가 있으면서도 어느 정도의 소득을 보장하기 때문이다.

하지만 어느 사회나 누군가는 노동해야 한다. 정상적인 사회라면 사회 구성원의 대부분이 생산하고, 생산된 것을 운반하고, 그리고 그렇게 운반된 것을 판매하거나 수리하는 일에 종사해야 한다. 따라서 아무리 노동을 기피한다고 한들, 결국 우리나라 사람들의 대부분은 어떤 형태로든 노동에 종사해야 한다. 그러다 보니 우리나라에서는 아예 노동이라는 말이 사라졌다. 노동하는 삶이 불가피한데, 노동이 천대받는 사회이다 보니 자신이 하는 일을 노동이라고 부르지 않음으로써 이 모순을 해결하려는 것이다.

우리나라에서는 사실은 노동을 뜻하면서도 노동이라는 말을 사용하지 않는 갖가지 비유와 상징이 넘쳐난다. "소는 누가 키우나?"라는 말부터 "노동은 누가 하나?"를 에둘러 표현하지 않았는가?

예를 들면 정보통신 노동자라는 말 대신 '개발자'라는 말을 사용한다. 특별한 기능 없이 일반적인 노동자는 뭉뚱그려진 의미를 가지는 '직장인'으로 불린다. 그래서 월화수목금금금 혹사당한다고 불평을 터뜨리면서도 "그렇다면 왜 노동조합을 만들지 않느냐?"라는 말에 "난 노동자가 아니다"라며 발끈하는 것이다. 전교조가 처음 설립될 당시에 문제가 되었던 것도 좌편향, 정치성 따위가 아니라 "자신을 노동자라고 부르는 교사에게 어떻게 학생을 맡길 수 있느냐?"라는 봉건적 선동이었다. 심지어 이 봉건적 선동은 21세기가 한참 진행된 지금도 유효하다.

그렇다고 우리나라의 민족성이나 국민성이 천박하다고 말할 것은 아니다. 이는 자연스러운 인간 본성이기 때문이다. 마르크스주의자들의 주장처럼 노동은 인간의 본성이 아니다. 오히려 가능하면 노동을 기피하고 혐오하는 것이 인간의 자연적인 본성에 가깝다. 그렇지 않다면 권력을 가진 지배계급이 어째서 한사코 노동을 다른 계급에게 전가했겠는가? 인류의 역사란 노동을 나른 누군가에게 떠넘기기 위한 투쟁의 연속이었다. 그래서 오히려 어떤 사회에서 노동이 대접

받고 있다는 것, 그래서 노동이 기피대상이 아니라는 것은 그만큼 그 사회가 자연상태를 극복한 높은 문명상태에 이르렀다는 증거가 되는 것이다.

노동은 괴로움과 지루함을 수반하지만 결코 피할 수 없는 조건

사람들은 왜 노동을 기피할까? 내적 동기, 내적 충족을 위해서 행하는 일이 아니라, 외적 필연에 의해 직간접적으로 강제되는 일이기 때문이다. 한나 아렌트에 따르면 노동(labour)이란 인간의 생존에 필요한 자원을 '생산'(produce)하는 일이지, 어떤 미적 만족을 위해 '창작'(create)하는 일(work)이 아니다. 예컨대 우리는 노동의 결과물을 제품(product)이라고 하지 작품(work)이라고 하지 않는다.

따라서 노동은 개별적인 인간의 선호나 의지와 무관하다. 게다가 인간은 개인이 아니라 사회 단위로만 생존이 가능하며, 각 사회가 처한 상황에 따라 필요한 노동도 서로 다르다. 따라서 어떤 사회의 구성원이 되었다는 것은 그 사회가 요구하는 노동을 자신의 선호나 의지와 무관하게 수행해야 함을 의미한다.

때로 자신이 선호하는 일과 수행해야 하는 노동이 일치하는 경우도 있지만, 이는 유토피아에서나 가능하거나 특별한 행운아나 가능한 일이다. 실제로 마르크스는 이렇게 놀이(취미)와 노동이 일치하는 사회를 자신의 이상인 공산주의 사회의 지표로 삼았다. 노동자계급의 대변자인 마르크스조차 노동이 사라진 세상을 이상향으로 제시할 정도였다.

게다가 노동은 그것이 행해지는 자연적 한계에 구속된다. 생산이란 어떤 쓸모를 위해 자연을 변형하는 것이기 때문에 창작과 달리 자유의 여지가 매우 적다. 따라서 노동은 자유도가 적고 정해진 방식에 따른 반복적인 행동들로 구성되어 있는 경우가 많다.

이와 같이 사람들이 노동을 기피하거나 고역으로 여기는 것은 그 일 자체가 힘들어서가 아니다. 자신의 의지와 취향이 반영될 여지가 적고 그런 일을 지루하게 반복해야 하기 때문이다. 실제로 우리는 뭔가 똑같은 일을 계속 반복해야 하는 상황이 되면 일본어에서 파생된 노동의 비속어인 '노가다'라는 말을 사용한다.

하지만 이렇게 고통스럽고 지루한 노동을 회피할 길은 없다. 아무리 좋아하는 일이라 할지라도 그것을 통해 생계를 유지해야 하는 상황이 되면, 이미 거기에는 노동의 성격이 들어갈 수밖에 없다. 예컨대 스포츠 애호가와 프로스포츠 선수에게 운동경기가 가지는 의미는 전혀 다르다. 그리고 자기가 좋아하는 일을 하면서 생계를 해결할 수 있기만 해도 성공적인 인생이라고 하는데, 생계 걱정 없이 좋아하는 일만 하고 사는 사람은 1퍼센트도 채 되지 않을 것이다.

순전히 취미로 하는 일, 순수하게 창작 욕구를 충족하려고 하는 일이라 할지라도 그 분야에서 어느 정도 이상의 경지에 오르려면 반드시 노동, 즉 외적 필연성에 의해 강제되고 반복되어야 하는 일을 해야 한다. 모차르트 같은 천재라 하더라도 머릿속에서 구상된 작품은 연주할 수 없다. 이미 창작이 끝난 작품을 오선지에 옮겨 적는 과정은 결국 '악보 노동'일 수밖에 없다. 미켈란젤로나 라파엘로 같은 위대한 화가 역시 창작시간의 상당 부분을 창조적인 시간이 아니라 '페인트 노동'으로 채우지 않으면 작품을 완성할 수 없다. 물론 이들은 이 노가다 시간의 상당 부분을 도제들에게 맡겼지만, 반대로 자신들이 이 노가다 도제 경험을 거쳤기 때문에 그러한 예술적 성취를 이룬 것이기도 하다.

위대한 창조적인 작업은 바로 이런 '노동'의 시간을 끈기 있게 수행한 사람들이 할 수 있는 것이다. 에디슨이 한 유명한 말, "천재는 99퍼센트의 노력과 1퍼센트의 영감"이라는 말에서 노력이란 바로 지루한 노동을 끈기 있게 행하는 것을 의미한다. 막스 베버 역시 "나는 이런 지루하고 반복적인 일(노동)을 하기에는 너무 창의적이라고 자처하는 사람은 학문의 세계를 떠나라"라고 일갈했다. 화려한 스포츠맨이나 연예인의 세계 역시 그렇다. 이들이 갈채를 받는 화려한 순간의 뒤에는 지루하고 반복적인 훈련과정이 감추어져 있다.

따라서 노동은 필연적이며 피할 수 없다. 그래서 한나 아렌트는 노동을 인간의 '조건'이라고 불렀다. 또한 이렇게 피할 수 없는 노동이기 때문에 이를 비하해서도 미화해서도 안 된다. 노동을 천한 것들이나 하는 일이라고 치워두는 것도, 인간을 인간답게 만드는 위대한 일이라고 찬사를 퍼붓는 것도 모두 현실을 호도하는 것이다. 노동을 천한 것들에게 미뤄둔 고귀한 사람이라 할지라도 자신이 선택한 고귀한 일을 하기 위해서는 그 속에 내재된 노동을 수행해야 한다. 또 그 노동은 제아무리 미사여구로 치장하더라도 참고 견뎌야 하는 지루한 고역을 반드시 포함하기 마련이다.

문명사회의 교육은 곧 노동교육이다

이렇게 고통스럽고 지루하기에 인간은 자연상태에서 결코 자발적으로 노동하지 않는다. 따라서 사회 구성원들이 스스로 노동하게 만들고 노동을 가치 있게 여기게 만드는 것은 바로 교육을 통해서 이루어질 수밖에 없다. 자연적 조건을 벗어나 교육으로 형성된 제2의 본성, 문화에 따라 행위하는 사람들이 바로 문명인인 것이다.

따라서 어릴 때부터 이러한 노동의 필연성을 인식하고 노동이 내포하고 있는 고역, 그리고 그 고역을 견뎌내는 인내와 의지를 기르는 교육이 이루어지고 있는가가 바로 그 사회의 문명화 정도를 가늠하는 지표다. 미국이나 유럽에서는 부모가 자녀에게 돈을 거저 주는 법이 없다. 아주 작은 돈이라도 반드시 노동의 대가로서만 얻도록 교육한다. 존 듀이, 셀레스탱 프레네 등 내로라하는 교육학자들이 한결같이 어릴 때부터 놀이와 노동을 함께 수행할 수 있도록 하자는 까닭도 바로 여기에 있다.

아이들은 마냥 놀려서도 안 되고, 그렇다고 어릴 때부터 노동이라는 고역에 질리게 해서도 안 된다. 노동을 천진난만한 동심의 세계에 감춰 두지도, 그렇다고 마냥 장밋빛으로 포장하지도 않아야 한다. "인내는 쓰지만 그 열매는 달다"라는 오래된 격언을 경험을 통해 몸에 익히는 과정이 바로 교육을 통해 이루어져야 한다.

문제는 인내의 쓴맛은 필연적인데, 달콤한 열매가 그 인내의 대가로 주어지지 않을 경우다. 따라서 쓴맛 나는 인내를 키우는 것뿐 아니라 그 인내의 대가로 달콤한 열매를 따는 방법도 교육을 통해 익혀야 한다. 누군가가 그 열매를 가로채지 못하게 하는 방법 역시 교육의 대상이다. 이것이 바로 '노동교육'이다. 이는 노동자로서의 권리를 가르친다는 의미의 노동인권교육보다 훨씬 넓고 근본적인 교육이며, 인간의 '조건'을 갖추는 필수적인 교육이다. 어떤 면에서는 교육이 곧 노동교육인 것이다.

노동교육이 보이지 않는 우리나라 교육

그런데 우리나라 교육에는 노동이 보이지 않는다. 아니, '노동'이라는 용어 자체가 꼭꼭 숨어 있다. 그 대신 유사품으로 '진로, 직업교육'이 있다. 진로라는 과목이 설치되고 이를 담당하는 진로교사가 있다. 진로교육도 부쩍 강조되고 있으며, 2016년부터 실시될 자유학기제도 진로교육, 진로체험을 강조하고 있다. 하지만 진로교육이 유사품일 수밖에 없는 까닭은 '꿈과 끼'를 강조하기 때문이다. 꿈이란 자신이 하고 싶은 일을 말하고, 끼는 이른바 적성과 소질을 말한다. 그러니 자신의 적성과 희망을 조화시켜서 적절한 직업을 선택하라는 것이 바로 우리나라 진로교육의 핵심이다.

하지만 이 세상의 직업들 중 사회 구성원 개개인의 꿈과 끼를 위해 만들어진 것은 거의 없다. 사회의 필연적인 필요에 의해 만들어진 것이 대부분이다. 즉, 직업은 '노동'하라고 있는 것이지 '창작'하라고 있는 것이 아니다. 심지어 '창작'하는 직업조차 사회의 필요에 의해 '노동'하기 때문에 그 대가로 돈을 버는 것이다. 이런 냉정한 현실을 감추고 꿈과 끼를 찾으면 행복해진다고 장밋빛으로 포장하는 것은 일종의 사기나 다름없다. 그리고 이때 바로 "모두 자기 꿈과 끼만 찾아가면, 소는 누가 키우나?"라는 말이 나올 수밖에 없다.

그래서일까? 학생들의 꿈과 끼가 실제 이 사회에서 가장 필요로 하는 것들을 생산하는 일로 향하는 경우는 거의 없다. 공공성 추구가 아니라 편안하고 안락한 삶을 기대하고 공무원이나 교사를 희망하는 경우를 제외하면, 대체로 여가생활이나 삶의 장식품에 해당되는 영역에서 꿈과 끼를 찾는다.

하지만 이 세상은 그토록 많은 예술가, 댄서, 배우, 바리스타, 푸드스타일리스트 등을 필요로 하지 않는다. 세상은 이런 직업에 종사하는 사람보다 훨씬 더 많은 엔지니어나 생산직 노동자를 필요로 한다. 그런데 이토록 중요한 직업이 스스로를 꿈과 끼를 이루지 못한 '루저'라고 생각하는 사람들로 채워지는 사회는 참으로 암담하다.

교육은 세상이 필요로 하는 사람을 길러내는 것임과 동시에, 그 사람이 세상에서 살아가는 데 필요한 것들을 가르쳐 주는 것이기도 하다. 학생들은 세상에 나가기 전에 세상을 제대로 알아야 한다. 즉, 자신들이 결국은 '노동'해야 함을 알아야 하고 그 노동이 자신들의 꿈과 끼와는 무관한 외적 필연성에 의한 것임을 알아야 한다. 그 대신 쓴 인내의 대가로 달콤한 열매를 얻을 권리가 있음을, 그리고 그 방법을 알아야 한다. 학교가 이런 것들을 중심에 두지 않는다면 일종의 사치품에 불과할 뿐 공교육기관이라 불리기 어려울 것이다.

국수주의와
사대주의 사이

새 정부가 들어서면서 교육개혁에 대한 여러 제안이 쏟아지고 있다. 이 중 눈에 띄는 것이 수능자격고사화를 포함한 대학입시제도 개혁과 국공립대 통합 네트워크 안이다. 나름 의미 있는 제안이며, 충분히 공론화해 볼 가치가 있는 주장이다. 하지만 이런 종류의 제안들을 볼 때마다 눈에 거슬리는 것이 있다. 바로 걸핏하면 등장하는 '독일처럼, 프랑스처럼, 핀란드처럼' 같은 대목이다. 한마디로 '유럽처럼'이라고 정리할 수 있다.

유럽의 교육제도에서 우리가 배울 점이 적지 않은 것은 사실이다. 하지만 우리 교육이 유럽에서 일방적으로 배워야 할 정도로 허술하고 후진적이라는 생각 역시 매우 자학적인 사고방식이다. 게다가 유럽식 교육제도에 대해 잘못 알려졌거나 오해받고 있는 것들도 많아서, 어떤 면에서는 일부 운동가들이 자기 희망사항의 잣대로 보고 싶은 것만 보고 듣고 싶은 것만 들은 것이 아닐까 하는 생각도 든다.

수능자격고사화, 대학평준화의 모델로 자주 제기되는 독일이나 프랑스의 경우가 그렇다. 독일의 경우 '아비투어'라는 대입자격고사를 보고, 평준화된 대학에 입학하는 것은 사실이다. 그렇다고 학생들의 학업 부담이 가볍냐 하면 결코 그렇지 않다. 아비투어의 문제 난이도는 수능보다 훨씬 높고, 상위 40퍼센트 정도에 들어야만 진학할 수 있는 인문계 고등학교 학생들 중 80퍼센트 정도만 합격한다. 게다가 대학이 평준화되었다고 해서 성적순 줄 세우기가 없는 것도 아니다. 의학, 치의학, 심리학, 약학, 수의학 분야의 학과는 입학 정원을 정해 놓고 아비투어 점수로 줄을 세워 고득점자를 선발한다. 더구나 이렇게 정원을 정해 놓고 고득점자 위주로 선발하는 학과가 점점 늘고 있다. 아비투어를 자격고시 정도로 생각하는 것은 큰 오산이다.

프랑스 대학의 평준화도 사실과 다르다. 프랑스 학생들은 일단 평준화된 일반 대학에 들어간 다음, 다시 비평준화된 그랑제꼴에 들어가기 위한 치열한 경쟁을 해야 한다. 프랑스 사회의 각 분야마다 이 그랑제꼴 출신들이 장악하고 있기 때문이다. 그런 점에서 프랑스는 철저한 학벌사회다. 게다가 그랑제꼴은 학비도 비싸며, 일반 대학보다 국가 예산도 더 많이 투입된다. 그야말로 특권학교, 우리나라 진보진영이 선호하는 용어대로라면 귀족학교인 셈이다. 그러니 프랑스의 대학 평준화는 명문대학들은 각자 자기 정체성을 유지하고 명문대학이 아닌 대학들만 몽땅 평준화한 것, 학부 교양과정만 평준화하고 전공과정은 명문대학을 그대로 유지한 것 사이의 어딘가에 있다.

핀란드도 그렇다. 핀란드 교육을 신줏단지처럼 모시는 진보교육 활동가들이 쏙 빼놓는 이야기가 세 개 있다. 교사에 대한 처우가 매우 낮아서(국민 평균의 80퍼센트) 최근 들어 교직 만족도가 점점 낮아지고 있으며, 각종 기업 등에서 교사 출신 직원을 선호하면서 젊은 교사들의 이직률이 높아져서 문제가 되고 있다는 사실, 철저하게 운영되고 있는 유급제도와 학교 규칙과 질서의 엄격함이다. 학생을 억압하는 우리나라 교육이라는 틀을 먼저 세우고, 그 대립항으로 핀란드를 바라보니 이런 점은 보이지 않는 것이다.

이렇게 조금만 관심을 가지면 확인할 수 있는 사실관계조차 제대로 점검하지 않은 주장들이 나오는 까닭은 우리 교육을 지나치게 낮잡아 보고 유럽, 특히 독일, 프랑스, 북유럽의 교육을 지나치게 높게 보기 때문이다. 물론 다른 나라의 좋은 교육제도를 배우고 장점을 받아들이는 것은 바람직한 일이다. 하지만 그것은 어디까지나 우리의 장점과 단점을 제대로 알고 있는 가운데, 다른 나라의 장점과 단점을 면밀히 분석하고 통찰한 다음의 일이다. 우리의 장점에만 도취되어 다른 나라보다 모든 면에서 우월하다고 주장한다면 국수주의지만, 다른 나라의 장점만 보고 우리에게서는 오직 단점만을 본다면 이는 사대주의라는 비판을 면하기 어려울 것이다.

진보, 보수를 가리지 않고 무심결에 사용하는 '교육 선진국'이라는 용어도 거슬리긴 마찬가지다. 교육 선진국이라면 다른 건 몰라도 교육만큼은 선진적으로 발달했다는 의미일 것이다. 반면 경제나 정치 등 다른 분야에 비해 상대적으로 교육이 후진적인 나라도 있을 수 있다. 미국이 그렇다.

우리나라가 경제적으로는 선진국의 말석을 차지하고 있는 데 불과하지만 교육에서는 상당한 경쟁력을 가지고 있음을 보여 주는 증거자료는 많다. 공부를 많이 시켜서 거둔 성취만은 아니다. 학교 인프라부터 압도적이다. 99퍼센트가 고등학교 교육을 받을 수 있고, 80퍼센트 이상이 대학 교육까지 받을 수 있을 정도로 학교가 넉넉하게 공급되는 나라는 매우 드물다. 학교 시설도 우수하다. 19세기 교실은 옛말이다. 산간벽지에 있는 학교까지 최신 기자재가 갖추어져 있고, 초고속 인터넷이 연결되어 있으며, 컴퓨터실이 없는 학교도 거의 없다. 교사진의 수준도 최고다. 우리나라처럼 교사가 그 사회의 최상위권에서 충원되는 나라는 찾아보기 어렵다.

문제는 이런 장점들을 최대한 활용하지 못하고 있다는 것이다. 훌륭한 기자재와 ICT장비는 주입식 교육을 하느라 바쁜 너머지 거의 활용되지 못하거나, 분실이나 고장에 대비하여 자물쇠로 잠겨 있는 경우가 많다. 최고 엘리트로 꾸려진 교사들은 정작 그 능력을 수업과 연구 대신 각종 학교 행정업무, 교감이나 교장이 되기 위한 승진 스펙 만들기에 허비하고 있다. 이런 운영상의 문제점들을 찾아서 해결한다면 우리나라의 교육은 본래의 장점을 최대한 발휘할 수 있을 것이다.

우리가 다른 나라의 교육제도를 분석하고 연구하는 것은 우리가 후진적이고 그들이 선진적이라서가 아니다. 우리가 가지지 못한 부분을 배워서 우리의 장점을 극대화하기 위해서다. 우리 교육에 대해 지나치게 자존감을 높일 필요는 없지만 그렇다고 유럽을 높이고 스스로에 대해 자학적 관점을 가질 일도 아니다. 우리 교육의 바람직한 개혁 방향은 국수주의와 사대주의 사이 어딘가에 있을 것이다.

시행령으로 움직이는
교육

우리나라의 교육은 국민의 기본권인 만큼 헌법에서 명시적으로 규정하고 있다. 헌법 제31조에 따르면 모든 국민은 능력에 따라 균등하게 교육을 받을 권리를 가지고(1항), 반면에 모든 국민은 보호하는 자녀에게 적어도 초등교육과 법률이 정하는 교육을 받게 할 의무를 가지되, 이 의무교육은 무상으로 하고(2항, 3항), 교육의 자주성·전문성·정치적 중립성 및 대학의 자율성은 법률이 정하는 바에 의하여 보장되어야 한다(4항). 이때 학교교육 및 평생교육을 포함한 교육제도와 그 운영, 교육재정 및 교원의 지위에 관한 사항은 법률로 정하도록 한다(6항).

헌법만 놓고 보면, 우리나라 국민은 적어도 중학교까지는 자녀를 무상으로 교육받게 할 권리와 의무를 가진다. 모든 학생은 능력만 있다면 거기에 맞는 균등한 교육을 받을 수 있고, 이 교육은 자주성·전문성·정치적 중립성을 보장받을 것 같다. 실제로 헌법의 이 규정을 구체화하기 위하여 교육기본법이 제정되었고, 여기에 근거하여 유아교육법, 초중등교육법, 고등교육법 등의 법률이 수립되어 있다. 교육은 미래의 국민을 만드는 국가의 중대사업이기 때문에 국민의 대표기구인 국회가 법률로 정하는 것이 당연하다.

그런데 실제로 우리나라 교육이 적어도 초등학교와 중학교만큼은 헌법 정신에 따라 운영되고 있을까? 자주성·전문성·정치 중립성을 보장받고 있을까? 우리나라 교사들은 정부나 기타 다른 권력의 침해를 받지 않고 정권 교체와 무관하게 오직 교육 전문성에만 근거하여 자주적인 교육을 할 수 있을까? 이 말을 믿는 사람은 아무도 없다. 교사들 사이에서는 새로운 교육정책이 발표되면 "어차피 정권 바뀌면 없어져"라는 식의 냉소적인 반응이 만연해 있다. 실제로 정권이 바뀔 때마다 교육정책이 우향우, 좌향좌로 급격히 바뀌는 것을 경험했기 때문이다.

공연한 냉소가 아니다. 우리나라의 교육은 국민의 대표기구인 국회를 통하지 않고 교육부장관의 뜻에 따라 언제든지 바뀔 수 있는 것이 사실이기 때문이다. 물론 교육부장관은 대통령의 명령을 받기 때문에, 결국 우리나라 교육은 대통령과 그 측근의 생각에 따라 마음대로 바뀔 수 있다. 실제로 정권이 바뀔 때마다 180도 바뀌었다가 다시 180도로 바뀌는 과정을 겪었다. 그 과정에서 보수, 진보를 막론하고 교육의 자주성과 전문성을 존중하는 정권은 없었으며, 교사들을 단지 조작과 계도의 대상으로 다루었다. 이는 우리나라의 교육법들이 대통령 명령(이하 시행령)에 너무 많은 사항을 위임했기 때문이다.

시행령이 의미와 범위

시행령이란 행정부의 수반인 대통령이 법률의 집행을 위해 필요한 절차나 제반사항들을 규정한 것으로, 법률과 동등한 효력을 가지며 그 형식도 법률과 같은 법조문으로 이루어져 있다. 하지만 시행령이 남용되면 대통령이 사실상 국회와 같은 입법권을 가지게 되기 때문에, 시행령은 국회가 제정한 법률을 집행하기 위한 절차와 세부사항에 대한 것으로 제한된다. 시행령이 필요한 까닭은 제·개정 과정이 길고 복잡한 법률에서 구체적인 부분까지 다 정해 버리면 상황의 변화에 따라 대처하기가 매우 어렵기 때문이다. 그래서 이런 부분은 법률을 집행하는 행정부에서 상황에 따라 규정하도록 한 것이다. 법률에서 "~의 구체적인 절차와 세부사항은 대통령령으로 정한다"라고 적혀 있는 조항을 찾을 수 있는데, 이것이 바로 해당 법률의 세부사항을 시행령으로 정하라는 내용이다. 한편 시행령과 효력은 같지만 대통령령이 아닌 것으로 국무총리령과 부령(각부 장관이 제정)이 있다. 이들을 시행규칙이라고 하지만 시행령과 시행규칙은 모두 법체계상 법률과 동등한 효력을 발휘한다. 시행령과 시행규칙은 입법부의 심의와 의결을 거치지 않으며 통상 30일 정도의 입법예고 후 즉시 효력이 발생한다.

따라서 이것이 남용될 경우 삼권분립의 원칙이 무너질 수 있기 때문에 대한민국 헌법은 법률이 시행령에 위임할 경우 포괄적이거나 일반적인 위임이 아니라 구체적으로 위임해야 한다. 또한 헌법이 법률로 정한다고 규정한 사항과 법률의 본질적인 사항은 시행령에 위임할 수 없다고 못박고 있다(헌법 75조). 시행령은 헌법과 법률을 위반해서는 안 되며, 법률 집행에 필요한 절차나 형식을 정하는 데 그치는 소극적인 위상을 가지는 것이지, 새로운 법규 사항을 정하는 적극적이고 능동적인 위상을 가져서는 안 된다.

그런데 우리나라 교육법의 시행령들은 저 원칙을 비웃기라도 하듯 교육부의 적극적인 의지, 즉 정권의 의지가 반영된다. 교육법의 위임 범위를 넘어서는 수준의 보충을 하기도 하고, 심지어는 교육법 해당 조문의 입법 취지를 무력화하는 도구로 남용되기도 한다. 그 예로 교육공무원법 시행령을 통한 교육공무원법상의 교장공모제 조항 무력화가 있다. 교육공무원법에서는 내부형 교장공모제를 명문화하여 평교사가 공모를 통해 교장이 될 수 있도록 했지만, 교육부는 시행령에 내부형 교장공모제를 실시할 수 있는 학교를 자율학교로 지정된 학교 중에서 10퍼센트로 제한함으로써 사실상 시도별로 한두 개 학교로 줄여 버렸다.

또 해마다 교육감과 정부를 싸우게 만드는, 이른바 누리과정 예산이 있다. 교육기본법에 따르면 국가와 지방자치단체는 교육재정을 안정적으로 확보하기 위하여 필요한 시책을 수립·실시하여야 하며(7조1항), 교육재정을 안정적으로 확보하기 위하여 지방교육재정교부금 등에 관하여 필요한 사항은 따로 법률(지방교육재정교부금법)로 정하게 되어 있다. 그런데 교육기본법도 초중등교육법도 아닌 영유아보육법(교육이 아니라 복지부 관할), 그것도 그 시행령을 가지고 각 시도교육감에게 수천억 원씩의 영유아 보육예산을 편성하라고 강요하고 있다. 절대 다른 예산으로 전용하지 못하노복 헌법과 법률로 보호받는 교육재정을 교육부도 아닌 타 부처 시행령을 근거로 뜯어내고 있으니 위반도 이만저만한 위반이 아니다.

그동안 정부는 정치적인 의도를 가지고, 사실상 교육 입법을 하는 자세로 시행령을 만들었다. 그러다 보니 오히려 그 본연의 목적, 즉 교육법의 집행과정을 구체화하는 일에는 소홀해서 빈틈이 생기는 경우가 많다. 몇 개의 예를 들어 보자.

교육기본법 14조에 따르면 교원의 전문성은 존중되며, 교원의 경제적·사회적 지위는 우대되고 그 신분은 보장되어야 한다. 그 경제적·사회적 지위 우대의 구체적인 방법을 법률에서 미주알고주알 정하기는 어렵다. 그래서 시행령이나 시행규칙이 필요한 것인데, 우리나라에는 아직 이를 규정한 시행규칙이 없다. 따라서 교원 전문성 존중과 경제적·사회적 지위 우대는 구체적인 내용이 없는 선언에 그치고 있다.

또 한국교총 문제도 있다. 한국교총은 교육기본법 15조에 근거한 교원단체다. 여기에 따르면 교원은 각 지방자치단체와 중앙에 교원단체를 조직할 수 있는데, 그 조직에 필요한 사항은 대통령령으로 정하도록 되어 있다. 따라서 교원단체의 설립, 인가, 운영에 대한 내용을 규정한 시행령이 있어야 하는데, 해당 시행령은 현재까지 존재하지 않는다. 그렇다면 대체 한국교총이라는 단체는 어떤 근거로 정책협약을 맺는 교원단체의 지위를 확인받았으며, 다수의 교사가 모인 다른 단체는 어떤 근거로 그런 자격을 갖지 못하는 것일까? 어떤 근거도 없다. 따라서 전교조가 법외노조라면 한국교총은 무근거 교원단체다.

시행령조차 없는 교육과정

대부분의 교사는 교육기본법, 초중등교육법을 잘 모른다. 그럼에도 전국의 모든 학교가 통일성 있게 운영되는 까닭은 바로 국가수준 교육과정이 있기 때문이다. 국가수준 교육과정은 전국의 모든 초중고등학교가 따라야 할 교육의 내용과 순서를 정한 중요한 규정이다. 초중등교육법이 개정되어도 교실은 바뀌지 않지만, 교육과정이 바뀌면 당장 수업내용과 방법이 바뀐다. 그렇다면 이렇게 중요한 국가수준 교육과정의 법적 지위는 무엇일까?

법률은 아니다. 우리나라의 교육과정은 국회의 심의와 의결을 거치지 않는다. 그럼 시행령이나 교육부의 시행규칙으로 제정되는 것일까? 그것도 아니다. 그럼 무엇일까? 딱히 정해진 바가 없다. 딱히 정해진 바가 없기 때문에 사실상 교육부장관이 마음대로 제·개정할 수 있다. 시행령이 해야 할 일을 하지 않았기 때문이다.

초중등교육법 23조에 따르면 학교는 교육과정을 운영하여야 하며(1항), 교육부장관이 그 교육과정의 기준과 내용에 관한 기본적인 사항을, 교육감이 지역 실정에 맞는 기준과 내용을 정하고(2항), 교과는 대통령령으로 정하도록 되어 있다. 그런데 초중등교육법 시행령에는 교육부장관이 국가수준 교육과정을 제·개정하는 절차와 권한에 대한 구체적인 내용이 규정되어 있지 않다. 교과를 정하도록 위임된 초중등교육법 시행령 43조에도 특정 교과들을 설치한 뒤, 그 말미에 "교육부장관이 필요하다고 인정하는 교과"도 설치할 수 있노록 덧붙여 놓았다. 결국 교과, 그 교과의 내용 선정과 편성에 대한 모든 권한이 교육부장관의 손아귀에 있는 셈이다. 이는 장관이 고집을 부리자 아무도 막을 수 없었던 역사교과서 국정화 파문을 통해 생생하게 드러났다.

물론 형식적으로는 장관 혼자 정하지 않도록 교육과정 심의위원회를 설치하도록 되어 있다. 하지만 우리나라의 교육과정 심의위원회는 미국처럼 교육과정의 승인을 의결할 수 있는 게 아니라 심의기구도 아닌 자문기구에 불과하다. 공청회 등의 절차도 요식행위에 불과하며 아무런 강제력이 없다. 교육부장관이 교육과정과 교과를 정해서 고시하면 그 순간 전국 모든 학교의 수업내용이 바뀌며, 교사는 이를 따라야만 한다. 권위주의, 독재 시절 "교사는 교장의 명을 받아 학생을 교육한다"라는 초중등교육법 법조항이 "법령에 정해진 바에 따라 학생을 교육한다"로 바뀌었지만, 그 법령이 결국 '교육부장관이 하라는 대로'에 불과했던 것이다.

어떻게 해야 할까?

지금까지 살펴본 것처럼 우리나라 교육은 교육법이 아니라 시행령, 더 나아가 교육부장관의 각종 행정명령이나 지시에 따라 움직인다. 그 결과 우리나라 공교육은 법적 안정성이 매우 취약하며 교육당사자들에 의한 민주적인 통제도 이루어지지 않는다. 사실상 교육부장관, 그리고 그 임명권자인 대통령의 뜻에 따라 바뀔 수 있으며, 헌법 31조는 이상에 불과하다. 그렇다면 우리나라 공교육을 정치적 영향력으로부터 자유롭게 하여 자주적이고 전문적인 교육권을 보장할 수 있는 방법은 없을까?

구체적인 방법까지 여기서 다루기는 어렵지만, 대체로 다음과 같은 방향을 생각해 볼 수 있다. 지나치게 포괄적이라 구체성이 없는 법률과 위임된 범위를 넘어선 행정부의 과도한 시행령 규정 때문에 행정부가 우리나라 교육법을 주도하게 되었다면 대책도 이 두 가지에 맞춰 나와야 한다.

우선 기존의 교육 관련 법률들을 꼼꼼히 검토해서 추상적이거나 선언적인 수준에 그친 조항들, 또 지나치게 시행령에 위임한 조항들을 보충해 넣어야 한다. 법률이 구체적인 내용을 가지면 하위법인 시행령은 자연스럽게 무효가 된다. 다음은 교육법 관련 시행령이나 각종 행정규칙 들을 꼼꼼하게 검토해서 시행령, 시행규칙의 범위, 즉 법률의 집행을 위해 필요한 절차나 형식을 넘어서 내용까지 규정하려 든 조항들, 상위법인 법률의 조항을 무력화하거나 적용 범위를 줄이려는 목적이 명백한 조항들을 찾아내야 한다. 이런 조항들은 정부에 청원하여 해당 시행령과 시행규칙을 개정하거나 폐지하도록 요구해야 하며, 다시 이런 일이 일어나지 않도록 해당 법률을 구체적으로 제·개정해야 한다.

하지만 가장 중요한 것은 예방이다. 교육 관련 법률이 구체적인 내용을 시행령에 위임하는 경우가 많은 까닭은 입법자들이 교육의 구체적인 실태를 모르기 때문이다. 그래서 나름 교육전문가라고 주장하는 교육관료들에게 구체적인 부분을 시행령과 시행규칙으로 위임해 버린 것이다. 하지만 이는 삼권분립을 약화시키는 반민주적 행동이다. 국회의원들은 현장교사들에게 쓸데없는 자료 요구를 삼가고, 교육 관련 법률의 제·개정 과정에 현장의 목소리가 많이 반영되도록 귀를 크게 열고 들어야 할 것이다. 그것이 이 시행령 공화국을 예방할 수 있는 가장 중요한 첫걸음이다.

이러한 일을 하는 데 가장 적합한 주체는 교원단체나 교원노조다. 교원단체와 교원노조의 역할에는 교사의 권익을 지키는 것뿐 아니라 교육의 자주성과 전문성을 지키는 것도 포함되어 있다. 법치국가에서 교육의 자주성과 전문성에 대한 침해는 그릇된 법령을 통해 일어난다. 따라서 그 수호 역시 법령을 통해야 한다. 따라서 교육법령에 대한 연구와 입법운동이 교원단체·교원노조의 가장 중요한 활동 방식이 되어야 한다.

아울러 시도교육감 협의회 역시 중요한 역할을 담당할 수 있다. 시도교육감은 각 지역의 교원단체·교원노조와 교섭을 하고, 교사들의 민원을 받는 직접적인 주체가 될 수 있다. 더구나 시도교육감은 임명직이 아니라 선출직이다. 따라서 시도교육감 협의회가 이러한 교섭과 민원을 수합하여 이를 제대로 반영할 수 있는 입법안을 국회에 제안하고, 국회가 이를 적극적으로 받아들인다면 국민의 대표인 선출직이 교육부 관료들의 자의적인 독주를 견제할 수 있는 좋은 수단이 될 것이다.

학교와 마을

　『나 홀로 볼링』으로 유명한 로버트 퍼트넘(Robert David Putnam, 1941~)의 최근작 『우리 아이들』은 계층 간 격차가 지역으로 분할되어 버린 미국의 우울한 상황을 담담하게 보여 주고 있다. 1990년대 이후 미국에서는 소득 계층에 따라 서로 다른 '마을'을 이루는 현상이 심화되었다. 그 결과 가난한 사람과 부유한 사람이 모두 한마을의 구성원으로 지역사회를 이루던 미국의 전통이 무너졌다. 가난한 계층의 학생들이 학교에서 배우는 것 외에 여러 문화자본, 사회자본을 통해 얻을 수 있는 교육적 혜택을 박탈당했다는 뜻이다. 퍼트넘은 부유한 지역에 비해 결코 뒤지지 않는 시설과 교사진을 갖춘 빈곤층 지역 학교의 학생들이 부유층 지역 학교 학생들보다 학업성취, 진로의식, 자기관리 능력 등이 현저하게 뒤떨어지고 있음을 보여 주었다. 이제 창의적 역량의 시대가 왔다고 하는데, 이미 그 역량부터 계층 간 격차가 벌어지고 있는 것이다.

　퍼트넘에 따르면 이러한 격차는 문화자본과 관계자본의 격차 때문에 발생한다. 이미 수십 년 전 제임스 콜먼(James Samuel Coleman, 1926~1995)의 연구와 블라우와 덩컨(Peter M. Blau and Otis Dudley Duncan)의 연구(The American Occupational Structure, 1967)를 통해 학생들의 학업성취가 부모의 사회·경제적 지위에 큰 영향을 받는다는 사실이 밝혀졌는데, 이는 부모가 돈을 들여 사교육을 시키기 때문이 아니다. 부모의 사회·경제적 지위가 높을 경우 학생들은 부모와 높은 수준의 상호작용을 하면서 많은 지식과 정보를 얻고 문화적 소양을 키운다. 또 부모의 지인이나 친척들 역시 그 정도 수준일 가능성이 크기 때문에 여러 어른의 긍정적인 영향력을 자기 것으로 흡수할 수 있다.

한마을에 여러 계층이 함께 살던 시절에는 빈곤층이나 취약계층 자녀에게도 부유층 자녀만큼은 아니겠지만 이러한 문화자본과 관계자본을 공유할 기회가 있었다. 우연히 자기 재능과 꿈에 맞는 전문가가 이웃에 살고 있을 수도 있고, 지역사회가 보유하고 있는 여러 문화예술 시설을 부유층과 함께 이용할 수도 있었다. 그러나 거주지역이 분할되면서 빈곤층이나 취약계층 자녀는 이 기회마저 잃어버렸다.

지식과 문화예술을 향유할 수 있는 시설이나 업소들은 이용자들이 많은 지역, 즉 부유층 거주지역으로 옮겨갔다. 여러 분야의 전문가들 역시 부유층 거주지역으로 옮겨갔다. 빈곤·취약계층 거주지역에는 불완전 고용, 장시간 노동, 그리고 삶의 무게에 지친 사람들만 남았다. 그들은 학생들의 학업에 도움이 될 만한 지적인 자극과 동기를 제공하기 어렵다. 심지어 가장 기본적인 친밀관계를 유지할 시간과 여력도 부족하다. 결국 아이들은 방치되거나 또래집단의 하위문화, 싸구려 대중문화에 매몰된다. 이런 아이들을 교사의 노력만으로 바로잡기란 매우 어렵다.

그런데 미국인인 퍼트넘에게는 낯설지 몰라도 이러한 현상은 우리나라에서는 진행형을 넘어 완료형이다. 주소만 보면 그 사람이 어느 정도의 사회·경제적 지위를 가지고 있는지 짐작할 수 있을 정도로 계층에 따른 지역 분할이 공고화된 나라 아닌가? 심지어 비슷한 계층 간에도 지역별 선을 긋는다. 같은 강남구인데도 압구정동 아파트 주민들이 다른 아파트 주민들을 차별하고, 같은 송파구인데도 잠실 학부모들이 잠실 외 다른 지역 학생들과 같은 학교를 배정받았다고 교육청에 떼로 몰려가서 항의하는 일이 어색하지 않다.

이런 상황에서는 빈곤층의 자녀는 물론 부유층의 자녀 역시 제대로 된 교육을 받기 어렵다. 그들은 부모와 지역사회로부터 긍정적인 지적·문화적 자극이 아니라 다른 계층에 대한 경멸, 그리고 같은 계층에 대한 경쟁심을 주입받는다. 그들 역시 야근과 학원 때문에 상호작용이 부족하긴 마찬가지이니 이웃과 지역사회란 더 말할 나위도 없다. 사실상 우리나라에는 퍼트남이 우려하는 분할된 마을은커녕 아예 마을이 없다.

최근 진보교육감들을 중심으로 '마을 결합형 학교'라는 말이 자주 나온다. 설명을 들어보면 학교가 모든 것을 하는 시대는 지났으니 마을과 결합하여 공동으로 학생을 교육해야 한다고 한다. 하지만 이미 계층별로 분할되고, 그나마 사실상 해체되어 있는 마을에 학교가 결합하여 받을 수 있는 도움이 대체 뭔지, 그런 마을이 학교가 하지 못하는 어떤 부분을 채워줄 수 있을지 걱정이 앞선다. 오히려 위험할 수도 있다. 다른 계층에 대한 경멸과 배제, 서로 간의 경쟁으로 혈안이 된 마을에 학교가 결합할 수 있을까? 불안한 고용과 고단한 삶에 허덕이며, 전입 전출이 빈번한 마을에 학교가 결합할 수 있을까? 물론 마을이 있다면, 그리고 그 마을이 퍼트넘이 기억하던 과거의 그 마을이라면 이른바 마을 결합형 학교는 매우 이상적인 학교의 모습이다. 하지만 그런 목가적인 풍경을 지금 우리나라 인구의 대다수가 거주하고 있는 수도권과 대도시에서 구현할 수 있을까?

오히려 순서를 바꾸어 생각할 필요가 있다. 사실 마을이라는 토양이 없는 아이들은 뿌리를 제대로 내리지 못하는 묘목처럼 위태롭다. 이 아이들의 튼튼한 성장을 위해서라도 온전한 마을의 복원은 중요하다. 이때 학교가 마을의 복원을 위한 중요한 계기가 될 수 있다. 그러니 지금 우리에게 필요하고 가능한 것은 마을 결합형 학교가 아니라 '학교 결합형 마을'이다. 물론 여건이 되는 마을에서는 마을 결합형 학교가 가능하겠지만, 그리 많지는 않을 것이다. 오히려 우리에게는 학교 결합형 마을, 아니 그 이전에 학부모가 갑질이나 치맛바람이 아니라 공동의 교육적 책임을 가지고 학교에 참여할 수 있는 시간적·물적 지원이 필요하다.

벌써 마을 결합형 학교 운운하는 공문이 날아오고 있다. 할 수만 있다면 이렇게 대답하고 싶다. 먼저 마을을 만들어 달라. 그럼 기꺼이 학교가 결합하겠다. 만약 마을이 없다면, 학교는 마을을 만드는 과정에 참여하겠다.

민주시민은 책을
읽는다

　우리나라에서 민주주의처럼 많이 쓰이는 말이 또 있을까? 좌우보혁을 떠나 저마다 민주주의를 말하며, 심지어 북한조차 민주주의 공화국이라고 자칭한다. 하지만 민주주의가 무엇을 의미하는지 제대로 설명할 수 있는 사람은 그리 많지 않다. 막연하게 "권력이 국민으로부터 나오는 정치", 혹은 "다수에 의한 정치" 정도로 말할 뿐이다. 물론 다수의 지배가 민주주의의 필수적인 조건인 것은 사실이다. 하지만 그것만으로는 부족하다. 역사를 살펴보면 수천 년 전 카이사르에서 나폴레옹, 무솔리니, 히틀러, 최근의 두테르테에 이르기까지 대부분의 독재자는 국민 다수의 지지를 기반으로 독재자가 되었다. 이들의 정치를 민주주의라고 말할 수는 없지 않은가?

　민주주의는 국민 다수의 지지만으로는 이루어지지 않는다. 중요한 것은 그 다수의 국민이 어떤 국민이며, 어떤 생각을 가지고 있었는가 하는 것이다. 만약 그들의 생각이 튼튼한 앎과 충분한 성찰에 기반하고 있다면 다수의 지지가 곧 민주주의가 되겠지만, 그렇지 않고 순간적인 감정이나 기호에 의한 것이라면 다만 폭민정치, 우민정치에 불과할 것이다. 민주주의는 미릿수가 아니라 생각하는 머릿수에 의해 이루어지는 정치다.

훌륭한 시민을 기반으로 하는 민주주의

어제오늘 이야기가 아니다. 이미 2500년 전 페리클레스는 자신들의 정치체제인 민주주의를 자랑하면서 "아테네 시민들은 나랏일에 관심이 많고 잘 알고 있다. 나랏일을 결정하기 위해 토론을 하며, 충분한 토론 없이 성급하게 결정하지 않는다"라고 했다. 토크빌 역시 민주주의에 대한 명저 『미국의 민주주의』에서 교육 수준이 낮은 농민이나 노동자조차 지역사회의 쟁점에 관해 치열하게 토론할 수 있을 정도로 잘 알고 있다는 사실에 깊은 감명을 받아 기록해 두었다. 고대 아테네나 건국 시기 미국은 모두 '훌륭한' 시민을 보유하고 있었던 것이다.

민주주의는 그저 국민이 아니라 나라의 주인 됨을 자각한 공공의식을 갖춘 국민, 즉 시민이 주인 되는 정치다. 민주주의는 국민에게서 권력이 나오는 정치가 아니라 시민에 의해 권력이 만들어지고 견제되고 교체되는 정치다. 물론 이러한 일에 필요한 지식, 기능, 태도를 갖춘 '훌륭한' 시민이 있을 경우의 일이다. 이 훌륭함은 도덕적인 선, 착함과는 의미가 다르다. 그래서 아리스토텔레스는 훌륭한 인간으로서 살아가는 데 필요한 덕을 다룬 『윤리학』과 훌륭한 시민으로서 살아가는 데 필요한 덕을 다룬 『정치학』을 구별했다.

아리스토텔레스는 시민으로서의 덕을 "공직을 담당할 수 있는" 능력이라고 정의하였다. 시민은 나라의 주인이기 때문에 언제든지 나랏일을 맡아 볼 수 있을 정도의 지식과 기능, 그리고 문제를 사적인 이해나 관심이 아니라 공공의 관점에서 판단할 수 있는 태도를 지니고 있어야 한다는 것이다. 공화주의자인 마키아벨리가 『군주론』을 쓴 까닭도, 군주정을 지지해서가 아니라 당시 피렌체 시민들이 훌륭한 시민으로서의 덕성을 갖출 가망이 없어서였다.

그런데 지식과 기능, 그리고 공공선에 대한 관점은 인간의 본능이 아니다. 오히려 우리 본능을 억제함으로써 얻는 경우가 많다. 따라서 시민으로서의 훌륭함은 저절로 생기는 것이 아니라 반드시 교육되어야 한다. 민주주의가 이루어지기 위해서는 잘 교육된 시민이 필요한 것이다. 민주시민 교육은 민주주의에서 이루어지는 교육이 아니라, 민주주의가 존속하기 위해 반드시 필요한 교육이다. 민주시민 교육 없는 국민주권은 결국 폭민정치로 흐르고 만다.

민주시민 교육의 핵심, 다양하고 폭넓은 독서

민주시민 교육의 구체적인 내용은 어떤 것이 되어야 할까? "공직을 담당할 수 있는"이라는 아리스토텔레스의 말은 자칫 공무원이 되기 위해 필요한 지식과 기능처럼 오독될 수 있다. 하지만 아무도 노량진 학원에서 이루어지는 공무원 시험 대비 코스를 민주시민 교육이라고 부르지는 않는다. 분명 '공직을 준비'하는 교육인데 말이다.

이는 아리스토텔레스가 말한 공직이 오늘날의 관료와 전혀 다른 뜻이기 때문이다. 직업적인 공무원, 직업적 관료는 19세기 이후에 등장한 개념이다. 고대 아테네, 그리고 더 나아가 로마에서는 공공의 일을 직업적 관료가 아니라 시민들의 토론을 통해 결정했다. 공직을 담당한다는 것은 전문적인 관료가 된다는 것이 아니라 공공의 문제에 대한 토론을 주관할 수 있다는 뜻이다. 그들이 말한 시민으로서의 훌륭함이란 나라의 중요한 일을 결정할 때 사리사욕이 아니라 공공의 관점을 가지고 토론에 참여하여 훌륭하게 발언할 수 있는 능력이다.

오늘날에도 토론 능력은 민주시민에게 매우 중요한 능력이다. 하지만 현대사회는 고대 아테네나 로마보다 훨씬 복잡하다. 공공의 문제 역시 논리와 수사만으로 다룰 수 있는 경우가 별로 없고, 다양한 전문적인 분과학문의 지식을 요구한다. 특히 21세기 이후 사회적 쟁점의 70퍼센트 이상이 과학기술 혹은 사회과학과 관련된 문제이다. 과학적 소양이 충분하지 않은 사람들이 환경 문제, 경제적 불평등 문제, 교육 문제 같은 쟁점에서 제대로 된 토론을 하기란 대단히 어렵다. 따라서 과학적 소양이 부족하다면 토론에 참가하지 못하거나 공연한 고집과 생떼를 부리기 쉽다.

물론 토론에 참여하기 위해 모든 시민이 전문적인 과학기술자나 사회과학자가 될 필요는 없다. 하지만 과학적 방법론을 충분히 이해하고, 과학적 견해를 이해할 수 있을 정도의 지식은 갖추어야 한다. 그렇지 않으면 토론처럼 보이지만 실상 서로의 주장을 강변하며, 결국 목소리 큰 쪽의 뜻대로 사회가 움직이다가 큰 손해를 보는 일이 발생한다. 이런 일이 반복되면 결국 시민들은 점점 의사결정 과정에서 밀려나고 과학기술·사회과학 분야의 소수 전문가에게 권력이 집중되고 만다. 실제로 이러한 현상은 20세기 후반부터 급속하게 일어나고 있는 현상이며, 비단 우리나라뿐 아니라 전 세계가 직면한 민주주의의 위기이다.

또한 토론은 다양한 견해, 관점에 대한 관용을 전제로 한다. 특정한 종류의 사고방식이나 견해를 혐오하는 사람은 토론을 시작하기도 전에 이미 토론을 끝내 버린 것이나 다름없다. 그런데 이 관용은 '그래야 한다'라는 도덕적 당위만으로 이루어지지는 않는다. 아무리 나와 다른 생각을 가진 사람들, 다른 생활방식을 가진 사람들을 관용해야 한다고 생각하고 있어도, 실제로 그런 생각과 삶을 자주 접해 보지 않았다면 막상 실제 상황에서 관용 정신은 쉽게 발휘되지 않는다. 이성은 관용하라고 명령하지만, 감정은 어느새 경계하거나 꺼리고 심지어는 혐오하는 것이다.

따라서 다른 생각, 다른 삶의 방식을 다양하게 미리 경험하고 그 경험을 자주 성찰적으로 검토해야 한다. 가장 좋은 방법은 온 세계를 돌아다니면서 실제로 경험하는 것이겠지만 누구나 할 수 있는 방법이 아니다. 그렇다면 여러 나라의 역사, 문학을 읽고 예술작품들을 감상하는 것이 가장 현실적인 방법이 된다. 실제로 한국과 일본 학생들 중 상대방 나라의 역사와 문화를 많이 아는 학생들일수록 혐일·혐한 감정이 낮다는 연구결과도 있다. 관용은 단지 도덕적 태도가 아니라 많이 알고 경험하는 만큼 발휘되는 것이다.

책으로 깨어 있는 시민

이 모든 과정은 결국 책으로 귀결된다. 민주시민이란 책을 많이 읽는 시민이다. 민주시민 교육은 책을 많이 읽히는 것에서 시작한다.

사회적 쟁점을 토론하는 데 필요한 자연과학·사회과학적 지식들, 논리와 수사는 요점정리식 수업에서 얻을 수 없다. 관련 문헌들을 찾아 비판적으로 검토하는 과정에서 얻을 수 있는 것이다. 또 다양한 나라와 민족의 역사, 문학, 다양한 삶의 방식과 견해 들을 경험할 수 있는 가장 기본적인 방법 역시 책을 읽는 것이다.

어느 정치인은 민주주의를 위해서는 "깨어 있는 시민들의 조직된 힘"이 필요하다고 했다. 그런데 이 '깨어 있음'은 정의감, 도덕적 비분강개 같은 것을 의미하는 것이 아니다. 단순한 선악논리를 통해 자신을 선이라 믿고, 촛불이든 태극기든 들고 광장에 나서는 것이 시민참여라고 생각하는 사람들로 가득한 나라에서는 민주주의가 아니라 선동과 파시즘이 기승을 부릴 뿐이다. 깨어 있는 시민이란 폭넓고 다양한 독서, 그리고 꾸준한 사색과 토론을 통해 시민으로서 훌륭함을 갈고닦아서 어떠한 거짓선동, 흑백논리, 혐오조장에도 넘어가지 않는 그런 시민이다. 이런 시민들이 서로 손을 잡을 때 민주주의는 완전히 정착하고, 어떠한 종류의 독재나 반민주정도 틈을 노리지 못할 것이다.

교육부 잔혹사
20년

아주 오래된 이름 문교부

50대 이상 세대에게 교육부라는 이름은 낯설다. 이들에게 가장 익숙한 이름은 문교부(文教部)다. 문교부는 학예, 문화, 체육, 교육을 모두 관장하는 부서의 준말로 1948년에 출범했다. 나중에 문화 부분이 문화공보부로 이관되고 체육 부분이 체육부로 이관(지금은 문화체육관광부)되었지만 문교부라는 이름은 계속 유지되었다.

거창한 이름과 달리 문교부는 학예와 교육을 진흥하기보다는 오히려 통제하는 역할을 맡았다. 권위주의 정권과 군사독재 정권은 교육의 목적을 권력 유지에 가장 중요한 반공과 순종의 이데올로기 재생산과 개미처럼 성실하게 일할 노동자 생산으로 보았기 때문이다.

문교부의 통제는 철저했다. 초중고의 모든 교육과정, 교과서를 토씨 하나까지 문교부가 정하고 관리했다. 시도교육감도 문교부장관이 임명했다. 교육감은 그저 문교부의 지휘를 받는 고위직 공무원에 불과했다. 문교부장관은 교육감뿐 아니라 시군 단위 교육장, 장학관, 장학사까지 세심하게 임명했다. 이들을 통해 학교를 감시하고 통제하여 정해 준 교육과정이나 교과서를 벗어나지 못하게 하였다. 여기서 조금이라도 벗어나는 교사는 불순분자로 간주되었다.

그런데 문교부의 학교 통제 능력은 생각보다 약했다. 문교부 관료들이 민주적이라 독재정권에 소극적 저항을 한 결과가 절대 아니다. 관료들은 오히려 학교를 통제하면서 자신의 권력을 만끽하려고 했다. 하지만 그럴 만한 수단이 별로 없었다. 정보통신 기술이 낙후되어 일선 학교 교사들을 통제할 수단이 많지 않았기 때문이다. 이 빈틈을 통해 교육민주화 운동이 퍼져 나갔고 전교조가 결성되었다. 1989년 전교조 교사 대량 해직사태는 자신들의 통제가 생각보다 약했음을 확인한 관료들의 패닉 발작이다.

다 털어 내고 교육부로

교육부라는 이름은 김영삼 정부 때 등장했다. 이 시절 교육부의 위세는 크게 꺾였다. 관할 업무도 크게 줄어들었다. 자기들이 잘라 낸 해직교사를 모두 복직시키는 위신 상하는 일까지 해야 했다. 교육부 관료들은 전교조 해직교사 복직 과정에서 쿨하게 과오를 털지 않고 끝까지 몽니를 부렸다. 그래서 그 형식을 해직 그 자체는 무효화하지 않은 채, 특별 채용으로 바꾸었다. 자기들이 진 것이 아니며, 해직은 여전히 정당하다고 우긴 것이다.

하지만 이미 대세가 기울었기 때문에 이 시절 교육부는 종이호랑이나 다름없었다. 자업자득이다. 교육부의 힘이라는 것이 교육의 비전을 그려내고, 교육이 잘되도록 다각도로 지원하는 전문성에서 온 것이 아니라 독재정권이 교육을 권력 유지의 이데올로기 도구로 사용하기 위해 부여한 교원에 대한 통제와 억압에서 비롯된 것이었고,

그들은 이를 스스로 반성하지 않았기 때문이다. 그러니 문민정부를 표방한 정권에서 약해질 수밖에 없었다.

그 상징적인 변화가 바로 국정교과서 폐지와 교육감 임명권 상실이다. 이는 교육부의 학교 통제수단 중 가장 강력한 오른팔 왼팔을 상실했다는 뜻이다. 이렇게 교육부의 권한이 분산되거나 폐지되는 것이 하나의 흐름으로 자리잡았기 때문에 관료들이 여기에 저항하기도 어려웠다. 현재 경력이 많은 교사들은 교육부의 학교 간섭과 통제가 가장 적었던 시절로 김영삼 정권 시절을 꼽는 데 주저하지 않는다.

산업자원부? 인적자원부?

김대중 대통령은 IMF로 초토화되다시피 한 나라를 인수받았다. 이 시기는 안정적이고 굳건했던 삶이 사회 곳곳에서 무너져 내린 시기였다. 불과 한두 해 전만 해도 '박봉'이라는 수식어가 따라붙던 공무원들이 여전히 일자리를 굳게 유지하고 있다는 이유만으로 전국민적인 질시의 대상이 되었다. 특히 보수나 근무 조건이 공무원 중에서 가장 좋은 편에 속한 교사는 거의 '공공의 적' 취급을 받았다.

이러한 시기인 만큼 김대중 정부는 국민의 통합을 유지하기 위해 비이성적이라 할지라도 이러한 질시와 원한을 어느 정도 풀어 주어야 했다. '고통분담'의 논리로 공무원의 보수를 반납이라는 미명 아래 약 10퍼센트 정도 삭감했는데, 이 정도는 교사들도 받아들였다.

문제는 당시 교육부장관이었던 이해찬이 대중의 질투 어린 시선에 본인이 가지고 있던 교사에 대한 부정적인 선입관을 결합시켰다는 것이다. 교육부장관이 교사에 대한 불신과 원한에 기반한 정책을 '교육개혁'이라는 이름으로 쏟아냈고, 교사들에게 모욕감을 주는 조치들이 잇따랐다. 이미 전교조 교사들을 중심으로 널리 퍼져 있던 '촌지 안 받기 운동'에 힘을 실어 주는 대신 모든 교사를 운동장에 모아 놓고 '촌지 안 받기 선서'나 궐기대회 따위를 하고 그 실적을 보고하게 만들었다. 촌지를 거부하던 교사의 존재를 인정하지 않고 도매금으로 촌지나 챙기는 부패교사로 취급한 것이다. 장관이 직접 고경력 교사들에 대한 불신을 그 유명한 '버럭 해찬' 버전으로 드러냈다.

김대중 정부 교육부의 가장 충격적인 조치는 1998년 11월에 기습적으로 처리한 교원 정년 단축이었다. 그 당시 김대중 정부는 정리해고 등 노동유연화 정책을 강력하게 밀어붙인 정권인데, 교원 정년 단축은 일종의 편법적 정리해고였다. 1999년 2월 28일자로 62세에 도달하는 교사들은 아직 3년의 재직기간이 남았다고 생각하고 있다가 느닷없이 정리해고되어 버렸다. 50세 이상 교사들 중 상당수가 정년 단축이 확정되기 전에 65세 정년 기준으로 명예퇴직수당을 받으려고 명예퇴직을 신청하기도 했다.

이렇게 강제퇴직과 명예퇴직으로 인해 '교단 공동화'라고 불릴 정도로 많은 교사가 일거에 교단을 떠나면서 1년에 임용고시를 두 번 실시해야 했다. 특히 초등학교의 경우 각 시도에 교육대학이 하나씩밖에 없기 때문에 교대 졸업생이 모두 응시해도 경쟁률이 0.6:1에 불과할 정도였다. 그러자 교육부는 사범대학 졸업생들을 교육대학에 편입시켜 초등교사 자격증을 찍어주는 이른바 중초 임용이라는 편법을 초등교사와 교대생들의 엄청난 반발을 무릅쓰고 강행했다.

이 아수라장 속에 교육부는 교육에 대한 고려는 물론 교육을 직접 담당하는 교사에 대한 일말의 존중도 보이지 않았다. 심지어 고위관료가 "정년 단축으로 고경력 교사 한 사람을 퇴직시키면 신규 교사 두 명을 채용할 수 있다"라는 말을 공개석상에서 내뱉을 정도였다. 이들에게 교사는 단지 인건비였고, 고경력 교사는 고비용 저효율의 퇴출 대상이었다. 덕분에 김대중 정부의 교육부는 전교조와 한국교총이 공동으로 집회를 여는 전무후무한 일까지 만들어 냈다.

물론 당시 교육부가 욕먹을 일만 한 것은 아니다. 학교에 초고속 인터넷 망을 도입하고, 교실에 컴퓨터와 프로젝션을 설치한 교단 현대화(선진화) 사업과 교원노조법 제정을 통한 전교조 합법화는 긍정적으로 평가받는다. 하지만 이 두 정책 역시 순수하게 교육적인 목적에서 실시한 것이라 보기 어렵다.

교단 현대화는 교육이 우선이라기보다는 전자정부 구축 사업의 일환으로 학교도 포함된 것에 불과하다. 혹은 정보·전자산업에 대한 일종의 내수 진작책, 즉 교육판 뉴딜정책이기도 하다. 즉, 교육정책이 아니라 경제·산업정책이다. 전교조 합법화 역시 노사정 합의 과정에서 정부가 민주노총에게 정리해고, 고용유연화 등의 양보를 받아내기 위한 협상 카드로 나온 것이다. 만약 이런 교환이 아니었다면 과연 교육부가 먼저 나서서 전교조 합법화를 이끌어 냈을까?

그럴 리가 없다. 전교조 합법화는 교육적 목적에서 이루어진 것도 교육부의 업적도 아니다. 교단 선진화와 마찬가지로 산업정책이며 경제정책이다.

2001년 1월 29일, 교육부장관은 교육부총리로 승격되었다. 교육을 중요하게 여겨서 부총리로 승격된 것이 아니다. 이 역시 경제논리·산업논리다. 교육부의 이름이 교육보다는 인적자원이기 때문에 부총리다. 왜 교육인적자원부인가? 지식정보사회를 맞이하여 노동자들이 보유하고 있는 지식 생산능력이 곧 생산력이자 자본이 되었기 때문이다. 그래서 산업자원부가 있듯 인적자원부가 필요한 것이다. 교육이라는 글자는 원래 교육부였기 때문에 차마 떼어 내지 못했을 뿐, 그 본질은 인적자본부라고 불러야 할 것이다. 그러니 교육부총리라고 불리긴 했지만, 사실상 경제부총리2에 불과하다.

교육은 인격의 도야, 민주시민성의 함양보다는 지식정보사회에서 기업이 활용할 수 있는 노동력이라는 상품 개발과정이 되었다. 학교는 그것을 생산하는 공장이며, 교육과정은 매뉴얼, 교사는 노동자가 되었다. 공장과 마찬가지로 학교도 이제 투입된 비용 대비 생산된 가치로 평가받아야 한다는 논리가 따라 나왔다. 전국의 모든 학생을 일제히 평가하는 국가수준 학업성취도 평가와 성과급 개념이 등장했다. 똑같은 기준으로 학업성취도를 평가해서 학교와 교사를 줄 세우고 그에 따라 보수를 차등 지급함으로써 경쟁 속에 몰아넣고 성과관리를 하겠다는 것이다.

학교가 인적 자본 생산공장이라면 교육부는 여러 공장을 관리 감독하는 일종의 경영진이 된다. 그리고 표준화된 생산공정을 통해 경영진이 여러 공장을 관리 감독하듯이, 교육부도 표준화된 교육과정을 통해 교사들의 교육활동을 통제해야 한다. 이를 위해 도입된 것이 교무업무시스템(NEIS)과 매우 세밀하고 촘촘한 학교평가다.

여전한 인적자원부 : 교육은 서비스업, 고객만족을 위해 경쟁하라

교육인적자원부는 참여정부에서도 그 이름을 유지하였다. 노무현 대통령 성향상 여기에 권위주의 탈피, 교육민주화가 굵은 방점과 함께 추가되었다. 좋은 말이다. 그런데 그 출발부터 문제가 생겼다. NEIS 문제 때문에 출범하자마자 전교조와 갈등이 폭발했다.

이 갈등은 진보성향의 신임 교육부총리와 전교조를 이간질시키려는 세력들에게는 대단한 호재였다. 결국 진보성향이 강한 것으로 알려진 윤덕홍 교육부총리는 뭐 하나 해 보지도 못하고 교육관료들에게 휘둘리기만 하다가 물러났다. 이때를 기회 삼아 대전에서 전국의 교장들이 모여 노무현 대통령을 '노무현 씨'라고 부르면서 불법집회를 열었다. 학교 권위주의의 또 다른 한 축인 사립학교 재단의 민주화를 위해 시도한 사립학교법 개정도 강력한 저항에 가로막혀 결국 후퇴하고 말았다.

이렇게 교육계 권위주의의 두 축인 사학재단과 교장 등의 관료집단의 지배를 무너뜨리지 못한 상태에서 이루어진 학교의 탈권위주의는 오히려 통제와 억압에 시달리던 교사에게 남아 있던 그나마의 권위만 해체하고 말았다. 이제 교사들은 이중고에 시달리게 되었다.

관료와 사학재단의 권위주의적 지배가 온전히 남아 있는 가운데, 학생들에 대한 권위만 사라진 샌드위치 동네북이 된 것이다. 이게 바로 '교실붕괴'라고 불리던 현상의 근원이다.

더 나쁜 것은 참여정부가 교육의 자주성과 전문성을 무시하고, 교사와 학생의 관계를 정부와 시민, 공공과 민간의 관계처럼 보았다는 것이다. 참여정부가 생각한 교육민주화란 교육이 부당한 간섭과 관료적 통제로부터 자주성과 전문성을 지키는 것이 아니었다. 오히려 학생 학부모를 고객으로 모시고 그들의 통제를 받는 것이었다. 교사와 학생의 관계를 권력관계로 본 것이다. 이런 그릇된 관점은 최근 이재정, 조희연 교육감에게서도 보인다.

희한한 것은 이 권력관계는 오직 교사와 학생, 교사와 학부모 사이에서만 문젯거리가 되었고, 교장과 교사, 관료와 학교 사이에 대해서는 별로 관심을 받지 못했다는 것이다. 이는 결국 역설적인 결과를 낳았다. 학부모가 학교 주인 노릇 하라고 학교운영위원회에서도 학부모위원이 과반이 되도록 정했으나, 정작 학부모들이 교장 편이 되어 의식 있는 교사들을 다수결로 몰아붙였다. 그리고 이런 현실은 교육부 눈에 보이지 않았다. 아니, 교육부가 대통령의 눈을 가렸다고 봐야 할 것이다.

이로써 학생과 학부모가 주인이고 교사는 다만 그들의 피고용인 이라는 식의 논리가 '수요자중심 교육'이라는 이름으로 확산되었다. 교사를 공급자, 즉 판매자 혹은 업주로 학부모를 수요자, 즉 고객의 위치에 둔 것이다. 이 논리에 따라 학교는 수요자인 학부모가 원하는 교육 상품을 판매하는 일종의 서비스업이 되었다. '교원능력계발평가'가 도입된 배경도 바로 여기에 있다. 고객이 만족할 수 있도록 직원들의 경쟁을 강화하자는 것이다. 지금은 능력계발이라는 수식어를 붙였지만, 원래 이 제도의 출발점은 '저성과자, 부적격 교원 퇴출'이었다. 성과급과 교원평가를 통해 교사들 간의 경쟁을 강화하고, 이를 통해 고객인 학부모의 만족도를 높이겠다는 발상이다. 이런 흐름을 보면 경제관료인 김진표가 교육부총리로 임명된 것이 결코 우연이 아님을 알 수 있다.

문제는 전문성이 요구되는 영역에 민주주의의 일반적인 원칙이 적용되는 것이 반드시 바람직하지는 않다는 것이다. 의사는 환자에게 돈을 받지만 환자가 원하는 치료를 해 주지 않는다. 환자가 원하는 대로 해 주는 의사는 수요자를 잘 배려하는 의사가 아니라 의사가 되면 안 될 사람이다. 의사는 환자가 원하는 치료가 아니라 환자에게 필요한 치료를 하며, 그 판단을 환자 본인보다도 더 정확하게 할 수 있는 위치에 있다. 이런 사람을 전문직이라고 한다.

교사를 전문직이라 부르고, 거기에 합당한 책무성을 물으려면 바로 이 점을 인정해야 했다. 교사도 당연히 책무성을 가져야 하고, 자신의 전문성에 대한 끊임없는 피드백을 받아야 하지만, 그 방식은 '고객만족도조사' 같은 방식이 아니라 보다 전문적이고 학술적인 방식이라야 한다. 하지만 참여정부의 교육인적자원부는 이를 인정하지 않았다. 그들은 교사를 일반 노동자로 간주하였다. 그래야 관료들 자신이 학부모라는 고객의 '니즈'를 파악하여 이를 상품으로 개발하는 경영진의 위치에 올라설 수 있고, 교사에게 과업을 할당하는 위치에 서서 권력을 누릴 수 있기 때문이다.

이 수요자중심 교육이라는 관점은 학교의 민주화가 아니라 학부모의 갑질과 입시교육, 경쟁교육의 강화, 그리고 교육주체로서의 학부모 역할의 혼란이라는 최악의 결과를 가져왔다. 학부모는 교사와 함께 학생에게 책임지는 공동의 교육자가 아니라 세금이라는 형태로 값을 치른 고객 입장이 되었다. "고객은 왕이다"라는 말이 통하는 나라에서 이런 관점이 학교에 얼마나 큰 변화를 가져왔을지는 상상력도 필요하지 않다. 학부모는 학교와 책임을 함께하는 사람이 아니라 책임을 묻는 사람, 나아가 자신들이 원하는 것을 관철시키는 사람이 되었다.

참여정부는 이를 두고 공공기관에 대한 시민통제의 강화니, 거버넌스니 할지 모르겠지만 사실은 교육의 공공성을 가족이기주의에 종속시킨 것에 불과하다. 이 가족이기주의는 끊임없이 학교에 '학원처럼'을 요구했다. 교육인적자원부는 이 니즈를 반영하여 방과후학교를 도입함으로써 실제로 학교를 학원으로 바꾸어 나갔다.

이른바 거버넌스를 통한 교육의 관료주의 혁파, 탈권위주의도 일어나지 않았다. 애초에 교육관료들이 명령의 출발점이었던 적은 없었다. 교육의 관료주의는 언제나 명령의 전달자였다. 그 명령의 출발점이 대통령이건 학부모의 여론이건 따질 필요 없으며, 그렇게 된다고 해서 그들의 권력에는 하등의 타격도 가해지지 않는다. 그들의 권력은 학부모에게가 아니라 교사에게 휘둘렀던 것이기 때문이다.

이명박 정부가 들어서면서 교육인적자원부는 교육과학기술부로 바뀌었다. 이렇게 이름을 바꾸고 나니 경제논리·산업논리가 더욱 노골적으로 강조되었다. 교육이 개발하는 인적자원을 과학기술인력이라고 못박은 셈이 되었기 때문이다. 70년대식 교육 입국론이 다시 등장했다. 이명박 정부의 교육정책은 주입식 입시교육 강화, 경쟁교육 강화로 압축되었다.

학생들이 밤늦게까지 학교에 남아 치열하게 공부하는 모습을 대통령이 흐뭇해하자, 교과부는 이런 교육을 각급 학교에 강요하였다. 전국단위학업성취도평가를 실시하여 학교를 성적순으로 줄 세우고, 각 시도 교육청도 성적순으로 줄 세웠다.

때마침 서울시 교육감 공정택이 여기에 적극 부응하였다. 교과부와 교육감이 앞장서서 각급 학교, 특히 그동안 입시에서 비교적 빗겨나 있었던 중학교, 초등학교까지 방과후학교를 통해 국영수사과 보충수업을 시키도록 강요하였다. 밤 8시까지 남아서 방과후수업을 듣는 학생의 비율을 30퍼센트까지 높이라고 할당하여, 사실상 중학교에 야간 보충수업을 부활시켰다.

핑계는 사교육비 경감이다. 학교가 학원의 역할까지 저렴하게 대신함으로써 사교육을 잡겠다는 무식한 발상이다. 학생도 지치고 교사도 지쳤다. 이명박 대통령이 90도로 허리를 숙이며 사과성명까지 내게 했던 2008년의 촛불시위는 중고등학생들의 "밥 좀 먹자, 잠 좀 자자"라는 구호에서 시작한 것이다.

지방의 상황은 더욱 심각했다. 충청북도는 초등학생까지 밤늦도록 남겨서 전국단위학업성취도평가 문제풀이 연습을 시키는 등 전국의 모든 학교가 경쟁의 물결에 휩싸였다. 이 시절을 상징하는 말이 '미친 소, 미친 교육'이었다. 이에 문제제기를 하는 교사에게는 해직의 칼바람이 내리쳤다. 전국단위학업성취도평가에 응하지 않겠다는 학부모의 뜻을 받아 주었다는 이유만으로 말이다. 이 미친 교육은 곽노현 교육감의 당선으로 상징되는 진보교육감의 약진을 계기로 멈추었다.

이 무렵 교과부 장관으로 임명된 이주호의 미션 임파서블이 시작되었다. 바로 진보교육감의 교육혁신을 저지하면서 동시에 자신이 생각하고 있던 교육혁신을 관철하는 것이었다. 이주호 장관이 혁신적이라고 하면 의아하게 생각할 수 있겠지만, 이주호 장관 역시 우리나라 학교가 불합리하고 비효율적인 관료주의 때문에 잠재력을 발휘하지 못한다고 생각하고 있었다. 그리고 제왕적 교장교감제도가 문제이며, 교사가 교육이 아니라 행정에 온 힘을 쏟게 만드는 승진제도가 잘못이라는 생각을 공유하고 있었다.

하지만 이주호 장관은 자신의 고용주인 보수정당, 보수정권의 요구에도 부응해야 했다. 중간지대가 사라지고 이념 간의 극한대립만 남은 상황에서 교과부의 임무는 진보교육감이 하는 일을 내용 불문하고 저지하는 것이 되어 버렸다. 이를테면 평교사 출신도 교장이 될 수 있도록 교육공무원법이 개정되자 시행령을 통해 광역자치단체당 한두 개 학교 정도에서나 가능하게 축소시켰다. 기존의 권위적인 교장제도를 비판했던 자신의 주장을 자신의 정책으로 가로막은 셈이다. 또한 진보교육감 지역이 낮은 점수가 나오도록 지표를 짜서 교육청 평가를 하고, 이를 근거로 예산을 차등 지급하는 치졸한 방법도 썼다. 이런 식의 크고 작은 훼방이 셀 수 없을 정도로 많았다.

결국 이명박 정부의 교육과학기술부의 행보는 전반부는 입시교육 드라이브로, 후반부는 진보교육감 훼방 놓기로 점철되고 말았다. 이 와중에 진보교육감들도 이주호 장관도 자신들이 구상했던 교육개혁을 제대로 해내지 못했다. 이 유치한 싸움질을 통해 힘을 키운 것은 오직 교육관료들뿐이었다.

다시 교육부 : 잃어버린 권력을 찾기 위한 충성

박근혜 정부에서 드디어 교육부라는 이름이 돌아왔다. 과학기술 분야를 미래창조과학부에 내주게 되었기 때문이다. 세월호 참사 이후 교육부총리는 교육뿐 아니라 사회·문화 분야까지 망라하는 부총리가 되면서 국무총리 바로 다음 자리가 되었다.

이렇게 이름도 되찾고 위상도 높아졌지만 박근혜 정부의 교육부는 역대 교육부 중 가장 거론할 게 없는 교육부가 되었다. 철저히 대통령의 뜻에 따라 움직였기 때문이다. 문제는 국정농단 속 대통령의 일관성 없고 모순되는 정책을 교육부가 그대로 학교 현장에 관철시키려고 함으로써 함께 제정신이 아닌 행보를 보였다는 것이다.

이를테면 자유학기제로 대표되는 이른바 '꿈끼 교육'과 국정교과서로 대표되는 획일적 교육은 서로 양립할 수 없는 정책이다. 하지만 교육부는 태연하게 한번은 교육의 다양성과 창조성을 떠들고, 다른 한번은 교과서를 하나로 통일하여 올바른 내용을 가르쳐야 한다고 떠들었다.

더구나 전국 16개 교육청 중 12개가 진보교육감 지역이 되면서 교육부가 주도적으로 무엇을 할 수 없는 처지가 되었다. 교육부는 온 힘을 기울여 진보교육감 훼방 놓기에 나섰다. 하지만 일부 진보교육감이 있던 시절과 교육감의 대부분이 진보교육감인 시절은 전혀 달랐기 때문에 이마저도 여의치 않았다.

이러한 상황에서 교육부 관료들은 시도교육감들을 수족처럼 부리고 교사들을 개돼지로 보던 시절이 그리웠을 것이다. 교육부의 한 고위 관료가 술자리에서 내뱉은 개돼지 발언은 이 그리움의 원초적 발현이었을 것이다. 박근혜 대통령 임기 말기, 교육부가 국정교과서에 그토록 미련을 두고 매달린 까닭도 대통령에게 충성을 다하기 위해서가 아니라 자신들의 정책이 여론에 밀려 폐지되는 것을 권력의 상실로 느꼈기 때문이다.

자업자득인 교육부의 위기, 어디로 갈까?

지금까지 문교부에서 시작하여 존폐의 위기를 맞이한 2017년까지 교육부의 변천과정을 간략하게 살펴보았다. 놀랍게도 교육부가 교육의 발전에 기여한 바는 거의 없다.

지금 교육부는 문교부가 문을 연 이래 최대 위기에 처해 있다. 초중등교육 권한은 시도교육감에게 내어 주고, 교육의 큰 그림을 그리

는 기획 기능은 언제가 될지 모르겠지만 조만간 국가교육위원회에
내어 줄 상황이다. 지금까지의 교육부의 행보를 살펴보았다면, 교육
부가 이런 난감한 처지에 몰린 상황에 맞는 말이 딱 하나밖에 없음을
알 수 있다. 바로 자업자득이다.

그동안 교육부는 기형적으로 구성되고 운영되었다. 국방부는 군인
과 국방 전문가, 법무부는 검사나 변호사 출신의 법률 전문가가 움
직인다. 그런데 유독 교육부는 교사나 교사 출신이 아닌 행정고시 출
신 고위 관료들이 움직인다. 물론 이들이 치른 고시 과목에 교육학이
포함되어 있긴 하지만, 그렇다고 이들을 교육전문가라고 부를 수는
없다. 교육 경험도, 교육에 대한 신념이나 가치관도 없기 때문이다.
이들에게는 그 어떤 소신도 철학도 없다. 하나 있다면 오직 자신들의
권력, 즉 학교와 교사들을 부릴 수 있는 권력을 유지하는 것이다.

따라서 그동안 교육부는 정권이 좌 클릭을 하든, 우 클릭을 하든
아무 문제 없이 왼쪽으로 오른쪽으로 움직였다. 오히려 이들은 정권
이 바라는 방향으로 정책을 짬으로써 자신들의 출셋길을 넓히고 권
력을 강화하려 하였다. 정권을 등에 업고 학교 위에 군림했다. 정권
이 바뀌더라도 교육의 전문성과 중립성에 입각하여 줏대를 지키는
그런 역할을 할 수 있는 집단이 아닌 것이다.

참여정부에서 '교과서 자유발행제'까지 거론했던 그 관료들이 박
근혜 정부에서는 국정교과서 관철을 위해 갖은 꼼수를 다 동원했다.
자기들의 권력을 공고하게 하는 것만이 관심사였기 때문이다. 재직
중에는 학교에 군림하고, 퇴직하면 교수나 학장 등으로 회전문 인사

를 일삼고 있다. 이것이 바로 '교피아'다.

이제 교육부는 권력을 휘두르는 대신 각급 학교가 요구하는 각종 행정서비스를 제공하는 기관으로 바뀌어야 한다. 교육의 큰 방향은 교사, 학부모, 정부의 토론과 합의를 통해 사회적으로 정할 일이며, 구체적인 집행은 교사의 자주성과 전문성에 맡길 일이다. 교육부는 이 과정이 원활하게 돌아가게끔 도와주는 교육의 집사로 만족해야 할 것이다. 이 운명을 받아들이지 않고 저항한다면 교육부는 문을 닫더라도 자업자득이라는 말을 듣게 될 것이다.

교사 증원에 대한
우려

　문재인 대통령이 교사 증원을 약속했다. 획기적인 발상의 전환이다. 지난 정부는 늘 교사 정원을 줄였다. 이명박·박근혜 정부의 작품이 아니다. 김대중·노무현 정부 때의 이른바 교원 중장기 수급정책 덕분이다. 학생 수가 줄어들게 될 미래를 대비하여 교사 수를 미리미리 줄이자는 것이 바로 수급정책이라는 이름으로 시행되었다. 당시 학생 수가 자연 감소하는 시기는 학급당 인원을 선진국 수준으로 맞출 수 있는 기회이니 교사 정원을 유지해야 한다는 목소리도 있었지만, 비용 절감이라는 효율성의 논리 앞에 묻히고 말았다. 심지어 학생 수가 줄어드는 정도보다 교사 정원을 더 많이 줄였다. 먼 훗날 줄어들 학생 수를 미리 적용한 것이다.

　그런데 이번 정부는 교사 정원을 유지하는 정도가 아니라 아예 늘리겠다고 공언한다. 이는 문재인 정부가 김대중·노무현 정부의 교육 정책을 무작정 계승하지는 않겠다는 신호다. 또한 우리나라 공교육을 단지 선진국 수준이 아니라 아예 선진국 최고 수준까지 끌어올려 보겠다는 의지를 보여 주는 것이기도 하다.

　그런데 한 가지 우려되는 점이 있다. 우리나라에서 교사가 되기 위한 과정은 경쟁이 너무 치열하다는 것이다. 교사가 젊은이들이 가장 선호하는 대표적인 '좋은 일자리'에 속하기 때문이다. 교사 정원을 늘린다 해도 이는 치열한 경쟁률을 조금 낮출 뿐이다. 1:20이나 1:15나 치열하긴 마찬가지다.

교사가 되기 위한 경쟁은 갈수록 치열해지고, 그 과정은 갈수록 복잡해지고 있다. 중등교사는 사범대에 진학한 순간부터 임용시험을 준비하지 않으면 교사가 되기 어렵다. 사범대에서 이 과정을 전혀 준비해 주지 못하기 때문에, 막대한 자금을 들여 고스란히 사교육에 의존해야 한다. 이 사교육 비용만 해도 1년에 2천만 원은 우습게 넘어간다. 1년 공부해서 합격하는 경우는 거의 없으니 5천만 원 이상의 사교육비가 들어간다고 봐야 한다.

초등교사는 임용고시 경쟁률이 낮은 대신 대학에 입학하는 과정이 어렵다. 전국 10개 교육대학교(교원대 및 이화여대 초등교육과 포함)에 들어가지 못하면 아예 응시 자체가 불가능하기 때문이다. 그런데 교육대에 들어가려면 전형 요소가 많고, 그 과정이 은근히 복잡해서 상당히 세밀한 준비가 필요하다. 사교육비도 다른 명문대에 들어가는 것보다 많으면 많았지 결코 적게 들어가지 않는다. 저소득층 자녀를 위한 각종 기회균등 선발 인원도 많지 않다. 게다가 초등교사 임용고시 경쟁률이 낮다 해도 수도권이나 광역시는 의외로 경쟁률이 높기 때문에 시험준비를 따로 해야 하는 건 마찬가지다. 사범대와 마찬가지로 교육대 역시 이 과정에서 별 도움을 주지 못하기 때문에 사교육비가 들어간다.

이 정도 노력과 자원을 자녀에게 투입할 수 있는 계층이 우리나라에 얼마나 될까? 소득 기준으로 상위 10퍼센트 이내가 아니면 감당하기 어려울 것이다. 실제로 서울지역 저경력 교사(10년 미만 경력) 중 강남3구 출신의 비율이 30퍼센트를 웃돈다고 한다. 공부로는 상위 5퍼센트, 사회·경제적 지위로는 적어도 상위 10퍼센트인 가정의 자녀가 젊은 교사들의 표준으로 바뀌고 있다.

이는 미국에서도 여러 차례 문제로 지적된 바 있다. 교사들이 대부분 안정적인 부모의 경제력을 기반으로 유복한 환경에서 성장한 중산층 출신이 많아서 자신과 다른 사회적 경험을 가지고 있는 계층의 학생을 제대로 이해하지 못한다는 것이다. 그런데 우리나라는 미국보다도 더 높은 사회 계층에서 교사가 충원되고 있다. 더구나 그 계층의 젊은이들 가운데 어릴 때부터 미리 짜여진 계획에 따라 철저히 준비하고 치열한 경쟁을 뚫고 온 엘리트들이다. 유능한 것은 사실이지만 경험의 폭은 크지 않다. 비슷한 수준, 비슷한 계층의 동료들과 학창시절을 보냈을 가능성이 크다. 그런데 어느 날 갑자기 그동안 경험한 세상과 전혀 다른 세상의 학생들을 마주해야 한다.

이는 젊은 교사에게나 학생에게나 모두 바람직하지 않다. 우선 교육의 가장 중요한 출발점인 라포 형성에 문제가 생길수 있으며, 서로 간의 필요 없는 오해를 쌓을 수 있다. 학생들은 되도록 다양한 계층의 교사를 만나는 것이 좋으며, 교사 역시 서로 다른 계층 출신의 동료들과 함께 일하는 것이 원만한 교육활동과 성장을 위해 중요하다.

이를 위해 교원 양성기관의 입학전형부터 양성 및 선발 과정을 전반적으로 정비해야 한다. 기회균등 선발을 확대하고, 장학금 혜택을 크게 늘려서 가난하지만 능력 있고 사명감 있는 젊은이들이 교직에 진출하도록 해야 한다. 또 교사가 되는 과정에서 아무런 도움이 되지 못하고 사교육에 의존하게 만드는 교육대, 사범대 교수진에 대한 대대적인 수술도 필요하다. 현재 교대, 사대에서 배우는 것들은 임용고시에도 도움이 되지 않음은 물론, 학교 현장에서도 거의 무용지물이라고 한다. 경험 많고 명성 높은 교사들이 교원 양성대학 교원으로 대거 충원되어야 한다.

교사라는 직업이 상위 10퍼센트 계층이 자기 자녀에게 물려주기 위해 독점적으로 차지하는 일자리 자원이 되어서는 안 된다. 부디 이번 교사 증원 정책이 이들 상위 계층 자녀들의 경쟁을 다소간 완화해 주는 데서 그치지 않도록, 다양한 계층, 특히 개천에 묻혀 있을지 모르는 페스탈로치들에게 기회의 문이 되었으면 한다.

교육의 길

별이 빛나는 밤하늘을 볼 수 있고, 갈 수 있고 또 가야만 하는 길의 지
도를 읽을 수 있던 시대는 얼마나 행복했던가? 그리고 별빛이 그 길을
훤히 밝혀 주던 시대는 얼마나 행복했던가?

헝가리의 유명한 철학자 루카치에게 세계적인 명성을 안겨 준 첫
저작 『소설의 이론』(1916) 머리말의 한 부분이다. 아마 이 책의 본문보
다도 머리말의 이 한 대목이 훨씬 유명하고 자주 인용되었을 것이다.
그만큼 한 시대를 상징하는 경구이자 한 시대의 절규라 할 만하다.
오랫동안 굳건히 지켜왔던 가치가 무너진 상황에서 삶의 지향을 잃
어버린 현대인들의 고뇌를 이처럼 간명하면서도 시적으로 아름답게
표현하기란 쉽지 않다.

그런데 이 글이 무려 100년이 지난 다음 멀리 동쪽으로 수천 킬로
미터나 떨어져 있는 대한민국이라는 나라에서도 놀랄 만큼 딱 들어
맞는 것을 보면 루카치도 깜짝 놀랄 것이다.

우리 사회 곳곳에서 그래도 별빛과 지도가 있었던 1980년대를 그
리워하는 목소리가 높이지고 있다. 드라마 '응답하라' 시리즈의 인기
가 바로 그 증거다. 목가적으로 표현된 〈응답하라 1988〉의 등장인물

들, 특히 학생들의 모습을 보면 다들 놀랄 정도로 앞날에 대한 걱정이 없다. 나라의 앞날을 걱정하는 운동권 학생은 있어도, 자신의 앞날을 걱정하는 학생은 보이지 않는 것이다. 지도가 있고 별빛이 있었기 때문이다. 그 시절 학생들에게는 어떤 길로 가야 성공적인 삶을 살아갈 수 있는지 길이 보였다. 그 길도 복잡하게 비비 꼬인 길이 아니었다. 그 길은 바로 교육이었다. 교육이라는 길을 얼마나 성공적으로 통과했느냐에 따라 별이 빛나는 곳까지 얼마나 멀리 갈 수 있는지가 결정되었다. 멀리 가고 싶은 학생은 더 많이 더 힘들게, 적당한 선에서 소박하게 살고 싶은 학생은 그 적당한 선까지만 공부하면 되었다. 공부 자체도 단순했다. 교육과정에서 주어진 내용을 달달 외울 정도로 익혀서 객관식 시험문제를 맞추면 그만이었다.

물론 그 시절 학교생활이 마냥 낭만적으로 회고할 만한 것은 아니었다. 그 당시에도 입시경쟁이 치열하긴 마찬가지였고, 학생들이 고통에 허덕이고, 때로 성적 비관 자살 사고가 속출하는 것도 다를 바 없었다. 하지만 적어도 그 시절 입시경쟁에는 끝이 보였고, 자기 삶의 수준을 소박하게 낮출 용의가 있다면 굳이 가담하지 않아도 되었다. 저 멀리 별도 빛나고 있었고 지도도 있었다. 비록 지도 보는 법을 배우는 일이 만만치 않았고 그 길을 비추는 별빛이 계층에 따라 차별적으로 주어졌지만, 빛의 부족을 노력으로 환치하면 어떻게든 갈 수 있었다.

하지만 지금 우리 학생들은 전혀 다른 상황에 처해 있다. 앞에 놓여 있는 길은 복잡하기도 하거니와 그 끝도 잘 보이지 않는다. 저 멀리 별이 빛나고 있는 것 같기는 하지만, 그게 별인지 아닌지도 확실하지 않다. 지도도 믿을 수 없다. 지도와 길이 다른 경우가 자꾸 나온다. 길이 바뀌는 속도를 지도가 따라가지 못한다. 또 지도가 바뀌는 속도를 지도 읽는 방법이 따라가지 못한다. 주어진 것만 익혀서는 이제 헤쳐 나가기가 어렵다. 길이 바뀔 때마다 지도를 갱신해야 하지만 지도 제작자가 그걸 갱신할 때까지 기다리기도 어렵고, 그렇게 자주 갱신되는 지도를 구하기도 쉽지 않다. 게다가 이 길을 안 갈 수도 없다.

결국 두 가지 능력을 갖추어야 한다. 새로운 지형을 만났을 때 이를 지도로 그려낼 수 있는 능력, 그리고 길이 없을 경우 스스로 길을 만들고 나아갈 수 있는 능력이다. 그런 일들은 혼자 힘으로는 되지 않는다. 새로운 지형을 만난 수많은 다른 사람들의 정보, 그리고 그들이 그려낸 지도들을 공유하고 종합해야 항상 최신판 지도를 유지할 수 있다. 그리고 길이 없는 곳에서 길을 만드는 일은 함께 그 방향으로 가고자 하는 동료들이 많을수록 훨씬 수월해질 것이다.

이제 교육도 바뀌어야 한다. 과거에는 교육이 학생들의 걷는 유형, 체력 등을 감안해서 너는 저쪽 방향으로 어느 정도 진행해라, 길은 지도에 이렇게 저렇게 표시되어 있다 하며 길을 알려주는 것이었다. 그러나 이제 교육은 길이 어떻게 바뀌더라도 당황하지 않고 지도를 갱신하고, 길을 만들어 내는 능력을 키우는 것이 되었다. 구체적인 길 자체는 학생들이 살아가며 스스로 찾고 만들어 갈 수밖에 없다. 교사 역시 지도 그리는 사람, 길을 만들어 내는 사람이 되어야 한다. 이제 교사는 학생과 함께 길을 찾고 만드는 여정에 나서는 탐험가가 되어야 한다.

과연 우리나라는 이런 교육을 할 준비를 갖추었나? 두려운 마음이 든다. 오히려 우리나라는 길을 찾는 탐험가는커녕 걱정과 두려움에 작고 안락한 둥지 안에만 웅크리고 있는 소심한 소시민으로 만들고 있기 때문이다. 지금도 지도를 그리고 길을 만드는 미래형 인재를 길러내라고 공문이 계속 날아온다. 하지만 다른 한편에서는 길에서 조금만 벗어나면 가만두지 않겠다는 구시대적 규제의 칼날이 여전히 시퍼렇게 살아 있다. 이 칼날 좀 치워 주던가 공문 좀 보내지 말던가. 오늘 밤에도 별이 바람에 스치운다.

2장

학교의 의미,
교사의자리

교사의 죽음을 가볍게
생각하는 사회

세월호에서 유명을 달리한 교사들에 대한 순직자 지정이 늦어지고 있다고 한다. '순직자' 또는 '의사자'로서의 예우는커녕 보상의 가장 기초인 '공무상사망'조차도 기간제 교사는 인정받기 어렵다고까지 한다. 증언과 증거가 불충분하고 전례도 없어 법률상 예우가 불가능하다는 게 정부당국의 설명이다.

당연히 전례가 없지 않겠나? 이렇게 학생과 교사가 수학여행 중에 몰살당한 전례가 어디 있었겠는가? 게다가 증언과 증거가 필요하다는 핑계도 졸렬하다. 수학여행은 교육과정의 일환이다. 그리고 교육이 진행되는 시간 중에 사망했는데 무슨 증언과 증거, 전례가 필요한지 이해할 수가 없다. 정부당국의 표현대로라면 세월호에서 유명을 달리한 교사들은 단지 '교통사고'로 사망한 것이나 다름없다. 이는 이 나라가 교사를 어떻게 보는지, 교사의 목숨을 얼마나 하찮게 여기는지 증명한 셈이다.

심지어 전교조, 교총 같은 교원단체조차 이 문제 해결에 적극적으

• 다행히도 2014년 세월호 참사로 돌아가신 기간제 선생님들은 문재인 대통령의 배려로 2017년 5월 순직 인정을 받게 되었다.

로 나서지 않았다. 최대 교원단체라고 자랑하는 교총은 이번에 희생된 교사들 중 교총회원이 포함되었을 텐데도 아예 침묵으로 일관하고 있다. 순직한 이해봉 교사가 소속된 전교조 역시 추모 메시지와 추모식 정도만 진행했을 뿐, 기간제 교사들 하다못해 조합원인 이해봉 교사의 영예와 사후 보상 등을 위해 적극적으로 나서는 모습을 보여 주지 않았다.

국민 여론도 그렇다. 참사 초기에는 희생당한 교사에 대한 안타까움보다 살아남은 두 명의 교사에 대한 원색적인 비난이 앞섰다. 자기 목숨을 구하는 행동이 정상이고 죽음을 무릅쓰고 학생을 구하려 하는 행동이 고귀한 행동으로 받아들여져야 하는데 마치 순직은 기본이며 자기 목숨을 구하려는 행동이 살인 행위처럼 취급되었다. 그러나 누가 누구에게 "너는 왜 죽지 않았냐?"라고 물을 수 있단 말인가? 목숨을 건 것은 고결하지만 목숨을 구한 것을 어떻게 비난한단 말인가? 이는 자연법 위반이다. 누구도 타인의 목숨에 대해 그렇게 쉽게 말할 수는 없다. 이렇게 생명을 경시하는 풍토가 바로 세월호 참사의 원인이다.

상황을 하나 가정해 보자. 총을 든 괴한들이 학교에 난입했다. A교사는 교실 뒷문을 열고 학생들과 함께 도망쳤다. 몇몇 학생이 총에 맞았다. A교사도 총에 맞았지만 다행히 급소를 피했고, 특공대에 의해 구조되었다. B교사는 학생들이 모두 괴한의 사정거리를 벗어날 때까지 괴한의 총을 붙들고 늘어지다가 끝내 괴한의 총에 맞아 사망했다.

우리나라라면 어떻게 되었을까? 목숨을 잃은 B교사보다는 살아남은 A교사가 뉴스의 중심이 되었을 것이다. 신상이 공개되고 비난이 집중될 것이다. 이 인민재판은 끝내 A교사가 자살에 이르러야 멈출 것이다. 특히 사망 학생 유가족의 비난은 이루 말할 수 없을 것이며, 정부는 유가족과 A교사를 격리하는 등의 어떠한 조치도 하지 않을 것이다. 이 비난의 물결 속에 순직한 B교사에 대한 예찬은 잠시 나타나지만 큰 관심을 모으지 못하고 쓸쓸히 장례식장으로 사라지고 말 것이다. 사람들은 B교사를 영웅으로 추앙하는 것이 아니라 다만 마땅히 할 일을 한 사람으로 자리매김하고 말 것이다.

만약 미국이었다면? A교사에 대한 비난보다는 B교사에 대한 예찬과 존경이 훨씬 부각될 것이다. A교사 역시 총기난사범의 희생자이기 때문이다. 그가 난사범에게 학교 문을 열어 주었다거나 공모자가 아닌 한, 혹은 자신이 탈출하기 위해 학생을 방패막이로 썼다거나 하는 등의 부도덕한 행위를 하지 않은 이상 누구도 "목숨을 버리지 않았다고 비난"할 수는 없기 때문이다. 누가 다른 사람 목숨에 대해 이래라 저래라 말할 수 있는가? 그래서 거의 모든 나라의 법은 '생명의 위협을 받는 상황'에서 한 행위에는 책임을 묻지 않도록 되어 있다.

심지어 미국에서는 격투 및 추격전을 벌여 은행 강도를 잡은 은행 직원이 해고되기도 했다. 자신의 생명과 고객의 생명이 위험에 빠질 수 있는 행위를 했기 때문이다. 은행 규칙에 아예 무장 강도가 위협할 경우 순순히 요구를 들어 수라고 되어 있다고 한다.

선장이 침몰하는 배에 마지막까지 남아 있어야 한다는 것도 법이 아니다. 그런 법은 없다. 어느 나라에도 그 따위의 법은 실제로 규정되어 있지 않다. 물론 선장은 승객 구조를 위해 최선의 조치를 다해야 한다. 하지만 누구도 선장에게 '목숨'을 요구할 수는 없다. 배와 함께 가라앉는 선장은 영화에서나 나올 뿐이며, 중세의 낡은 관습일 뿐이다. 선장에게 할 수 있는 비난은 "왜 탈출해서 살았느냐?"가 아니라 "왜 제대로 된 조치를 하지 않았느냐, 아니면 못했느냐?"일 뿐이다. 만약 죽을 것 같은 공포에 사로잡혀 허둥대다 그랬다면 그 나약함과 비겁함을 비난할 수는 있을지언정 '살인자'라고 비난할 수는 없다.

선장도 그러하거늘, 배나 비행기에 탑승한 순간 학생과 마찬가지로 일반 승객에 불과한 교사는 오죽하겠는가? 해난 사고시 교사는 다만 일개 구조대상에 불과하다. 그런데도 자신의 생명을 포기하고 학생들을 챙기다가 목숨을 잃은 교사들은 인간의 자연적인 본능과 공포를 이겨낸 고결한 사람들이다. 순직은 당연한 것이 아니라 엄청난 실존적 고뇌 끝에 내리는 어렵고 고결한 선택이며, 그만큼 더 존경받아야 하는 것이다. 위기 상황에 부닥치면 심지어 자기 자식조차 챙기지 못하고 탈출하는 부모도 상당히 많다. 그만큼 인간의 자기 보존 본능은 강하다. 하물며 남의 자식들을 위해 목숨을 잃은 교사들이다. 목숨을 바친 그들이 대단한 것이지, 살아남은 교사가 특별히 나쁜 것이 아니다.

그런데 어느새 우리 사회는 순직을 마치 직무에 당연하게 따라붙는 기본 옵션처럼 생각하는 풍토가 조성된 것 같다. 어떤 직무는 '목숨'을 요구해도 된다는 사고방식 자체가 이미 우리 사회의 잔인성을 반영한다. 생명을 우습게 여기는 삭막한 사회가 되고 만 것이다.

지금이라도 우리 사회의 이런 잔인함을 극복해야 한다. 그래야 제2, 제3의 세월호 참사를 막을 수 있다. 이를 위해 정부는 세월호 희생 교사들이 순직이니 아니니 따지는 잔혹극을 쓰지 말고 당장 순직자로 지정해야 한다. 더 나아가 이들에게 모두 훈장을 추서해야 한다. 전교조, 교총은 다른 사안을 중단하고 이들의 영예를 높이고 이들의 유가족이 한을 품지 않도록 앞장서야 한다.

홍콩의 홍콩공원에는 사스(SARS)와 싸우다 감염되어 목숨을 잃은 의료진의 기념비가 있다. 의사나 간호사가 환자를 보살피다 감염되어 목숨을 잃을 때마다 홍콩의 언론과 시민들은 진심으로 이들을 추앙하였으며, 사스가 물러난 뒤 흉상을 세워 이들을 기리고 있다. 이것이 직무를 다하다 목숨을 바친 사람에 대한 기본 예의다. 세월호 희생 교사에 대한 예우는 우리 사회가 잔인한 사회인가, 예의를 아는 사회인가를 가를 시금석이 될 것이다.

학교 안전 문제의
이면

　진보·보수를 막론하고 교육감들이 반드시 강조하는 것이 '학교 안전'이다. 특히 세월호 참사에 민감한 진보교육감들은 더 그렇다. 조희연 교육감도 당선 직후에 가진 첫 인터뷰에서 "학교의 안전을 최우선 과제로 삼겠다"고 밝힌 바 있으며, 각종 방송이나 팟캐스트 등에서도 재난위험 등급의 건물에서 공부하는 아이들이 많다면서 이 문제를 가장 시급하게 해결하겠다고 강조했다.

　옳은 말이다. 안전보다 더 중요한 것이 어디 있겠는가? 전국공무원노조 교육청본부 서울교육청지부가 보고한 「서울특별시교육청 학교시설 안전상황 – 긴급·위험시설 해소 방안」에 의하면, 서울에 있는 전체 학교 건물의 15퍼센트가 40년이 넘었고, 15개 학교의 25개 동 건물이 D등급인 재난위험시설로 분류되어 장마철을 대비한 긴급 개축·보수 대책이 요청되고 있다고 한다. 여기서 D등급이란 주요 부재의 노후화 및 구조적 결함 상태가 긴급 보수보강 및 사용제한 여부를 판단해야 할 필요가 있는 상태인 시설물을 가리킨다. 이보다는 덜 심각한 것으로 나왔지만, 서울시 의회의 자료에 따르면 서울 시내의 11개 학교 15개 건물이 D등급 이하인 것으로 나타났다.

　그렇다면 이것저것 따지지 말고 당장 예산을 투입해서 문제의 건물들을 보수할 뿐 아니라 서울시나 중앙정부의 지원을 받아 대대적인 개축·신설 공사를 실시하는 것이 시급해 보인다. 아이들이 공부하는 장소가 위험하다는데 좌고우면할 여지가 어디 있겠는가?

그런데 여기서 한 발자국 더 들어가 보면 이 문제가 그렇게 단순하지 않다는 것을 알 수 있다. 학교 건물이 위험하여 보수·개축이 필요하다는 논리는 주로 보수진영이 무상급식을 공격할 때 사용했던 것이다. 무상급식 때문에 학교 보수 예산이 부족하여 아이들이 낡고 위험한 건물에서 공부하도록 내몰렸다는 것이다. 그러니 이른바 진보교육감이라면 이 문제에 단순하게 접근해서는 안 되며, 무엇보다도 함부로 예산을 투입해서도 안 된다. 재난위험시설로 분류된 건물을 보유한 학교들은 단 한 곳을 제외하고 모두 사립학교였기 때문이다.

사립학교라고 해서 시설이 노후하거나 파손이 더 심해야 할 특별한 이유는 없다. 그런데 유독 사립학교에만 위험한 건물이 집중되어 있다는 것은, 이 문제가 교육청 정책이나 예산 분배의 문제가 아니라 사학재단의 문제임을 보여 준다. 한마디로 사학재단이 학생들의 안전을 위한 시설 개·보수에 돈을 쓰지 않고 교육청의 지원만 요구했으며, 그렇게 받아낸 예산마저 학생 안전을 위해 알뜰하게 쓰지 않았다는 뜻이다.

심지어 위험 건물을 보유하고 있는 사립학교의 절반은 재단이 학교에 돈을 단 한 푼도 내놓지 않고 있으며, 나머지 학교들도 한 곳을 제외하면 학교 운영비의 1퍼센트 내외만 내놓았을 뿐이다. 그러니

99~100퍼센트 나랏돈으로 운영하고 있는 셈이다. 그러면서도 이들 사학재단은 학교의 주인 노릇을 하면서 사학 자율성 운운하고 있다. 막상 돈을 써야 할 상황에서는 그 돈이 학생들의 가장 기본적인 안전에 필요한 것이라 할지라도 나 몰라라 외면한 주제에 말이다. 이 무책임한 재단들에게 해마다 수억에서 수십억의 혈세가 위험등급 건물의 보수나 개축에 사용하라고 교부되었지만, 이들은 교육청의 제대로 된 관리감독도 받지 않았다. 이때마다 내세우는 논리가 사학의 자율성이었다.

이런 식으로 안전을 위해 돈을 전혀 쓰지 않거나 거의 쓰지 않은 재단이 교육청에 예산을 요구하고, 교육청은 예산을 교부한 뒤 제대로 된 관리감독을 하지 못해 그마저 시설 개·보수에 제대로 쓰이지 않는 악순환이 반복되면서 사립학교의 건물들은 언제 무너져도 이상할 것 없는 시한폭탄이 되어 버렸다. 게다가 얼마 전에 터진 명문(?) 사립고등학교의 억대 매관매직 사건은 우리나라 사학의 부패 수준이 어느 정도인지 다시 한 번 확인시켜 주었다. 그나마 최근 물의를 일으키고 교감이 구속된 학교는 비교적 재단이 건전한 곳으로 알려진 학교다. 그러니 부패 비리 재단으로 거푸 회자되었던 사학들이라면 더 말할 것도 없을 것이다. 이게 우리나라 사학재단의 수준이다. 이런 재단에게 수억에서 수십억에 이르는 건물 보수, 재·개축 예산을 지원하면서 온전히 학생들의 안전을 위해 사용할 것이라고 믿는다면 너무 순진하고 그렇게 믿는 사람이 교육청 담당자라면 이는 직무유기다.

결국 학교 건물이 낡고 위험한 문제는 '안전 문제'이기 이전에 '부패 사학 문제'다. 따라서 부패 사학 문제를 해결하지 않은 채 막대한 안전 예산을 투입하는 일은 심각하게 재고되어야 한다. 이는 자칫 안전 1을 향상시키는 대가로 부패재단이 4나 5만큼의 이득을 얻는 결과가 되기 십상이다. 그러니 조희연 교육감은 먼저 위험 건물을 보유한 사학재단이 적어도 공사비의 30퍼센트 정도는 부담하고, 보수·개축 공사의 입찰과 진행 과정을 교육청이 직접 관리·감독하겠다는 조건하에서 학교 위험건물 보수·개축에 나서야 한다. 그러지 않는다면 위험 건물은 위험한 채로 남고, 국민의 혈세로 부패사학의 배만 불리는 우를 범하고 말 것이다.

혁신학교의
참된 길

2010년 6명의 진보교육감이 취임했을 당시의 화두가 무상급식이었다면, 2014년 13명의 진보교육감을 당선시킨 화두는 단연 혁신학교다. 혁신학교의 위력을 확인한 보수 인사들조차 이 대열에 동참하였다. 이른바 보수교육감이라 불리던 설동호 대전 교육감, 새누리당 소속 서병수 부산 시장까지 혁신학교 지정 및 지원을 공언할 정도였다.

그러나 혁신학교의 인기에만 휩쓸리다 보면 혁신학교의 본질을 망각할 수 있기 때문에 조심해야 한다. 학부모들에게 혁신학교의 인기가 높은 것은 사실이지만, 실제로 혁신학교가 어떤 학교인지 제대로 알고 있는 사람은 드물다. 그저 다른 학교보다 좀 더 나은 학교, 혹은 선생님들의 자발성이 높아 더 열심히 가르치는 학교 정도로 아는 경우도 많다. 심지어 보수언론의 선동대로 전교조 학교 정도로 알고 있는 사람들도 적지 않다.

혁신학교의 지정과 확대를 공언한 교육감에게 큰 기대를 하고 있는 학부모들은 먼저 혁신학교가 무엇이며 어떤 교육을 지향하는지에 대한 최소한의 기준에 합의해야 한다. 그래야 기대가 실망으로 바뀌지 않으며, 혁신학교라는 이름을 인플레이션의 구렁텅이에 던지지 않을 수 있다.

혁신학교는 그 이름을 부른다고 해서 저절로 학교가 바뀌는 마법 주문 같은 것이 아니다. 기존의 학교에 '혁신학교'라는 타이틀을 부여하고 예산을 늘려 준다고 해서 학교가 저절로 바뀌지는 않는다는 의미이다. 그런데 만약 선출직 교육감이나 지자체장들이 학부모들의 환심을 사려고 덮어놓고 혁신학교를 지정하여 그 이름을 가진 학교의 숫자만 늘리려고 든다면, 그 폐단은 차라리 아니한 것만 못하게 될 것이다. 실제로 혁신학교를 가장 먼저 실시했던 경기도 교육청의 경우 다른 어떤 지역보다도 혁신학교 숫자가 많지만 이른바 무늬만 혁신학교, 혹은 혁신학교라 쓰고 연구시범학교라고 읽는 학교들 때문에 비판의 대상이 되기도 한다. 그렇다면 혁신학교에 대해 모두가 합의해야 할 최소한의 기준은 무엇일까?

우선 혁신학교는 공교육의 새로운 모델을 제시하기 위한 일종의 실험학교이지, 특목고·자사고 같은 특별한 학교, 혹은 차별화된 학교가 아니라는 것에 합의해야 한다. 혁신학교는 일반학교와 다른 학교, 혹은 더 나은 학교가 아니라 일반학교가 장차 지향해야 할 학교의 모습을 먼저 실행해 보는 학교다. 이를 위해 혁신학교는 다양한 교육 실험을 실시하며, 그 과정에서 발생하는 효과들의 장단점을 잘 따지고 정리하여 모든 학교가 추구해야 할 새로운 학교상을 정립하여 보여 주어야 한다. 따라서 역설적이지만 혁신학교의 궁극적인 목표는 혁신학교의 모습이 보편적인 학교의 모습이 되어 더 이상 존재할 필요가 없어지는 데 있다.

다음으로 합의해야 할 것은 혁신학교는 공부를 잘 가르치는 학교가 아니라는 것이다. 오히려 혁신학교는 지금까지 통용되었던 공부가 아니라 새로운 시대가 요구하는 새로운 공부를 추구하는 학교다. 따라서 학부모는 자녀가 혁신학교에 다닌다고 해서 공부를 더 잘하게 될 것이라는 기대는 처음부터 접는 것이 좋다. 교사나 교육감 역시 혁신학교가 기존 의미의 공부에서도 좋은 실적을 올릴 것이라는 이중적인 기대나 요구를 해서는 안 된다. 오히려 혁신학교의 학부모와 교사, 교육감은 기존의 공부가 아닌 새로운 의미의 공부를 잘하는 것이 지금 당장은 손해처럼 보일 수도 있겠지만 궁극적으로 미래를 더 잘 대비하는 것이라는 믿음을 공유하고 있어야 한다.

마지막으로 합의할 것은, 혁신학교는 학생만 공부하는 곳이 아니라는 것이다. 흔히 지방자치제도를 풀뿌리 민주주의, 민주주의의 학교 등으로 부른다. 그러나 기초자치단체라 할지라도 시민들이 운영에 직접 참여하기 어려운 것이 사실이다. 민주시민은 다만 민주주의라는 당위만 되새기는 사람이 아니라 공동체 운영에 직접 참여하고 다양한 이견들을 합의하고 조정할 수 있는 기능을 갖추고 여기에 필요한 태도가 습관으로 형성된 사람이다. 이는 실제로 해 보지 않고서는 갖출 수 없는 것들이다. 혁신학교는 학교 운영에 학생, 학부모, 교사가 능동적으로 참여하여 다양한 이견을 조정하는 귀중한 경험을 하는 장소, 즉 살아 있는 민주주의의 학습장이 되어야 한다.

결국 혁신학교는 이런 학교다. 교육 3주체들의 능동적인 참여가 보장되고 학생의 인권과 책임의 균형이 잘 지켜지는 민주적인 학교,

지식과 정보의 습득, 그리고 경쟁에 기반한 기존의 공부가 아닌, 창조성과 비판적 사고능력, 협력적 문제해결 능력이라는 새로운 공부가 이루어지는 학교, 교사들이 행정적인 규제와 통제에서 벗어나 교육과 연구에 전념할 수 있는 학교, 모든 학교 구성원이 보다 나은 삶과 앎을 위해 공동으로 탐구하는 공동체로서의 학교다. 이 중 어느 하나라도 빠진 학교는 혁신학교가 아니라 기존 연구시범학교의 답습일 뿐이다.

그런데 이는 혁신학교로 지정된 학교만의 노력으로 이루어지지 않는다. 지시·통제에 익숙한 교육청이 자신의 권력을 내려놓지 않고, 학교의 봉건영주처럼 군림하던 학교장이 학생, 학부모, 교사에게 결정권을 위임하지 않고, 행정업무와 정책사업에 허덕이는 교사가 교육자이자 연구자가 아닌 말단 공무원 취급을 받는다면 우리 지역의 혁신학교가 100개니, 200개니 하는 것은 다만 숫자놀음에 불과할 것이다.

특목고와 자사고만 폐지되면
일반고가 살아날까?

조희연 교육감이 저지른 실수는 한두 개가 아니지만, 가장 큰 것은 아마 자율형 사립 고등학교(이하 자사고) 교장들과 논쟁을 벌였던 일일 것이다. 일부 자사고 교장들의 격앙된 목소리와 탁자를 치는 소리가 회의장 바깥까지 들릴 정도였다고 하는데, 논쟁의 주제가 '자사고의 내실화', '자사고의 바람직한 모습' 따위가 아니라 '자사고 축소, 폐지'였기 때문이다.

특히 '일반고 전성시대'라는 구호와 함께 자사고 폐지를 공언하여 오해를 키웠다. 마치 일반고의 경쟁자인 자사고를 제거해 줌으로써 일반고 전성시대를 열겠다는 말처럼 들리기 때문이다. 실제로 다음 날 이어진 일반고 교장들과의 간담회에서 일반고 교장들은 한결같이 "자사고에서 매달 결원을 뽑으면 성적 우수 학생들이 전학을 간다", "교장으로서 처음 한 일이 자사고로 전학 가는 상위 10~20퍼센트 학생 10여 명의 서류에 사인한 것이다", "특목고, 자사고로 성적 상위권 학생들이 쏠린 뒤 특성화고도 탈락한 하위권 학생들을 일반고가 껴안느라 고충이 크다" 등의 이야기를 쏟아냈다.

그런데 달리 보면 매우 뻔뻔한 주장들이다. 한마디로 특목·자사고에 우수한 학생들이 모두 몰렸기 때문에 일반고가 침체되었다는 것인데, 여기서 말하는 우수한 학생은 결국 성적 우수자들이며, 일반고 전성시대를 위해 특목·자사고에 집중된 성적 우수자들을 일반고에게 더 많이 할당해 달라는 요구에 불과하기 때문이다.

물론 이들은 그 반대급부로 성적 우수자들이 일반고를 더 많이 선택하도록 노력하겠다는 단서를 달았다. 하지만 성적 우수자들이 결국 '입시경쟁 교육'에서 성공한 학생들임을 감안하면, 이는 일반고 입시교육 강화로 귀결될 수밖에 없다. 한마디로 일반고들이 입시경쟁 교육을 강화할 테니 특목·자사고로 몰려간 성적 우수자들을 일반고에 배당될 수 있게 해 달라는 것이다.

하지만 이미 일반고는 더 이상 상위 40퍼센트의 학생만 진학 가능했던 과거의 인문계 고등학교가 아니다. 지금 최하위권 학생들까지 일반고로 진학하는 상황은 앞으로도 크게 달라지지 않을 것이다. 물론 일부 일반고 교장들은 "자사고뿐 아니라 일반고도 학생 선발권을 달라"고 요구하면서 과거 인문계 고등학교로의 회귀 욕망을 드러냈지만 이루어지기 어려운 꿈이다.

일반고의 정상화는 사라진 상위 15퍼센트 학생들을 되찾는 일보다는 추가된 하위 60~90퍼센트의 학생들을 어떻게 잘 가르칠 것인가에 보다 많은 관심과 노력을 기울여야 가능한 일이다. 일반고가 현재 처해 있는 어려움은 상위권 학생들이 많이 빠져 나가서가 아니라, 최하위권 학생들까지 들어오는 상황에 대한 준비가 부족해서 비롯된 일이다. 이는 그동안 고등학교들이 보통 학생들을 가르치는 '보통 교육기관'으로서의 역할을 망각하고 최상위권 학생들에게 집중

투자하면서 명문대 많이 보내기 경쟁에 스스로 매몰되었기 때문이다. 그동안 85퍼센트의 학생들을 소외시키고 15퍼센트에만 매달리는 입시교육을 하다, 그 15퍼센트가 특목고 자사고로 가버리자 그동안 감춰졌던 일반고의 문제가 백일하에 드러난 것이다. 일반고는 이미 황폐해져 있었다. 일반고 황폐화의 문제는 자사고의 유무와는 하등의 상관이 없다.

그래도 자사고는 폐지되거나 축소되어야 한다. 자사고 때문에 일반고가 황폐화되었기 때문이 아니라, 자사고가 당초 설정했던 목표 달성에 실패했기 때문이다. 일반고 문제는 일반고의 문제이며, 자사고 문제는 자사고의 문제인 것이다.

자사고가 도입된 배경은 적어도 이론적으로는 전국의 모든 고등학교에서 똑같은 입시교육이 이루어지고 있던 답답한 상황에 대한 반발이었다. 이 반발에 편승하여 이른바 고교 다양화 정책이 실시되었고, 그 일환으로 자사고가 도입되었다. 실제로 자사고로 지정된 학교들은 저마다 다양하고 자율적·창의적인 교육과정 운영을 공언하여 지정을 받아냈다. 하지만 지정 이후 고등학교 교육을 다양화하기는커녕 오히려 선행학습과 입시경쟁 교육으로 획일화하는 데 앞장섰다. 자사고가 폐지되어야 한다면 바로 이런 문제 때문이다. 한마디로 자율형 사립고등학교는 전혀 자율적이지 않았기 때문에 폐지되어야 하는 것이다.

따라서 서울시교육청은 자사고 재지정 여부를 결정할 자사고 재평가 기준에 '일반고 영향평가' 따위를 넣을 이유가 없다. 이는 공연히 자사고를 제거함으로써 '일반고 전성시대'를 열고자 한다는 오해만 받을 뿐이다. 게다가 아무리 교육감이나 혹은 교육감 지지자들의 마음에 들지 않아도 자사고 역시 교육기관이다. 자사고가 책임져야 할 대상은 자사고 학생들이지 일반고가 아니다. 자사고가 평가받아야 할 항목은 애초에 지정받을 때 약속했던 그런 교육을 했는가, 아니면 그런 교육과 역행하는 길을 갔는가 하는 것이 중심이 되어야 한다. 대부분의 자사고가 교육의 다양화는커녕 선행학습과 입시경쟁 교육으로 획일화하는 데 앞장섰기 때문에 이 하나의 지표만으로도 서울시에 존재하는 대부분의 자사고를 지정 철회할 수 있을 것이다. 게다가 이 지표로 인해 지정 취소되는 자사고는 '일반고 영향평가'와 같은 견강부회 지표와는 달리 어떠한 변명도 반박도 할 수 없을 것이다.

9시 등교 설전
유감

　교육감도 선출직이다 보니 뭔가 언론에 이슈를 만들고 싶다는 욕망에서 자유롭지 않다. 악플보다 무서운 게 무플이기 때문이다. 하지만 논란만 무성하고 그 어떤 긍정적인 변화도 이끌어 내지 못한 교육감은 이슈몰이, 정치몰이로 비판받아 마땅하다. 가장 대표적인 사례가 이재정, 조희연 교육감이 내세웠던 9시 등교다. 특히 이재정 교육감은 9시 등교에 부정적인 학부모들과 설전을 벌이기도 했다.

　학부모들이 9시 등교를 반대하는 이유는 의외로 간단하게 압축되었는데, ①맞벌이 부부는 8시 전에 출근하는데 아이가 혼자 일찍 등교해 사고라도 나면 어쩌나, ②이렇게 공부 안 시키면 공부 잘하는 애들 서울로 다 빠져나간다 정도였다. 여기에 대해 이재정 교육감은 "걱정하지 말라. 도서관도 열고 프로그램을 만들면 된다. 아이들 중심으로 생각해 달라. 아이들이 하고 싶은 대로 놔두자", "맞벌이 부부인데 학교가 어떻게 할 거냐라고 하는 것은 곤란하다"고 했다고 한다. 심지어 앞으로 합의가 될 가능성이 별로 없으니 일단 전면 시행하고 나중에 문제가 생기면 그때 이야기하자는 뜻까지 비추었다고 한다. 완전히 평행선을 그린 셈이다.

　이렇게 논의가 평행선을 그린 까닭은 '9시'라는 시간에 집착한 나머지 문제의 본질을 완전히 빗겨 갔기 때문이다. 우선 이재정 교육감의 문제의식의 출발점이 잘못되었다. 9시 등교를 실시해야 하는 이유는 조기등교가 가지는 비교육적 성격 때문이어야지 단지 "아이들이 원해서"가 되어서는 안 된다. 아이들이 학교에서 스마트폰 게임을 마음대로 하게 해 달라고 하면 그것도 허용할 것인가? 학부모들 역시 자신들의 출근시간보다 학교가 늦게 시작하면 한 시간 정도의 공백시간이 생기는 것이 두려운 것이지 등교시간이 몇 시인지가 중요한 것은 아니다.

그동안 우리나라 학교의 등교시간이 문제가 되었던 것은 단지 등교시간이 빨라서가 아니다. 일찍 등교했음에도 0교시 등으로 대표되는 정규수업 이외의 별도의 교육활동을 실시했기 때문이다. 이미 수십 년 전부터 학교는 교육과정 이외의 수업이나 학습활동을 추가해야 한다는 압력을 받았다. 정규수업 시간이라도 제대로 공부하면 될 것을 꼭 그 전후로 추가적인 교육활동을 시켜야만 열심히 가르치는 학교처럼 여기는 풍토가 만연했다. 정시 퇴근하는 직원이 도리어 게으른 사람 취급을 받는 기묘한 직장문화와 판박이다.

그런데 정규교육과정에서 규정한 수업 시수는 학생들이 각 연령별 발달단계에서 수용 가능한 학습시간의 최대치다. 예컨대 초등학생의 주당 수업 시수가 중학생보다 적은 까닭은, 초등학생은 중학생보다 공부를 덜 해도 되기 때문이 아니라 그 연령대에서는 그만큼밖에 할 수 없기 때문이다. 그 이상의 학습을 아이들에게 강요하면 꾸역꾸역 할 수 있을지는 모르겠으나 정신적으로 상처를 받아 성격이나 행동에 문제를 일으키는 경우가 늘어난다. 어른들도 마찬가지다. 대부분의 직장에서 8시간 근무제를 채택하는 것은 사람이 하루에 집중하여 일할 수 있는 시간의 최대치이기 때문이다. 이보다 더 긴 시간의 노동을 강요하면 꾸역꾸역 일은 하겠지만 노동생산성은 크게 떨어지고, 각종 피로 및 스트레스성 질환에 시달릴 것이다.

학생들의 요구도 바로 이 문제를 해결해 달라는 것이었다. 그들이 원하는 것은 "0교시 등 1교시 시작하기 한참 전에 학교에서 이것저것 하는 것"을 폐지하고, 시간표상의 1교시 시작하는 시간을 등교시간(출석/지각 기준)으로 해 달라는 것이다. 예를 들어 1교시는 9시에 시작하는데 8시 30분을 기준으로 지각 체크하고, 그걸 근거로 불이익을 주거나 벌점을 부과하거나 꾸지람을 하는 일 따위를 하지 말아 달라는 것이다. 1교시 시작하기 30분 전부터 등교해 아침자습이니 아침독서니 하는 활동을 강요하지 말아 달라는 것이다. 정작 등교시간 자체는 중요하지 않다. 등교시간이 8시 30분이면 그때 바로 수업을 시작해서 학교를 빨리 파하면 될 일이다. 그런데 논점이 '9시 등교제'로 어긋난 까닭은 대부분의 학교에서 1교시를 9시에 시작하기 때문에 '정규수업 시간 등교제'라고 하면 될 것을 '9시 등교제'라고 명명했기 때문이다.

따라서 이재정 교육감이 기어이 9시 등교제를 고집하려면 9시 이전에는 어떤 프로그램도 없어야 한다. 등교는 늦게 해서 여전히 아침자습이나 0교시 따위를 하고 1교시는 9시 30분부터 시작한다면 이건 하교시간만 늦어지는 것이고, 당연히 학생들이 원하는 바가 아니다. 그런데 걱정스러운 것은 이재정 교육감이 일찍 출근하는 맞벌이 부부 자녀를 위해 도서관 등을 활용한 프로그램을 운영할 수 있다고 말했다는 것이다. 그렇게 되면 9시 등교제는 안 하느니만 못한 것이 된다. 맞벌이 부부가 많은 경기도의 특성상 대부분의 학생이 9시보다 훨씬 먼저 등교할 것이고, 그럼 학교는 또다시 이런저런 아침프로그램을 운영하면서 사실상 0교시를 부활시킬 것이기 때문이다. 학부모들 역시 출근시간에 맞추기 위해 8시 30분 등교시간을 고집하는 것이라면 차라리 늦어도 8시 40분에 1교시가 시작해서 종전보다 빨리 하교하는 것도 받아들여야 한다.

중요한 것은 1교시 시작 전에 별도의 학습노동을 부과하지 않는 것이다. 여기에 교육감과 학부모가 동의한다면 등교시간 자체는 각 학교 실정에 따라 적절하게 결정하게 해도 아무 문제가 없을 것이다. 다시 말해 '9시 등교제'가 아니라 '1교시 등교제'로 명칭을 바꾸는 것이 가장 합리적인 대안이 될 것이다.

공문, 그리고
교육지원청

공문의 문제는 양이 아니라 성격에 있다

학교가 공문의 홍수 속에 있다는 것은 이제 더 이상 거론할 필요도 없을 정도의 상식에 속한다. 그런데 무작정 공문을 보내지 말라거나 공문을 줄이라고 할 수는 없다. 어쨌든 학교는 공공기관이며 기관과 기관의 의사소통은 공문을 통해서 하는 것이 당연하기 때문이다. 그럼 계륵 같은 공문 문제를 어떻게 해결하면 좋을까?

우선 공문 감축 목표 설정 등은 해답이 되지 못한다. 예컨대 교육감이 학교로 발송하는 공문을 30퍼센트 이상 감축하라는 식으로 지시했던 서울·경기 교육청의 경우 업무 메일 증가, 공문 하나에 처리해야 할 행정사항과 제출해야 할 서식이 늘어나는 결과를 초래했다. 3월을 공문 없는 달로 뜬금없이 지정하더니 4월 1일에 공문폭탄이 쏟아지기도 했다. 이처럼 공문의 건수와 교사의 잡무가 반드시 비례하는 것은 아니기 때문에 공문은 나쁘다, 공문은 최소한으로 줄여야 한다는 식으로 단순하게 접근하면 안 된다. 만약 공문이 교육적으로 반드시 필요하다면, 아무리 공문 때문에 힘들더라도 발송되어야 한다.

문제는 공문이라는 형식이 아니라 공문의 내용과 위상에 있다. 공문의 내용이 학생들의 교육에 도움이 되지 않으며, 오히려 교육에 전넘할 시간을 잡아먹는데도 우선순위에서 교육보다 우위에 서는 경우가 많기 때문이다. 즉, 교사들은 교육에 사용해야 할 소중한 시간을 교육에 별 도움이 되지 않거나 방해가 되는 공문 속의 지시사항이나 보고사항을 완수하기 위해 허비하고 있다.

학교에 도달하는 공문들을 살펴보면 1/3 정도는 '~ 관련' 공문, 1/3 정도는 '~ 이첩' 공문, 나머지 1/3은 단순 홍보 및 협조 공문이다.

관련 공문은 두 종류다. 하나는 교육청에서 어떤 사업이나 정책을 결정한 뒤, 각 학교에 거기에 따른 후속 조치를 요구하는 공문이다. 예컨대 교육청이 '연간독서교육계획'을 수립하여 교육감의 결재를 받으면, 그 공문에 대한 관련 공문으로 각 학교는 여기에 따라 '학교별 독서교육계획'을 수립하라는 공문이 뿌려진다.

이런 종류의 공문은 사실상 지시 명령서나 다름없다. 이 계획이 수립되어 있는지 아닌지가 학교평가 등에 반영되는 경우가 많기 때문에 학교장은 만사를 제쳐놓고 담당교사에게 이 공문이 요구하는 계획서를 작성하여 결재를 맡아두라고 요구한다.

더구나 이런 종류의 공문과 관련한 각종 실적보고를 요구하는 공문이 추가로 발생한다. 경우에 따라서는 자료집계 시스템으로 입력하기도 하지만 대부분 마감 기일이 촉박하고 또 수업을 준비하는 흐름을 끊기 일쑤라 여간 번거로운 게 아니다.

더구나 이런 종류의 실적 보고는 교사의 양심과 자긍심을 심하게 훼손한다. 대부분 학교장으로부터 실제와는 거리가 먼 거짓 실적을 입력하도록 요구받기 때문이다. 그나마 자료집계 시스템으로 수치를 입력하는 것은 양반이다. 만약 '우수사례 보고'라도 요청받으면 완전히 창작을 해야 할 지경이다. 최근에는 우수사례집에 활동 상황에 대한 사진까지 첨부하도록 요구하기 때문에 적어도 하루 이상의 시간을 온전히 여기에 투입해야 한다.

이첩 공문은 교육청이 아닌 기관의 지시사항이나 협조사항을 전달하는 공문이다. 대개 교육부나 행안부의 공문을 받아서 돌리는 경우가 많다. 문제는 교육청이 교육적 관점에서, 또 현재 지역 상황을 고려해서 적절하게 통제하는 게이트 키퍼 역할을 해야 하는데 대부분의 공문을(심지어는 각종 재단법인, 사단법인의 공문까지도) 기계적으로 이첩해 버리는 경우가 많다는 데 있다. 진보교육감 지역에서 엉뚱한 내용의 공문이 각 학교에 전달되어 물의를 일으킨 경우가 있었는데 대부분 교육부 공문을 기계적으로 이첩한 것이었다.

교육청이 외부기관 공문의 자동문이 되어 이첩 공문이 홍수를 이루는 까닭은 "상급 관청의 공문은 모두 이행해야 한다"는 관료주의 때문이다. 이를 이용하여 교육과 무관한 각종 기관이나 단체가 교육청을 통해 이첩 공문을 양산한다. 예컨대 법무부나 경찰청에서 행사 참여 협조 공문을 각 학교에 보낸다면 그냥 편철될 가능성이 크다. 그러나 이 공문을 교육청에 보내고 교육청이 이첩하여 학교로 보내는 순간 그 행사는 참여해야 하는 것이 되어 버린다.

이첩 공문 중 학교 현장을 가장 괴롭히는 것이 각종 자료 요구 공문이다. 국회의원, 외부 기관, 시의원 등이 끊임없이 자료 요구를 한다. 물론 이들이 교육청에 자료를 요구하는 것은 정당한 일이다. 그러나 교육청은 이미 가지고 있는 자료를 통해 스스로 조사하고 보고서를 작성할 수 있는 것까지도, 혹은 학교에 유선으로 확인할 수 있는 것까지도 일일이 이첩 공문을 발송한다. 예컨대 어느 중학교 1학년에 2001년 3월 1일 이후 출생한 학생이 몇 명인가 따위는 처음 신입생을 배정했던 데이터베이스와 전출입 기록만 맞춰 보면 교육청에서 바로 할 수 있는 일이다. 그런데도 NEIS 만들어서 자료는 중앙에 집적해 놓고는 막상 자료 조사할 일이 생기면 다시 각 학교에 심부름을 시킨다. 게다가 바로 학교로 전달되는 것이 아니라 교육청을 한 번 거쳐서 다단계로 이첩되어 전달된다. 문제는 이렇게 다단계를 거치면서 공문을 처리할 시간적 여유가 줄어든다는 것이다.

마지막으로 각종 협조·홍보 공문이 있다. 이 역시 관료조직의 실적주의가 빚은 현상이다. 대부분의 공공기관은 자신들이 뭔가 했다는 흔적을 남겨서 면피하려 하는데, 이때 가장 많이 사용하는 방식이 이런저런 행사를 개최하는 것이다. 그 행사 참여자들 중 학생이나 학부모만큼 손쉽게 동원할 수 있는 대상은 없다. 그래서 각급 기관은 저마다 행사를 하고, 또 그때마다 학생 혹은 학부모 들의 참여에 협조해 달라는 공문을 교육청에 보내고, 교육청은 이를 학교에 무더기로 이첩한다.

이렇게 학교에는 계속해서 공문이 쏟아져 들어온다. 문제는 공문의 양이 아니라 이 세 유형의 공문이 쓸모가 없다는 것, 그리고 교사의 사기를 떨어뜨린다는 것이다. 쓸모가 없어도 일단 왔으니 처리를 해야겠고, '교육행정가'라고 자처하는 교장, 교감은 이 공문을 담당 분류하고 처리 여부만 확인하면 할 일을 다 했다고 생각한다. 법 어디에도 나오지 않는 '관리자'라는 말을 사용하면서. 이 순간 교사는 교육자에서 행정공무원의 말단으로 전락한다. 이렇게 행정공무원의 말단으로 취급받는 교사들에게 온갖 미사여구를 동원하여 성직에 가까운 직무윤리를 요구한들 이건 정체성만 혼란시킬 뿐이다.

공문이 교육을 방해하지 않게 하려면?

각종 관련 공문의 원천은 바로 교육부, 교육청의 각종 정책사업이다. 여기서 말하는 정책사업이란 기획은 교육청이 하고, 이를 예산과 함께 각 학교에 내려보내 집행하게 한 뒤, 그 실적을 보고받는 사업이다. 원칙적으로 교육과 관련한 각종 사업의 기획과 집행은 학교가 자율적으로 하는 것이 정상이며, 교육청은 학교가 이렇게 자율적으로 기획·집행하는 사업을 지원하는 역할에 충실해야 한다.

문제는 이미 관성적으로 진행된 정책사업들이 난마처럼 얽혀 있기 때문에 정리하기가 쉽지 않다는 것이다. 따라서 교육청의 역할과 위상을 정립한 뒤, 정책사업에 대한 원칙을 정하고 여기에 어긋나는 것은 과감하게 폐지하는 등의 혁명적인 조치가 필요하다. 〈표1〉은 2012년 곽노현 교육감 시절에 추진했던 정책사업 폐지 기준표다.

정책사업을 대대적으로 정비하면 '~관련' 공문은 획기적으로 줄어든다. 그러나 이첩 공문은 여전히 남아 있다. 이첩 공문을 줄이기 위해서는 교육부, 교육청, 그리고 각 학교에 공문에 대한 스크린 기

1차 기준	**존치 기준**	① 법령과 규칙에 의해 반드시 이행되어야 하는 사업으로서 교육청 및 지원청 이외에는 행위주체가 될 수 없는 사업인가?
		② 법령과 규칙에 의해 반드시 이행되어야 하는 사업으로서 단위 학교에서 추진하기에 곤란한 사업인가?
		③ 학교의 정상적인 교육활동에 현저한 도움이 검증되면서 단위 학교에 추가적인 업무 부담을 발생시키지 않는 사업인가?
		④ 그 대상이 단위 학교 범위를 훨씬 넘어서는 학생·교사·학부모인 사업으로서 그 필요성과 효과를 충분히 인정받을 수 있는 사업인가?
		⑤ 교원 및 전문직의 전문성 지원을 위해 필요한 사업인가?
	폐지 기준	① 한시성·계기성 사업으로 이미 그 추진 근거가 소멸되었거나 목적이 달성된 사업인가?
		② 단위 학교에 대한 확인된 교육적 효과가 미약한 사업인가?
		③ 학생, 학부모 들을 인위적으로 동원해야 하는 등 형식적인 사업인가?
		④ 단위 학교의 정상적인 교육과정의 수행만으로도 그 목적을 충분히 달성할 수 있는 사업인가?
		⑤ 교육청이나 지원청의 실적 거양을 위한 사업인가?
판정 기준	**존치**	- 존치기준 1호 이상에 해당되고 폐지기준에 해당이 없는 경우 - 존치기준이 폐지기준의 두 배에 해당되는 경우
	폐지	- 폐지기준 1호 이상에 해당되고 존치기준에 해당이 없는 경우 - 폐지기준이 존치기준의 1/2을 초과하는 경우

〈표1〉

능이 있어야 한다. 즉, 외부에서 들어오는 공문을 반자동으로 이첩시키는 것이 아니라 교육적 가치와 지역 및 학교 실정을 고려하여 이첩 여부를 결정하는 것이다.

교육청의 경우 모든 외부 공문은 교육정책국장의 스크린을 받아서 이첩 여부를 결정하도록 하는 등의 내규를 정할 필요가 있다.

한편 학교에서도 교감이 이런 역할을 담당해야 한다. 지금처럼 공문이 들어오는 대로 어떻게든 교사들에게 담당분류를 할 것이 아니라 기준을 정해서 가능하면 교사에게 담당분류되는 공문을 최소화하도록 노력해야 한다. 이를테면 〈표2〉와 같이 공문 처리 기준을 정하는 것이다.

등급	내용	처리
3급	단순 안내, 홍보 공문이며, 학교에 유용	– 접수 즉시 담당분류 없이 전체 공람 – 교육청의 게시판 활용
2급	각종 보고, 통계, 조사 등 행정적인 공문	– 교무행정사에게 담당분류 후 처리
1급	처리에 교육 전문성이 필요한 공문	– 교무행정 전담팀(교무부장)에 담당분류 후 관련 교사의 확인을 받아 처리

〈표2〉

교감은 접수되는 공문을 먼저 이런 식으로 등급 분류한 다음 1급에 해당되는 공문만 담당 분류하는 등의 역할을 담당해야 한다.

이런 정비는 광역 교육청 단위에서도 완전히 할 수 있는 일은 아니다. 우리나라는 학업성적 관리지침, 생활기록부 작성지침과 같은 일거수일투족, 문장 하나하나가 모두 규정된 지침들이 존재한다. 지침들이 상세하면 상세할수록 제대로 이행했는지에 대한 점검이 강조되고, 당연히 각종 공문을 양산한다. 사실 이는 학교에 대한 통제권을 강화하려는 교육청과 그 결과에 대한 책무를 회피하려는 학교의 이해관계가 맞아떨어진 결과다. 교육 및 그 관리에 대한 학교 재량권을 대폭 강화하면서 동시에 책무성도 강화해야 한다.

교육청은 사전에 미주알고주알 규정을 만드는 대신, 학교가 재량껏 교육활동을 하다 발생한 문제상황에 대해서만 개입하는 기관으로 위상을 정리해야 한다. 즉, 문제가 발생했을 때 매뉴얼대로 했는지를 따지는 감사가 아니라 실제 그 문제를 해결하기 위한 방안을 모색하는 창조적인 역할을 담당해야 한다.

교사는 교육을, 행정가는 행정을

게이트 키핑이 잘되었다면 학교에 도달하는, 그리고 교사에게까지 도달하는 공문의 숫자는 크게 줄어들었을 것이다. 그러나 여러 번 강조했듯, 문제는 공문의 숫자가 아니라 성격이다. 교사가 공문을 전혀 작성하지 않을 수는 없다. 그러나 공문 작성은 어디까지나 학생 교육에 도움이 되고, 학생 교육과 직결되는 것이어야 한다. 그 밖에 교육과 관련한 여러 가지 업무를 '지원행정'이라고 하는데, 현재 학교 시스템은 교사가 교육도 하면서 지원행정도 하는 구조다. 이 문제가 해결되지 않으면 공문 문제는 해결되지 않을 것이다. 따라서 교사는 교육을, 행정가는 행정을 담당한다는 가장 기본적인 것부터 지켜져야 한다. 지금처럼 교사가 십시일반 행정업무를 담당할 경우 행정업무의 비효율성과 비대성은 드러나지 않는다. 그러나 행정전담인력이 이를 전담할 상황이 되면 비로소 행정혁신의 필요성이 드러날 것이다.

현행법상 학교에서 행정업무는 교장, 교감, 직원, 그리고 보직교사가 담당하게 되어 있다. 그중 보직교사는 교사에게 행정업무를 담당시킬 경우 마지못해 설치하는 것이니 이를 늘리는 것은 바람직하지 않다. 하지만 현재로서는 〈표3〉과 같이 행정업무를 분담하는 것이 차선일 것이다. 공문 문제는 이 속에서 저절로 처리될 것이다.

구분	직책	부서 편성	업무
교무 행정 전담 인력	교무보조/전산 보조 / 방과후 코디네이터 / 교무행정원(신 설) / 과학조교	교무행정전담팀	각종 공문서 작성, 학교 홈 페이지 관리, 수업시간표 관 리, 학적 관리, 출제 및 평가 를 제외한 고사 관리, 에듀 파인 접수 처리, 결·보강 연 수 등록 및 연수비 배분 등
학교 내 전문 인력	상담사, 사서 등	부서 편성 없이 교감 직접 관리	해당 업무 및 각종 관련 행 정 처리
비담임 교사	교무기획부장	교무행정전담팀(2년 한시), 필요시 비담임 교사 중 1〜2인 추가 보임(1부장, 2부장)	교무행정원 정착때까지 교 감과 함께 교무행정 관리
	창의체험부장		각종 특별활동 및 학생 자치 관련 업무(방과후 학교 관리 는 코디네이터에게 전담)
	교과부장	교과군별로 7〜8명 (부원 없는 단독 부장)	교과 전문성 개발을 위한 연 구 및 장학 업무
	학년부장	각 학년별로 1명 (부원 없는 단독 부장)	학년 업무 및 학년협의회를 통한 학생지도 업무
담임 교사	학급담임	학년부 혹은 교과부	학년협의회, 교과협의회 등 을 통해 학생 교육, 연구 및 피드백 등의 활동

〈표3〉

다음과 같은 것들은 학교에서 조금만 의지가 있으면 실천할 수 있는 것들이며, 체감 효과가 큰 것들이다.

①법정장부 외의 장부들을 폐지(각종 누가기록부 등)

②전자결재 이외의 결재 절차 폐지(NEIS 상신절차 있는 업무의 종이문서 결재: 수행평가 전표의 별도 결재, 봉사활동 상황기록부 등의 별도 결재, 학생 출결현황의 별도 결재 등)

③법규로 정해진 것 이외의 출력물 관리 폐지(학생생활기록부 외에는 출력물 관리 의무 사실상 없음)

④어떤 형식으로든 한 번 결재된 사항의 재결재 상황 제거(예: 학년초 연간 교육계획에 포함된 내용은 이후 결재 없음. 학년초 연간 평가계획 결재 이후 각 고사별 기안하지 않음)

⑤재량주의보다는 준칙주의를 준용

⑥〈표4〉와 같은 방식으로 결재 절차를 간소화하고, 위임 전결규정을 강화하여 부장전결·교감전결을 대폭 확대하고, 모든 결재 단계를 3단계 이내로(예: 교장 결재일 경우 부장이나 교감 결재 단계 생략) : 교과·학년에서 해결할 일은 부장전결로, 교내 전체를 범위로 하는 일상·반복적인 행사나 업무는 교감전결로, 그리고 법령으로 학교장의 업무로 규정된 사안이나 대외적인 사안은 교장전결로 하는 것을 원칙으로 징비

⑦각종 교내 행사들의 목록을 작성한 뒤, 불요불급한 행사 및 각종 대

외 발표회 등 최소화

⑧ 학교 교육계획서와 교육과정을 통합하여 간소한 소책자로 운영
(50~80쪽), 가능하면 PDF로 처리하고 인쇄물 최소화, 여타의 어떤
책자류도 제작하지 않기

⑨ 안내·홍보·공보 공문은 게시판 활용(예 : 기간제 교사 추천)

업무	최종 결재자	결재 라인
고사 원안	교장	출제자 – 교과부장 – 교장
수학여행, 수련회	교장	학년부장 – 교장
교과협의회	교감	교과부장 – 교감
전출입 등 학적 변경	교장	행정원 – 교무부장 – 교장

〈표4〉

그리고 교육지원청

학교의 업무를 번잡하게 만드는 1등공신이 교육지원청이다. 이름
이 지원청으로 바뀌었으면 업무도 지원이 되어야 할 텐데, 여전히 학
교를 통제하는 기관으로서의 위상을 유지하고 있다. 사실 기관의 이
름이 바뀌었으면 그 기관의 장도 달리 불러야 한다. 각 지역 교육청
이 교육지원청, 즉 교육을 직접 관장하는 청이 아니라 학교를 지원하
는 곳으로 바뀌었으면 교육 전체의 장이 아니라 교육지원의 장으로
바뀌어야 한다. 그러나 여전히 교육장이다. 지원청장이 아니라 교육
장인 한 학무지원국장은 학무국장이며, 초중등지원과장은 초중등과

장이다. 즉, 여전히 그 지역의 초중등교육을 관장하고 교육사업을 기획, 집행하는 곳이다.

덕분에 학교는 일대 아수라장이 된다. 본청도 정책을 기획, 집행한다. 지원청은 본청 정책의 집행을 각 학교에 독려한다. 이와 함께 지원청 역시 지역특색사업이라는 이름으로 별도의 정책을 기획, 집행한다. 게다가 본청에서는 자신들의 정책과 맞춰 각 학교별로 특색사업을 실시하여 우수사례를 보고하라고 한다. 지원청에서도 같은 요구를 한다. 따라서 지원청과 교육기관의 역할을 정확하게 규정으로 정리하고 그 역할에 충실하도록 해야 한다. 가령 다음과 같이 교육지원청의 역할과 기능을 제한할 필요가 있다.

— 본청은 전체 교육 방향 설정과 기획 및 단위 학교에서 추진하기 어려운 사업을 담당한다(본청 근무 장학사들과 일반직 공무원들을 대폭 축소한다).

— 교육지원청은 학교의 지원과 주민 민원을 담당한다. 학교의 각종 행정문제를 지원하고 해결하며, 지역 주민에게는 각종 민원(제 증명서 발급, 전출입 상담 등) 서비스를 제공한다(본청의 장학사들과 일반직 공무원들을 대거 지원청으로 보내 민원사업에 종사하게 한다. 장학사들은 학교와 교사들의 민원을 처리하고, 공무원들은 주민들의 민원을 처리한다).

등교지도를
폐지하자

　자율형 사립 고등학교 지정 취소 문제로 교육감과 교육부장관의 일대 대결 국면이 벌어졌던 시절이 있다. 이 문제는 심지어 정권이 바뀐 다음에도 전혀 해결되지 않았다. 당장 특정 자사고가 일반고로 전환하느냐 마느냐로 결판날 문제가 아니라 영재고, 특목고 등을 포함한 이른바 고교 다양화 정책에 대한 전반적인 재검토와 전면적인 개혁이 필요한 문제이기 때문이다. 그러니 이 문제는 보다 장기적인 토론과 건설적인 대안까지 개발해야 하는 큰 과제다. 진보교육감은 이런 큰 과제 때문에 오히려 작지만 의미 있는 세밀한 개혁을 조금씩 누적시키는 일을 게을리해서는 안 된다. 실제로 교육감은 교육정책의 줄기를 정하는 사람이 아니라 그것을 세밀하게 집행하고 살피는 살림꾼에 가깝다.

　그런 세밀한 개혁 중 하나가 대부분의 학교에서 아직까지도 실시하고 있는 아침 등교지도를 폐지하는 것이다. 등교지도는 지금 40대 이상인 사람들에게는 악몽으로 남아 있다. 아침마다 교문에서 날카로운 눈빛으로 등교하는 학생들을 지켜보던 학생주임교사, 그 눈길을 피해 검문검색을 통과한 무용담은 아직도 40대들의 단골 화제다. 학생주임교사의 준말인 '학주'가 아직까지도 일반명사처럼 사용될 정도다.

아침 검문검색을 통과하는 것은 쉬운 일이 아니었다. 학주뿐 아니라 규율부, 선도부, 우애부 따위의 이름으로 불리는 완장 찬 선배들이 양쪽으로 도열하여 혹시 학주가 놓쳤을지도 모르는 복장 위반자를 색출하기 위해 이중 삼중의 검색망을 펼쳤기 때문이다. 검문검색이 실시되지 않는 교문은 철저하게 차단되어 등교할 수 없었고, 검문검색조보다 먼저 등교하고자 해도 교문이 열려 있지 않거나, 혹은 검문검색조가 등교시간보다 훨씬 먼저 나와 있었기 때문에 이를 피해서 등교하기란 거의 불가능했다. 이 검색에서 적발되면 엎드려서 매를 맞거나 운동장을 뛰거나 교문 옆에 서서 망신을 당한 뒤 이름이 적히고 벌점을 받았다. 기껏해야 바지나 치마 길이가 조금 길거나 짧고, 머리 모양이 조금 다른 정도로 이런 벌을 받고 큰 잘못을 저지른 것처럼 깊이 반성하는 기색과 함께 언제까지 시정하겠다는 약속을 해야 겨우 교실로 갈 수 있었다.

이렇게 등교지도라는 이름의 검문검색과 즉결처분을 12년이나 계속 받다 보니 어른이 되어서 경찰의 영장 없는 검문, 폭력적인 진압, 불법적인 연행도 쉽게 받아들인다. 공권력이 어떤 횡포를 부려도 원래 그런가 보다 하고 받아들인다. 이런 순종적인 '신민'을 길러내는 것이 등교지도의 숨은 목적이었는지도 모른다.

그런데 더 놀라운 것은 이 등교지도가 민주정부가 들어서도, 진보교육감이 들어서도 사라지지 않고 계속되었다는 것이다. 다만 이름만 '교문맞이', '아침맞이'로 바뀌었다. 심지어 이렇게 이름을 바꾼 등교지도가 몇몇 언론에서 일종의 미담으로 둔갑하여 보도되기도 했고, 진보교육감조차 그 내막도 모른 채 덩달아서 아침맞이한다며 등교지도하는 한편에서 사진을 찍곤 했다.

물론 실제로 교원(교직원이 아니다)들이 학생들 등교시간에 교문에 미리 나와 인사하는 학교가 없는 것은 아니다. 하지만 기존에 하던 등교지도를 이름만 교문맞이, 아침맞이로 바꾸어 실시하는 학교가 대부분이다. 언론사나 교육감 등이 왔을 때는 대대적인 아침인사 행사를 실시했던 학교도 결국 교장의 취향에 따라 언제든지 아침 검문검색으로 변질될 수 있는 것이 바로 아침맞이, 교문맞이다.

애초에 수업이 아니라 굳이 교문에서 맞이하는 인사를 한다는 발상 자체가 작위적이다. 학생들은 학습시간 이외에는 자유로울 권리가 있다. 아무리 다정하게 인사한다고 해도 학교에 들어서는 순간부터 도열해 있는 어른들과 선배들 사이를 통과하는 일은 결코 유쾌한 일이 아니다. 특히 학생들 대부분이 등교하는 10분 정도가 아니라 30분 전부터 교사들에게 근무조를 짜서 아침맞이를 시키고 있다면, 아침맞이를 하지 않는 문으로 등교하는 것을 금지하고 있다면 어김없이 검문검색을 위한 등교지도의 변형일 것이다.

따라서 진보교육감은 교장, 교감, 학교 보안관 등이 교통사고 위험이 있는 길목에서 실시하는 안전지도 외의 교문맞이, 아침맞이 등 등교하는 학생들을 대상으로 하는 일체의 프로그램을 폐지해야 한다. 법을 바꿀 필요 없이 권고 공문 한두 장이면 해결할 수 있는 일이다. 이는 하루를 온갖 간섭과 검문검색으로 시작하는 것에 익숙해져, 결국 공권력에 의한 사생활 감시와 부당한 권리 침해를 당연하게 받아들이는 시민으로 자랄 위험이 큰 학생들을 민주시민으로 키우는 중요한 첫걸음이 될 것이다.

물론 교원들이 등교하는 학생들을 따뜻하게 맞이하는 것이 아름다운 풍경일 수 있다. 하지만 그 인사가 꼭 교문에서 이루어져야 아름다운 것은 아니다. 수업 시작에 앞서 교실에서 따뜻하게 인사하는 것만으로도 충분하며, 굳이 교문에서 인사하고 싶다면 학생들이 많이 오는 시간에 잠깐씩 나가 인사해도 된다. 그리고 이런 맞이가 싫은 학생들이 이를 거부할 권리도 인정해야 한다. 교사들이 조를 짜서 학생들이 등교하기 30분, 40분 전부터 맞이라는 이름으로 배치되어 있고, 맞이가 이루어지지 않는 교문으로는 절대 등교하지 못하게 한다면, 이건 결코 인사가 아니라 다른 이름의 검문검색, 등교지도의 변신에 불과하다.

교육부의
청소년 안전 걱정

학교는 지금 안전의 홍수 속에 있다. 세월호 참사 이후 안전에 대한 규정이 대폭 강화되었다. 100명 이상이 단체로 수행하는 체험활동이 금지되고, 인솔교사뿐 아니라 반드시 '안전 전문가' 혹은 '안전교육 이수자'가 한 명 이상 포함되어야 한다. 학교 밖으로 한 걸음이라도 나가려면 무수히 많은, 강화된 안전규정과 절차를 준수해야 한다.

학교 안에서도 마찬가지다. 복도, 교실, 화장실, 운동장 등 학교의 모든 장소마다 학생들이 준수해야 할 행동요령과 규칙이 두툼한 '안전 매뉴얼'이란 이름으로 발간되어 학교마다 전달되었다. 급기야 교육과정까지 개정하여 '안전'이라는 교과를 신설하기에 이르렀다. 앞으로 초등학생들은 '안전'을 일상적인 교육이 아니라 '정식 교과'로 배워야 한다.

이런 호들갑을 보면 멀쩡하던 우리나라가 잠시만 한눈팔면 학생들에게 큰일이 나는 위험천만한 나라로 바뀐 것 같다. 아니면 반대로 우리나라 교육부나 어른들이 학생들 안전에 소홀했던 과거를 반성하고, 앞으로 정말 최선을 다하여 학생 안전을 위해 아주 세밀한 부분까지 챙기는 쪽으로 개과천선한 것 같다.

『2018 청소년 백서』에 따르면, 우리나라의 청소년 사망률은

2000년에 비해 절반으로 줄어들었다. 특히 교통사고, 운수사고, 익사 등 이른바 안전사고로 인한 사망률은 절반 이하로 크게 줄어들었다. 그렇지만 우리 사회가 청소년들에게 더 안전해졌다고 보기도 어렵다. 자살 및 고의적 자해가 청소년 사망원인 부동의 1위였던 교통사고 및 안전사고를 큰 차이로 따돌리고 압도적인 1위를 달리고 있기 때문이다.

청소년 자살의 원인을 살펴보면 우울증 등 기질적 요인이나 학교폭력보다는 성적이나 가족관계 비관 등이 주류를 이룬다. 우울증의 원인으로는 성적 비관이 큰 역할을 차지하며, 가족관계 악화의 원인에도 성적 부진 등이 중요한 원인을 제공한다. 결국 많은 학생들이 성적을 비관하여 스스로 목숨을 끊거나, 우울증 등 심각한 마음의 병을 앓고 있다. 이제 진정 위험한 것은 교통사고나 안전사고로 인한 신체 손상이 아니라 성적 비관으로 인한 마음 손상인 것이다. 청소년이 성적을 비관하여 자살까지 생각하게 만드는 원인은 가족과 주변 사람들의 과도한 성취 기대이며, 이러한 과도한 성취 기대의 원인은 결국 입시경쟁이다.

따라서 교육부가 진심으로 학생들의 안전을 걱정한다면 무엇보다 먼저 입시경쟁 문제부터 해결해야 하며, 적어도 해결하려는 의지라도 보여 주어야 한다. 물론 청소년 자살 예방과 관련한 대책이 없는 것은 아니다. 하지만 대부분 '생명존중 교육 강화' 따위의 대책으로 청소년 자살의 원인을 학생들의 생명경시 풍조로 돌리고 있다.

안타깝게도 교육부가 청소년 자살의 가장 큰 원인이 되는 성적 비관 문제를 해결하기 위해 입시경쟁 완화, 부모의 과도한 성취 기대 완화, 가족관계 복원 같은 대책을 강력하게 추진하는 모습을 본 적이 없다. 예컨대 부모의 야근 및 학생의 야간자율학습이나 학원 수강 등을 규제하기 위해 발 벗고 나서는 모습을 본 적이 없다. 이와 관련하여 획기적일 수 있었던 선행학습 금지법조차 정작 선행학습의 주범인 사교육기관을 제외하여 김빠지게 하더니, 엉뚱하게도 학교에 선행출제 금지 및 이를 위한 검열을 통보했을 뿐이다.

이렇게 근본적인 대책 의지를 보이지 않는 교육부가 내놓는 청소년 자살 예방대책은 미봉책에 불과하고, 청소년 자살 예방대책이 미봉책인 한 각종 안전대책이라는 것 역시 빈껍데기에 불과하다. 오히려 이런 노력 없이 요란하게 만들어지는 각종 안전규정과 절차 강화는 사실 학생의 안전보다는 기관의 안전, 더 나아가서 기관장의 안전을 위한 것에 불과하다는 의심을 사기에 충분하다.

만약 교육당국이 진정 학생들의 안전을 걱정하고, 이들이 무사히 성장하도록 돕는 것을 자신의 소명으로 알고 있다면, 지금이라도 각 시도교육감과 협력하여 전국에서 동시다발로 입시경쟁 완화에 나서야 한다. 특정 시도에서만 야간자율학습을 금지하면 경쟁에 처질 것이라는 불안감의 원인이 되지만, 모든 시도에서 동시에 금지한다면 입시경쟁 완화의 강력한 의지 표명이 된다. 입시 사교육 규제, 학습총량제 실시 등도 마찬가지다. 시간이 얼마 남지 않았다. 안전교과·규정을 만들기 전에 한 명의 학생이라도 더 구할 수 있는 실질적인 노력을 하기 바란다.

2000년대에 부활한
교육계엄령

흔히 '선행학습 방지법'이라고 불리는 '공교육 정상화 촉진 및 선행교육 규제에 관한 특별법'이라는 것이 있다. 이 특별법은 특별한 정책적 목표를 달성하기 위해 만들어진 법이기 때문에 정책평가와 함께 존폐 여부가 결정되어야 한다. 만약 이 법이 원래 목표하고 있는 법익을 달성하는 데 도움이 되지 않는다면 불필요한 규제로 폐지되어야 하며, 도움이 되고 있으나 방해받고 있다면 추가 입법을 통해 보강해야 한다.

이 특별법은 1조에서 밝힌 바와 같이 '교육기본법'에서 정한 교육목적을 달성하고 학생의 건강한 심신 발달을 도모하는 것을 목적으로 한다. 그렇다면 '교육기본법'에서 정한 교육목적은 무엇일까? 인격의 도야, 자주적 생활능력과 민주시민으로서 필요한 자질, 인간다운 삶의 영위, 민주국가의 발전과 인류공영의 이상 실현에 이바지하는 것이다(교육기본법 2조). 그리고 특별히 학교 교육의 경우는 학생의 창의력 계발, 인성 함양을 포함한 전인적 교육을 목적으로 하고 있다(교육기본법 8조).

따라서 규정된 교육과정보다 앞서서 배우거나 가르치는 선행교육 그 자체를 문제 삼을 수는 없다. 만약 이를 지나치게 고집하면,

교육과정에서 조금이라도 벗어난 것은 모두 선행교육이 되어 규제 대상이 된다. 사실 선행교육은 상대적 개념이다. 탁월한 학생이 정규교육과정을 한두 학년 정도 앞서서 학습한다고 해서 이를 선행교육이라 할 수는 없다. 이를 법으로 규제하는 것은 프로크루스테스의 침대에 불과하다.

문제가 되는 선행교육은 교육과정이 아니라 학생의 발달수준, 학습 수용능력을 앞선 교육이다. 이런 선행교육은 학생의 수용능력에서 벗어나 심신에 부담이 될 뿐 아니라, 왜곡된 형태로 학습되어 이후의 발달과정에도 나쁜 영향을 끼친다. 또 자기 수준을 넘어선 선행교육을 감당하기 위해 학생들은 엄청나게 많은 시간을 학습에 투여해야 한다. 이로 인해 창의력 계발, 인성 함양 등 전인적 발달이 저해되어 교육기본법상의 교육목적 달성에 실패하게 된다. 이런 과도한 선행교육(학습)이 만연한 까닭이 치열한 입시경쟁에서 조금이라도 유리한 출발점에 자녀를 세우려는 학부모의 이기심과 이를 이용해 고객을 끌어 모으려는 사교육기관의 상업주의라는 잘못된 만남에서 비롯됐다는 것은 사실 전 국민의 상식이다.

학교의 경우, 입시 압박을 받는 일부 고등학교(특히 자사고) 정도에서 문제가 될 뿐, 초중학교에서 선행교육을 하는 경우는 거의 없다. 게다가 발달단계상 성인이나 다름없는 고등학생은 한두 학기 정도의 선행교육이 발달과정에 해악을 끼친다고 보기 어렵다. 진짜 심각한 선행교육은 사교육업체가 중학생, 심지어 초등학생들에게 고등학교 수학을 강요하고, 유학 준비반이라는 명목으로 과도한 영문 독서를 강요하는 행태들이다.

그런데 이 특별법은 적용 대상인 '교육 관련 기관'을 사실상 학교로 한정 지어, 선행교육의 주범인 사교육업체에 면죄부를 주었다. 게다가 선행교육의 기준을 학생의 발달수준이나 학업능력이 아니라 교육과정보다 앞서서 실시하는 교육이나 학습이라고 규정했다. 더 나아가서 학교에게 지필평가, 수행평가 등 학교 시험뿐 아니라 각종 교내 대회, 심지어 방과후학교에서도 학교교육과정의 범위와 수준을 벗어난 내용을 다루지 못하도록 금지했다.

그 결과는 매우 치명적이다. 각 지역교육청은 학교로부터 진도표와 고사 출제 원안을 수합하여 '선행 여부'를 가리는 번잡하기 짝이 없는 업무를 시작하였다. 이것은 교육계에 내려진 또 다른 계엄이나 다름없다. 우리나라 공교육이 실시된 이래 교육청이 이렇게 교사의 지도안 하나하나, 출제 고사 원안 하나하나까지 검열한 경우는 서슬이 시퍼렇던 유신시절에도 없던 일이다. 더구나 이 법에도, 시행령에도 '교육과정의 범위와 수준을 벗어나는'의 기준이 없기 때문에 관료들은 이를 문자 그대로 적용할 가능성이 크다. 따라서 이들은 교육과정과 조금만 다르면 모조리 '선행' 딱지를 붙일 것이다. 군사독재 시절에 '불순, 불온' 딱지로 교사들의 교육활동을 검열했던 교육관료들이 '선행'이라는 신무기로 사실상 검열을 부활시킨 것이나 다름없다.

더 나쁜 것은 지도·감독권의 관할이 명료하지 않은 채 교육부장관 또는 교육감의 지도·감독이라고 되어 있어, 교육감뿐 아니라 교육부장관도 선행 조사를 하고, 이를 근거로 시정이나 변경을 명할 수 있다는 것이다. 그러니 교육감과 교육부장관 중 어느 한쪽이라도 원하면 교사들의 지도안 한 줄 한 줄, 시험문제 하나하나 검열한 뒤, 교과서에서 조금이라도 벗어나면 '선행'으로 규정하여 삭제 및 변경까지 '명령'할 수 있게 되었다. 실제로 비판적 사고력과 창의력을 기르는 수업은 교과서 밖에서 소재를 가져오고, 정규교육과정에서 다루지 않는 요소들을 많이 활용하기 때문에 마음만 먹으면 얼마든지 '선행'으로 규정할 수 있다.

이렇게 심각한 부작용이 우려되는데도 이 특별법은 실제 학생들의 심신에 해악을 끼치는 선행교육에 대해서는 전적으로 무능하다. 심지어 실제로 문제가 되는 사교육업체의 선행교육을 이 법의 적용범위 바깥에 두고 있기 때문에 무책임하기까지 하다. 이렇게 당초의 목적은 전혀 달성하지 못할뿐더러 부작용이 우려되는 정책은 한시라도 빨리 중단하는 것이 옳다. 민주적이고 창의적인 교육을 바라는 교사, 교원단체, 교육운동단체는 지금이라도 이 법의 폐지를 주장해야 한다.

혁신학교를
생각하다

혁신학교라는 말은 더 이상 새롭지 않다. 거의 전국적인 현상이 되었고, 어느 정도 자리를 잡았다. 이제는 혁신학교에 대한 평가와 전망이 필요한 시점이다. 이때 혁신학교의 성과를 과장하는 태도는 경계해야 하고 필요하면 엄격한 비판과 재평가도 해야겠지만, 어려운 상황 속에서 열정과 헌신으로 혁신학교를 여기까지 끌고 온 교육주체들에 대한 존중이 바탕이 되어야 한다.

그런 점에서 혁신학교에 대한 보수와 진보의 평가는 모두 많은 아쉬움을 남긴다. 먼저 보수 쪽을 보자. 보수진영에서 내던지는 혁신학교에 대한 부정적인 평가는 주로 "전교조 학교", "좌파 학교", "종북 양성소"라는 극단적인 언어폭력 아니면 "돈 받으면 누가 못해?" 같은 식의 냉소였다. 하지만 모두 사실과 다른 평가다.

혁신학교 중 전교조 교사가 전체의 1/3 이상인 학교도 찾아보기 어렵다. 전교조가 혁신학교를 자신들의 핵심 정책으로 내건 적도 없거니와, 혁신학교 활동에 열심인 교사 가운데 전교조 핵심 활동가나 간부 출신 역시 찾아보기 힘들다.

예산 지원만 받으면 혁신학교 같은 활동을 누구나 할 수 있다는 주장도 음해다. 그동안 학교에서 다양한 교육혁신 시도가 좌절한 까닭은 돈이 모자라서가 아니라 교사들의 자발성과 창의성을 억누르는 교장, 교감, 교육청의 관료적 간섭 때문이었다. 사실 예산 지원이 있다고는 해도 혁신학교 교사들은 단돈 만 원의 보상도, 어떤 승진과 인사상의 이익도 받지 못한다. 다만 자신의 교육철학과 포부를 관료적 간섭 없이 펼칠 수 있다는 기쁨이 유일한 보상이다. 예산 지원은 부차적인 문제이며, 인천처럼 보수적인 시의회가 예산 지원을 전액 삭감해도 꺼지지 않는 것이 혁신학교를 만들겠다는 열망이다.

그래서 혁신학교를 꿈꾸는 교사들은 보수 쪽의 부당한 비난에 그다지 흔들리지 않는다. 정작 그들을 아프게 하는 것은 이른바 진보 쪽에서 꽂은 비수다. 그런 점에서 한겨레신문이 게재한 「혁신학교는 답이 아니다」(이계삼, 2014. 10. 27)라는 칼럼은 매우 뼈아프다. 이 칼럼의 요지는 '이미 학교라는 체제 안에서 어떤 변화를 꾀하기 어렵다. 혁신학교도 결국 학교체제 너머를 상상하지 못한 실천인 만큼 답이 되기 어렵다. 한마디로 이 교육체제 자체를 바꿔야 하는데, 마치 체제 안에서 뭐가 될 것 같은 희망고문에 불과하다. 진짜 혁신은 사회를 바꾸는 것이다' 정도가 되겠다. 그리고 이는 실제 우리나라 진보 진영의 관점을 상당히 대변하고 있다.

그러나 혁신학교 교사들이 학교체제 너머를 사유하고 있지 않다는 생각은 지나치게 일면적이다. 마치 장애인 급식을 지원하는 활동가가 장애인을 차별하는 사회체제 자체의 문제는 생각하지 않을 것이라고 착각하는 것과 마찬가지다. 사실 혁신학교에서 애쓰는 교사들은 체제 전체의 혁신을 고민하는 진보활동가들 못지않게 체제의 한계를 잘 알고 있다. 설사 학교 안에서 뭔가 바꿀 수 있다는 소박한 생각으로 혁신학교 활동을 시작했다 하더라도 결국은 체제 전체의 문제로 시야를 넓힐 수밖에 없다.

그런데도 그들이 이런 '희망고문'에 매달리는 까닭은 장기적으로 교육체제가 바뀌기를 기다리거나 핑계 대기에는 당장 눈앞에 있는 아이들이 눈에 밟히기 때문이다. 그들은 지금의 교육체제가 바뀌지 않으면 아무것도 할 수 없다면서 자신의 타성을 합리화하지도 않았고, 교육체제를 바꾸는 일을 해야 한다며 사실상 학교 밖으로 도망가 버리지도 않았다는 점에서 용맹하게 전진하는 사람들이다. 이들의 이런 용기와 헌신은 그 결과가 아무리 희망고문에 불과할지라도 높이 평가해야 한다.

더구나 현 체제 너머에 대한 상상력은 그저 멀리 바라본다고 생기는 것도 아니고, 사회과학 책들을 독파한다고 생기는 것도 아니다. 상상력은 먼저 문제에 직면하고, 그 문제 속에서 직접 부딪칠 때 비로소 생기는 것이다. 교육체제 너머를 상상하려면 먼저 교육체제 안에서 뼈아프게 부딪치고 수없이 실패해야 한다. 그 속에서 상상력이 발휘된다. 더구나 그 상상력의 결과는 현 교육체제와 무관한 완전한 어떤 것을 세우는 것이 아니라 교육체제 안에서의 다양한 덧붙임과 재구조화 과정 속에서 발휘된다. 이는 생물이나 사회의 진화과정을 조금만 살펴보아도 알 수 있는 사실이다.

물론 한겨레신문 칼럼이 주장하는 대로 "민사고와 하버드를 향한 트랙에서 빠져 나와 곧장 미용사가 될 길을 열어 주는 것이 진짜 혁신"인 것은 사실이다. 하지만 진짜 혁신의 길은 저절로 열리는 것이 아니라 그 길을 요구하는 사람들이 점점 늘어나 마침내 거대한 세력을 이룰 때 열린다. 그럼 그 사람들은 어디서 나올까? 교육을 통해 나올 수밖에 없다. 게다가 그 교육은 근본적으로 사회가 바뀐 다음의 교육이 아니라(그때는 이미 그런 교육이 필요 없으니) 한계가 많은 지금의 교육체제 안에서의 교육이라야 한다. 그래서 더더욱 혁신학교가 필요하다. 혁신학교는 학생들에게 이 체제 안에서도 얼마든지 성공할 수 있다는 희망고문을 하자는 것이 아니라, 오히려 체제를 직시하고 성찰할 수 있는 비판적 사고능력을 기르자는 것이기 때문이다.

물론 칼럼을 쓴 이는 "현 교육체제 안에서 그런 교육이 가능하겠느냐"라고 반문할 것이다. 그에 대한 대답은 "가능하다고 생각하는 사람은 학교에 남아 분투하면 될 일이고, 가능하지 않다고 생각하는 사람은 학교를 떠나 학교 밖에서 활동하면 될 일이다" 정도가 되겠다. 하지만 어느 누구에게도 학교에 남은 사람들의 분투를 교육 불가능성에 대한 무지에서 비롯된 헛수고로 여기고 계몽할 권리는 없다.

물론 이 칼럼을 쓴 이가 혁신학교 교사들의 헌신적인 실천을 조롱하거나 폄하하려고 그런 글을 쓰지는 않았을 것이다. 아마 오해했을 것이다. 실제로 일부 교육청에서 혁신학교가 무슨 만병통치약인 것처럼 광고하는 경향이 있었고, 대입 실적이니 아파트 값이니 하면서 엉뚱한 자랑을 했던 것이 사실이기 때문이다.

하지만 그런 엉뚱한 자랑을 저지른 쪽은 일부 교육감의 홍보실이지 혁신학교가 아니었다. 따라서 이런 오해의 소지를 줄이기 위해서라도 혁신학교 활동가들은 진보교육감들이 자행하는 혁신학교에 대한 과장 광고를 경계하고 때로는 비판해야 한다. 사회의 '근본적인 혁신'을 위해 분투하는 진보활동가들 역시 혁신학교와 같은 '자잘한 혁신'에 매달리는 교육자들이 '근본'을 모르리라 지레짐작하고 계몽하려 들지 말고 자신들의 일에나 매진하기 바란다. 결국 그들의 '근본적인 혁신'의 밑천은 '근본'을 모르는 순박한 교육자들의 묵묵하고 작은 실천에 있을 테니 말이다.

교권과 인권은
제로섬이 아니다

몇 해 전, 어느 고등학교 교실에서 학생이 교사를 폭행하고 그 교사의 벗어진 머리를 놀리며 모욕한 뒤, 이를 동영상으로 찍어서 돌린 끔찍한 사건이 보도되었다. 전국적으로 엄청난 공분과 충격을 일으켰던 사건이다. 그러나 우리나라에서 흔히 그래왔듯이, 그 순간 흥분하고 격앙되었던 목소리는 어느새 흔적도 없이 사라지고, 벌써 잊혀진 사건이 되었다. 하지만 사건 직후의 흥분이 다 가라앉은 지금이야말로 사건의 본질적인 문제를 성찰하고, 재발 방지를 위해 필요한 것이 무엇인지 따져 보아야 할 적기이다.

이 사건에 목소리를 높인 쪽은 주로 한국교총 등 보수단체였다. 그들의 논리는 '교권 침해', '교권 실추' 등이었다. 그런데 그들은 단지 교권 침해를 개탄하는 데 그치지 않고, 학생 인권을 공격했다. 어찌 보면 교권 침해 개탄은 일종의 미끼이고, 학생 인권 공격이 본심인 것처럼 보인다. 그들의 주장은 한마디로 학생 인권에 대한 과도한 강조가 교권을 위축시켜서 이와 같은 참변이 일어나고 말았다는 것이다. 이들의 주장대로라면 교권과 인권은 제로섬 관계다. 교권이 강조되면 인권이 희생되고, 인권이 강조되면 교권이 실추되기 때문에 균형점을 찾아야 하는 그런 관계다.

그렇다면 진보 쪽은? 놀랍게도 전교조 등 진보단체는 이 사건에 침묵하거나 논점을 돌렸다. 그들은 이 사건을 교권 침해 사건이 아니라 지나친 경쟁교육, 입시교육, 규제 및 통제교육의 부작용 정도로 규정하였다. 사실상 가해 학생에게 면벌부를 준 셈이다. 입시교육, 규제와 통제로 일관하는 교육 때문에 저런 버릇없는 아이들이 만들어졌다 운운하는 논리는 이제 지겨울 정도로 많이 우려먹었다. 일각에서는 피해자의 신분이 기간제 교사였음을 들어 이 문제를 학교 내 비정규직 문제로 돌리면서 노동문제로 둔갑시켰다. 이는 진보 쪽 역시 교권과 인권을 제로섬으로 보고 있었음을 반증한다. 그동안 학생인권을 강조했기 때문에 선뜻 교권이라는 말을 꺼내지 못했던 것이다.

하지만 교권과 인권을 이렇게 제로섬으로 보는 관점은 틀렸다. 교권과 인권은 전혀 다른 차원의 권리이기 때문이다. 교권은 다음 세대 젊은이들에게 공동체의 가치를 대변하는 교육자로서 가지는 권위다. 이러한 권위는 그들이 다음 세대 시민들을 양성하도록 공동체, 즉 국가로부터 위임받은 것이다. 국가는 그들에게 그만큼의 전문성과 책무성이 있다고 인정했기 때문에 그러한 권위를 위임했다. 따라서 교권은 무소불위의 것이 아니라 교사가 국가의 공적인 가치, 즉 대한민국의 헌법을 대변하고 있을 경우에만 정당화되는 권리다. 그런데 대한민국 헌법의 가장 기본적인 정신은 인권을 기본권으로서 보장하는 것이다. 따라서 대한민국 교사의 교권은 인권과 제로섬이긴커녕 오히려 인권의 든든한 동반자이자 보루가 되는 것이다.

그렇다면 교권은 언제 제한받을까? 교사가 헌법의 기본정신을 위반하는 교육을 한다거나, 교권을 누릴 만한 전문성이 부족하다고 판단될 경우이다. 이 제한은 전자의 경우는 시민적 규제를 통해, 후자의 경우는 전문가 집단, 전문가 공동체에 의해 이루어진다. 이 두 가지가 아닌, 단지 교육의 과정이나 결과가 자기 마음에 들지 않는다고, 혹은 자신이나 자기 자녀에게 불리하다고 교사에게 압력을 행사하거나 진행 중인 교육을 중단 혹은 변경시키려 한다면, 이게 바로 교권 침해다. 교권과 진정 제로섬 관계에 있는 것은 학생의 인권이 아니라 교육에 대한 부당한 간섭과 통제인 것이다. 실제로 현장의 교사들이 가장 심각하게 받아들이는 교권 침해의 주범은 학생이 아니다. 교장, 교감, 관료 등 이른바 관리자들, 그리고 일부 학부모들이다. 이들에 대해 침묵하고 학생에게만 목소리를 높이는 교총 등의 교권 수호자론자들은 사실관계도 틀렸을 뿐 아니라 비겁하기까지 하다.

한편 인권은 사람으로서 마땅히 받아야 하는 '존중'을 받을 권리다. 나는 이 '존중'을 남에게 양도할 수 없지만, 마찬가지로 다른 사람의 '존중'을 무시하거나 침해할 수도 없다. 그렇다면 인권과 가장 극명하게 제로섬 관계에 있는 것은 권위, 교권, 지시, 통제, 규율 등이 아니라 폭력임을 확인할 수 있다. 폭력은 이유 불문하고 행사하는 순간 이미 다른 사람을 존중받을 인격이 아니라 힘을 가해야 하는 대상으로 만들어 버린다. 폭력의 대상이 되는 순간 그 사람은 더 이상 존중받을 사람이 아니라 사물이 된다. 만약 보수단체에서 학생 인권과 교권을 자꾸 제로섬 관계로 생각한다면, 이는 그들이 그동안 학생에게 마음껏 폭력을 행사할 수 있는 권리를 교권으로 착각했기 때문일 것이다. 그렇다면 그들이 주장하는 교권은 교권이 아니라 폭력이다.

이제 문제의 사건을 보자. 이 사건은 교권 침해인가? 이 사건은 수업 중 교사의 지시에 불응한 학생이 단지 지시에 불응한 정도가 아니라 교사를 폭행하고 모욕한 사건이다. 그렇다면 이 사건이 교권 침해 사건이 아니라는 것을 한눈에 알 수 있다. 이 사건의 피해자가 기간제 교사인지 정교사인지는 물론, 교사인지 학생인지도 전혀 문제의 핵심이 아니다. 그 사람이 누구든 빗자루로 얻어맞고, 신체 약점을 빌미로 한 모욕적인 발언을 들었다는 것이 중요하다. 이것은 다름 아닌 폭력이다. 따라서 이 사건은 교권 침해 사건이 아니라 학교폭력 사건이며, 인권 때문에 일어난 사건이 아니라 다름 아닌 인권 침해 사건이다. 이 사건이 일어나는 동안 학급의 학생들은 그를 인간으로 인정하지 않았으며, 다만 조롱과 화풀이의 '대상'으로 사물화했다.

놀랍게도 이런 일이 학교에서 드물지 않다. 피해 교사가 기간제 교사였다는 것은 문제의 한 단면에 불과하다. 정교사라 하더라도 학생들이 신체적·정신적으로 유약하다고 판단하는 순간 그들의 모욕과 폭력에 노출될 가능성이 크다. 특히 남학생들로만 이루어진 중고등학교에서 젊은 여교사에게 가해지는 성적 희롱과 모욕은 상상을 초월한다. 그들은 교사가 아니라 여성을 희롱한다. 문화적 소수자인 원어민 영어교사가 학생들의 집단 따돌림 때문에 사임한 경우도 있다. 이런 사건들은 학생들이 교권을 존중하지 않아서 생긴 일이 아니라 인간을 존중하지 않아서 일어난 일이며, 왕따 등 각종 학교폭력 사건의 연장선상에서 일어난 일이다. 인간을 존중하지 못하는 학생들이 교권을 존중할 수 있을까? 전혀 기대할 수 없다.

따라서 이번 교사 폭행사건과 유사한 사건의 재발 방지 대책은 교권 강화가 아니라 인권교육의 내실화에서 찾아야 한다. 인권교육은 교권과 제로섬 관계에 있는 것이 아니다. 오히려 교권이 존중받을 기초를 튼튼히 하는 것이다.

인권교육은 다른 사람을 존중하는 법을 배우는 교육이다. 물론 인권교육에는 존중과 권리가 함께 있다. 그런데 그 권리에 대한 교육 역시 내가 어떤 권리를 가지고 있는지를 따지는 것이 아니라 내가 다른 사람의 권리를 침해하지 않도록 조심하는 것이 되어야 한다. 내 권리가 아니라 타인의 권리에 대한 인권감수성이 필요한 것이다. 그 마무리가 바로 어떤 폭력도 용납하지 않는 평화로운 학교이며, 이것이 바로 교권을 지키고 교사를 지키는 근본적인 해법이다.

근본적인 해법은 그렇다 치고, 그럼 당장 이번 사건의 가해 학생들을 어떻게 해야 할까? 당연히 교칙뿐 아니라 법에 의해서도 엄한 처벌을 받아야 한다. 인권 감수성은 다른 사람을 존중하지 않고 권리를 침해하면 준엄한 처벌을 받는다는 정의실현 경험으로 더 민감해질 것이기 때문이다.

국정교과서를
이기는 길

이제는 역사 속으로 사라진 역사교과서 국정화 논란 중의 일이다. 당시 역사교과서 국정화가 확정되고 교육부가 집필진 구성까지 완료하여 개발에 들어갔다고 발표하자, 여기에 대항하여 몇몇 진보교육감들을 중심으로 대안적인 역사교과서, 혹은 역사보조교재를 개발하겠다고 나섰다. 상당히 잘못된 대응이었다.

교육청에서 개발하겠다고 한 것은 정식 교과서가 아닌 보조교재지만, 일선 학교에서는 교육청의 이름을 달고 나오는 이상 상당한 압력으로 받아들였을 것이다. 만약 교육부가 발간한 역사교과서와 교육감이 발간한 보조교재가 상반된 이야기를 하고 있다면 일선 교사들은 상당히 곤혹스러워 했을 것이다.

물론 국정교과서는 잘못된 정책이다. 당시 역사교과서는 이미 검인정 체제가 정착했고, 더 나아가 자유 발행제까지 바라보는 시점이었다. 그런데 이를 국정교과서로 단일화하겠다고 나섰으니, 퇴행도 이만저만한 퇴행이 아니다.

국정교과서가 잘못인 까닭은 '국정'교과서이기 때문이지, 그 안에 친일미화와 독재미화 등의 내용이 들어 있을 가능성이 크기 때문은 아니다. 따라서 보조교재라는 이름을 달고 나오겠지만, 몇몇 교육감이 공동으로 개발하여 역사교재를 일선 학교에 보급한다면 설사 그 내용이 항일, 민주화로 가득하다 하더라도 역시 잘못이다. 역사교과서 문제는 내용의 문제가 아니라, 공권력이 역사를 독점하거나 그 해석에서 더 우월한 위치에 설 경우의 위험에 대한 문제이기 때문이다. 교육부나 교육감이나 역사 교사보다 우월한 위치에 있기는 마찬가지 아닌가?

역사교육은 올바른 과거를 가르치는 것이 아니다. 사실 그럴 수도 없다. 우리는 과거는커녕 현재 일어나고 있는 일에 대한 해석도 합의하기가 어렵다. 그런데 역사는 이미 지나가 버린 과거를 파편적으로 남아 있는 몇몇 사적이나 사료 들을 이용하여 재구성한 것이다. 당연히 해석의 여지가 많으며 합의 가능한 '올바른' 사실들을 가려내는 것은 대단히 어렵다.

그렇다면 제대로 된 역사라는 교과는 도대체 뭘 가르치는 과목일까? 나라마다 시대마다 다르겠지만, 대부분의 나라들은 역사 교과의 목적을 과거(전통과 문화)의 전승과 재창조, 역사로부터 오늘의 교훈 획득, 그리고 역사적 사고력 함양을 목표로 한다. 역사적 사고력은 주어진 자료들을 바탕으로 자기 자신과 자신이 몸담고 있는 공동체를 시간과 연관 지어 설명하고 이해할 수 있는 능력이다. 그래서 오늘날 역사교육은 과거의 증거 및 자료를 비판적으로 검토하고(해석), 이 증거들을 논리적으로 연결하여 역사적 사건에 대한 일반적인 설명과 이야기를 구성하는(재건) 능력을 갖추는 과정으로 이루어져 있다. 한마디로 과거 사실을 밝히는 과정 속에서 세상을 보는 안목을 기르는 과정이다. 역사교과서 역시 이런 과정에서 활용할 다양한 과거의 자료를 모아 놓은 것이지, 조국과 민족에 대한 자부심을 키울 수 있는 자랑스러운 과거 사실들을 모아 놓은 것이 아니다. 세상을 보는 안목을 기르기 위해서는 자랑스러운 과거 사실뿐 아니라 부끄럽고 감추고 싶은 사실 역시 골고루 다루어야 하기 때문이다.

2015년 개정 교육과정에 따르면 역사과의 목적에는 "우리나라와 세계 각국이 발전해 온 과정을 종합적·체계적으로 파악함으로써 현재와 미래 사회에 대한 안목을 기르고", "학습자 스스로 역사적 자료를 활용하며 비교, 분석, 종합하는 능력을 향상시키고 과거에 대한 다양한 해석과 시각이 있을 수 있다는 것을 인식"하는 것이 분명히 포함되어 있다. 또 이 목적을 달성하기 위해 "오늘날의 사회가 직면한 문제의 역사적 배경과 상호 관련성을 파악하여 현대 세계와 우리나라에 대한 이해를 확대하고", "다양한 역사 자료를 비교, 분석하고 유추하여 역사적 사실을 종합적·맥락적으로 이해하고", "스스로 문제의식을 가지고 다양한 역사 자료를 검토하는 비판적 사고와 문제 해결 능력을 기름"이라는 구체적인 목표도 명시되어 있다. 그 어디에도 나라 사랑, 조국에 대한 자긍심 따위의 말은 나오지 않는다. 국정교과서를 반대하는 진보사학자들의 주장이 아니다. 국가가 편찬하고 공인한(그것도 소위 진보정권이 아니라 보수정권 아래서) 국가수준 교육과정에 나와 있는 그대로다.

그렇다면 역설적으로 국정교과서뿐 아니라 역사를 어떤 특정한 교과서로 가르치는 것 자체가 교육과정을 위반하는 것이 된다. 분명

학생들은 다양한 역사 자료를 비판적으로 비교·검토할 수 있어야 하고, 역사에 대한 다양한 해석과 시각을 경험해야 하는데, 교과서에 나와 있는 해석과 시각이 아무래도 다른 자료에 나와 있는 것들보다 우월한 위치에 있기 쉽기 때문이다. 그렇다면 학생들은 결국 교과서에 나와 있는 해석과 시각만 공부하게 되고, 교육과정상의 목표는 달성하기 어렵다.

교육과정대로라면 검인정 교과서 체제의 가장 큰 문제는, 역사교과서가 여러 종류가 있었다는 것이 아니다. 오히려 8종밖에 없었다는 것이다. 게다가 8종의 교과서가 있어도 모두 수업에 사용할 수 없으므로 결국 학생들은 이 중 하나의 교과서로 공부해야 한다. 그렇다면 같은 학교에 다니는 학생들은 모두 똑같은 관점의 역사교육을 받게 되는 것이다. 심각한 위반이다.

결국 학생들이 역사적 사실에 대해 폭넓은 해석과 시각을 경험하고 이를 비판적으로 검토하여 역사적 사고력을 키울 수 있으려면, 교과서라는 존재 자체가 걸림돌이다. 그렇다고 학생들이 8종 교과서를 가방 가득 넣어 다닐 수도 없다. 그렇다면 어떻게 해야 할까? 해답은 역사 교사에게 있다. 역사 교사가 최대한 엄정하고 중립적인 입장에서 가능한 다양한 시각과 해석을 확인할 수 있는 자료들을 제공하고, 학생들 스스로 이를 비판적으로 분석·검토하여 결론에 이르도록 도와주는 것이다. 만약 역사교과서가 필요하다면 이런 자료들을 일일이 찾아다닐 수고를 덜어주는 간편 자료집 수준에서 필요하다.

국정교과서의 반대말은 대안교과서가 아니다. 국정교과서의 반대

말은 역사 교사의 자율적인 교육과정 재구성이며, 학생들의 비판적 탐구를 격려하는 수업혁신이다. 진보교육감들이 진정 진보적이라면 국정교과서 반대편에서 또 다른 교과서를 만들어서는 안 된다. 일선 학교의 교육과정 재구성의 재량권을 넓히고, 교사들의 수업혁신을 지원하는 일에 더욱 적극적으로 나서야 한다. 그래도 대안역사교과서를 만들고자 한다면, 그 책의 성격이 단지 여러 자료 가운데 하나이며 하나의 해석에 불과함을 명시해야 한다. 그것이 국정교과서를 이기는 길이다.

아동학대범죄 방지를 위해
가장 필요한 것

상상하기도 어려운 끔찍한 일이 잇따라 일어났다. 아직 피어나지도 못한 아이들이 다른 사람도 아닌 친부모에게 가혹한 학대를 당하고 심지어 목숨까지 잃는 일이 벌어진 것이다. 일부 극단적인 사건이 아니다. 물론 장기간의 감금이나 살해 같은 사례는 흔하지 않지만, 부모에게 신체적·정신적 학대를 당하는 어린이나 청소년은 생각보다 훨씬 많으며, 세상에 잘 알려져 있지 않다. 우리나라는 불과 몇 년 전만 해도 경찰이 가정폭력에 '집안일'이라며 잘 개입하지 않았던 나라이기 때문이다.

그런데 이 사건을 보도하는 언론의 방향이 이상하다. 이 참혹한 사건의 본질은 '부모가 자녀를 학대한 것'인데, 엉뚱하게 교사가 '그 사실을 몰랐다'는 쪽으로 흘러가고 있는 것이다. 심지어 어느 진보교육감조차 이 사건의 본질을 마치 교사의 관심이 부족해서 충분히 막을 수 있는 일을 막지 못했던 것처럼 말하고 있다. 뉴스 앵커도 이에 뒤질세라 전국의 교사들을 향해 학생에 대한 사랑과 관심이 부족하다며 사자후를 토했다. 교사가 스승이 아니라 그저 직장인에 안주하고 있다는 개탄도 빠지지 않았다.

하지만 교사는 실제로 직장인이다. 교사의 임무는 학교에 온 학생들을 교육하는 것이지, 학교 안팎에서 학생의 삶 전체를 책임지는 것이 아니다. 그런 일은 스승이 함께 먹고 자고 생활하던 '군사부일체' 시절에나 가능하다. 게다가 특정 어른이 학생에게 전면적인 영향력을 행사하는 것은 바람직한 일도 아니다. 학생은 가능하면 다양한 어른들과 만나고 배워야 한다. 진보교육감들이 입버릇처럼 외치는 "마을이 학교다"라는 말의 진정한 의미는, 마을 사람들이 학교에 와서 재능을 기부하라는 것이 아니라 학교에서는 교사가, 방과후에는 마을 어른들이 교육을 담당함으로써 교육의 공백이 없도록 하자는 것이다.

그렇다면 방과후 마을의 교육은 누가 중심이 되어야 할까? 당연히 부모다. 따라서 교육은 학교의 교사와 마을의 부모라는 공동 교육자의 상호신뢰라는 기반 위에 서 있어야 한다. 부모는 교사가 제대로 잘 가르치고 보살피리라는 믿음을 가지고 아이들을 학교에 보내고, 교사는 부모보다 자식을 더 잘 보살필 사람은 없을 것이라는 믿음을 가지고 방과후에 가정으로 돌려보낸다.

간혹 교사의 폭력이나 부모의 자녀 학대 사례가 보도되지만, 매우 극단적인 사례이다. 대부분의 부모와 교사는 믿을 만하다는 생각을 기반으로 하고 있어야 교육이 가능하다. 만약 교사는 학생이 가정에서 폭력과 학대를 받고 있을 것이라고 의심하고, 부모는 자녀가 학교에서 각종 폭력과 부당한 대우에 시달릴 것이라고 걱정하는 사회에서는 교육 자체가 불가능하다.

사실 학생이 장기결석하거나 부모의 학대가 의심된다 해도 담임

교사에게는 경찰관을 대동해 가정방문을 할 권한이 없다. 올바른 절차는 따로 있다. 「아동학대범죄처벌특례법」이라는 법률이 바로 그 절차를 규정하고 있다. 이 법률에 따르면 교사(학원 강사도 포함되지만, 이 의무를 알고 있는 학원 강사는 거의 없다)는 아동학대가 의심될 경우 바로 수사기관(경찰, 검찰)이나 아동보호전문기관에 신고할 의무가 있다. 의무이기 때문에 신고하지 않으면 오히려 처벌을 받는다. 교사가 할 일은 여기까지다. 그리고 더 할 수 있는 일도 없다. 교사는 학교의 교사이지 가정에서의 친권자가 아니기 때문이다. 또 교사는 학생 수십 명의 학습을 책임져야 하기 때문에 예외적인 사건에만 매달릴 수도 없다. 예외적인 사건은 그것만 전담하는 전문가들이 맡는 것이 합리적이다. 그게 바로 복지부 산하에 설치된 아동보호전문기관이다.

수사기관이나 아동보호전문기관은 신고가 접수되면 그 즉시 아동학대 현장에 출동하도록 되어 있으며, 이때 서로 동행하게 되어 있다. 이들은 법적 구속력을 가지고 현장 조사를 하며, 누구도 이 조사를 방해할 수 없다. 학부모라도 이들의 가정방문과 조사를 막을 수 없고, 이들을 문전박대하면 법적 처벌을 받는다. 아동보호전문기관의 직원은 피해 아동의 보호와 조사를, 사법경찰은 학대행위자의 범죄행위를 조사한다. 이렇게 출동한 아동보호전문기관과 수사기관은 조사결과 아동학대범죄가 입증되면 즉각 법을 적용하게 되어 있으며, 학대행위자가 부모 등 친권자일 경우에는 친권을 정지하거나 박탈할 수 있다.

문제는 이러한 절차와 기관의 존재를 아는 사람이 많지 않다는 것이다. 심지어 교사들 중에서도 상당수가 아동보호전문기관의 역할과 권한을 제대로 알지 못한다. 그래서 교사 스스로 이 문제를 해결하려다가 문전박대나 봉변을 당하고 심지어는 고소당할 때도 있다. 법과 제도만 만들어 놓았지, 그 법과 제도가 제대로 작동하도록 적극적인 노력을 하지 않은 것이다.

교사도 잘 모를 정도니 일반 시민들은 당연히 더 모를 수밖에 없다. 그런데 이 법에 따르면 아동학대를 신고해야 할 의무는 교사, 강사, 의사 등에게만 있는 것이 아니라 모든 시민에게 있다. 다만 교사, 강사, 의사는 신고하지 않았을 때 처벌을 받는다는 것이 다를 뿐이다. 그러니 이 법에 대한 부족한 홍보, 그리고 이 법을 집행하고자 하는 빈약한 의지는 졸지에 전국의 모든 어른을 범법자로 만들고 말았다.

책임 있는 언론이라면 바로 이런 것들을 널리 알리는 역할을 해야한다. 모든 시민이 아동보호의 책임자이며 아동학대를 신고할 의무를 가지고 있고, 아동학대는 집안일이 아니라 범죄라는 사실을 분명히 알리고, 그 구체적인 절차와 방법을 알려야 한다. 그리고 정히 교사를 비난하고자 한다면, 관심이나 사랑의 부족이 아니라 이런 제도에 대한 정보 부족을 문제 삼아야 할 것이다. 물론 이 경우 제도를 만들어 놓고 제대로 알리지 않은 정부, 그리고 정부가 알리지 않은 것을 찾아내 국민에게 전하지 않은 언론의 책임도 함께 물어야 한다. 그런데 이런 일을 하는 대신 자극적인 기사를 위해 학교의 교육자인 교사와 마을의 교육자인 부모가 서로를 믿지 못하고 서로를 무관심한 월급도둑과 아동학대 범죄자로 의심하는 분위기를 조장한다면 기레기 소리를 백 번 거듭 들어도 마땅하다. 언론은 이런 예외적인 사건은 다만 예외로서 다루되, 이런 사건이 발생했을 때의 대책이 무엇인지를 중심으로 보도해야지 전반적인 신뢰를 무너뜨리는 방향으로 끌고 가서는 안 된다.

교사는
계급이 없다

서울시 교육청이 2017년 3월 1일자로 교육연구정보원에서 교육 정책 연구를 담당할 교육연구관 한 명을 임용하였다. 그런데 이 인사를 두고 여기저기서 시끄러운 소리가 들리고 있다. 어디서 나오는 소리인가 귀를 기울여 보니 주로 교총 등 보수단체가 내는 소리다. 그들은 조희연 교육감이 전교조 출신에게 특혜 인사를 했다고 주장한다. 그리고 이렇게 한 번에 두 단계를 승진시키는 파격적인 특혜 인사는 그동안 열심히 승진을 위해 준비해 온 다른 교사, 장학사 들의 사기를 떨어뜨릴 것이라는 엄포도 놓고 있다.

참 이상한 주장이다. 우선 특혜라는 말부터 이해하기 어렵다. 교사가 연구관/장학관(이하 장학관)이 된다 해도 특별히 얻는 게 없기 때문이다. 우선 보수가 전혀 오르지 않는다. 36호봉을 받던 교사는 장학관이 되었어도 변함없이 36호봉을 받는다. 오히려 보수는 그대로인데 방학도 사라지고, 교사의 가장 큰 혜택이라고 할 수 있는 학생들과의 유대관계 속에서 교사 자신 또한 성장하는 기쁨이 사라지는 등 잃는 것이 많다. 그러니 교사가 장학관이 된 것을 특혜라고 하는 것은 자신들이 학생들과의 유대관계를 끊는 것을 혜택으로 여길 정도로 교육을 등한시했다고 자백하는 것이나 다름없다.

두 단계 승진이라는 주장도 이상하다. 그들이 두 단계 승진이라고 말하는 근거는 교사가 장학사로 승진하고 장학사가 장학관으로 승진해야 하는데, 교사가 바로 장학관급이 되었기 때문이다. 안타깝게도 이것은 교총의 주장만은 아니다. 실제로 많은 사람이 이렇게 알고 있고, 진보교육감 중 교사 경험이 없는 분들도 이렇게 알고 있다. 현직 교사들도 이렇게 잘못 알고 있는 경우가 많다.

그런데 교사가 승진해서 장학사가 되었다고 주장하는 것은 교사 입장에서는 심각한 모욕이다. 장학사는 교육청에서 6급 주무관 상당의 대우를 받고 있기 때문이다. 그러니 장학사가 되는 것을 승진이라고 부른다는 것은, 교사는 아이들을 가르치고 있는 한 경력이 수십 년이 되더라도 행정직이 아니라 7급 주무관 이하의 최하위 공무원에 불과하다고 말하는 것이나 다름없다. 서류를 만질수록 높아지고, 아이들을 가르칠수록 천해진다는 저열한 가치전도다.

해도 해도 너무하지 않은가? 명색이 교원단체라는 교총이, 더구나 「교원지위향상을위한특별법」에 의해 정책협의를 하도록 되어 있는 교총이 거꾸로 '교원 지위 추락'을 위해 목소리를 높이고 있으니 말이다. 설사 교총이 사실상 교사가 아니라 교장, 교감, 교육전문직원의 이해관계를 대변한다고 하자. 그렇다면 교육청, 교육부에서 실제보다 훨씬 낮은 대우를 받고 있는 교육전문직원의 처우를 개선하기 위해 노력할 일이지, 교사의 지위를 천한 것으로 끌어내림으로써 자신들의 상실감을 보상받으려 할 일은 아니다.

교감이나 장학사 들은 대부분 20년 이상의 교육경력과 대부분 석사 이상의 학력을 가졌으며, 심지어 경쟁 시험까지 치르고 까다로운 임용절차를 거친 사람들이다. 그런데 고작 6급 주무관 대우를 받고 있으니, 지나친 홀대임에 분명하다. 교감, 장학사 들은 단결하여 자신들의 지위를 높일 권리가 있고, 교총은 이를 지원할 의무가 있다. 그런데 그런 정당한 노력을 포기하고 도리어 수십 년의 경력을 가진 동료 교사들을 사실상 신규교사와 동급으로 끌어내림으로써 자기들이 승진했다고 느끼려 하고 있으니, 딱해 보일 지경이다.

교육자가 자꾸 직급을 따지는 게 치졸하고 속되게 보일지 모르겠다. 하지만 세상이 하도 교사를 깎아내리니 사실관계만은 분명하게 해 두어야겠다. 우선 교사, 교감, 교장, 장학사, 장학관은 직급이 아니라는 것부터 분명히 하자. 경찰, 군인 등 다른 특정직 공무원은 계급이 있고, 계급에 따라 다른 보수체계를 가지고 있다. 하지만 초중등교원은 모두 똑같은 호봉체계를 가지고 있다. 교사가 교감이 되건, 교장이 되건 호봉은 단 한 칸도 바뀌지 않는다. 교장이나 교감이 학교에서 이른바 관리자로 군림하는 것은 법에서 부여한 권한, 즉 직책에 따른 것이지 직급상의 차이가 아니다. 하물며 장학사는 더 말할 나위도 없다. 교사가 장학사가 되는 것을, 심지어 장학관이 되는 것도 승진한다 말하지 않는다. 전직이 공식 용어다.

그런데 초중등교원을 사정에 따라 직급이 있는 다른 직렬 공무원으로 임용할 경우에는 문제가 생긴다. 이런 경우에는 인사혁신처의 「공무원 임용규칙」 별표1에 규정된 '일반직, 특정직 공무원의 경력 상당계급 기준'을 준용하게 되어 있다. 여기에 따르면 초중등교원은 교사, 교감, 교장, 장학사, 장학관 구별 없이 오직 호봉을 기준으로 그에 상당하는 직급을 받는다. 표에 따르면 신규교사(9호봉)는 7급, 경력 5년~9년(14호봉~17호봉)은 6급, 경력 10년~14년(18호봉~23호봉)은 5급, 15년 이상 경력은 4급(24호봉 이상)이라고 아주 정확하게 규정되어 있다.

서울시 교육청이 임용한 문제의 연구관은 37호봉 이상의 고경력자인데다 교육학 박사학위 소지자이다. 그런데도 모집공고에 따라 5급 상당의 대우를 받도록 되어 있다. 따지고 보면 두 단계 특혜 승진은커녕 도리어 한 등급 강등된 셈이다. 아이들과의 유대라는 선물을 포기하고, 심지어 강등까지 감수하면서 서울교육혁신을 위해 스스로 희생양이 되었다고 해도 모자랄 판에 두 단계 특혜 승진을 했다고 주장하니 억지도 이런 억지가 없다.

교사들은 자기들이 받는 세속적인 대접에 매우 둔감한 집단이다. 심지어 받을 수 있는 정당한 대우조차 잘 모르는 경우가 많아 법에 나와 있는 만큼도 누리지 못했다. 그러다 마침내 명색이 교원 지위 향상을 위해 존재한다는 교총으로부터 도리어 기존의 지위마저 바닥까지 끌어내리는 설움과 모욕을 받는 지경에 이르렀다.

교육감들은 교총이나 보수언론의 탈법적인 선동에 흔들리지 말고 당당하게 '법대로' 인사를 집행해야 한다. 전교조 등 교원노조 역시 교사의 지위에 대한 명백한 침해에 강력하게 대처해야 한다. 이는 특혜 인사가 아니라 그동안 비정상적으로 폄하되었던 교사의 지위를 법대로 인정해 주는 비정상의 정상화 그 자체이기 때문이다.

세월호와
민주시민 교육

4월 16일은 세월호 참사의 날이다. 기억과 아픔이 아직도 생생한데, 어느새 여러 해가 지났다. 그런데 이 아픈 사건이 그만 정파들의 싸움 소재가 되고 말았다. 박근혜 정부 시절 교육부는 전교조가 발간한 416 계기교육 자료집을 사용하는 교사는 징계하겠다고 겁을 주었다. 전교조는 전교조대로 이를 교권 침해로 간주하고 정면 돌파하겠다고 버텼다.

그런데 계기교육을 강행하겠다는 전교조도, 기어코 막겠다는 교육부도 가장 중요한 사람들인 피해 당사자에게 눈길을 주지 않았다. 물론 그들은 희생자, 유가족 등을 충분히 배려했다고 항변할 것이다. 하지만 바로 그게 문제다. 세월호의 피해 당사자는 희생자와 유가족만이 아니기 때문이다. 세월호 피해 당사자는 이 땅의 모든 초중등 학생과 교사, 즉 학교 구성원 전체다. 이들 모두가 세월호 참사에서 집단적인 트라우마를 받은 희생자다. 그리고 누구도 이들의 집단적 트라우마를 치유해 주지 않았다. 교육은 우선 교육받을 수 있는 마음의 상태를 만들고 난 다음의 일이다. 따라서 이들에게 시급한 것은 위로와 치유인데, 전교조와 교육부 그 누구도 돌보지 않았다.

세월호 참사는 학생 수백 명이 탄 선박이 수천만 명이 보는 가운데 서서히 침몰한 끔찍한 사건이다. 그 긴 시간 동안 희생자들이 안에서 겪었을 공포와 고통, 그리고 그들이 죽어가며 찍은 사진과 동영상을 수많은 국민들이 느끼고 보았다. 특히 당시 초등학교와 중학교에 재학 중이던 학생들은 참사 충격을 거의 직격탄으로 맞았다. 이들 중 상당수는 세월호라는 단어만 꺼내도 고개를 푹 숙이고 힘들어 한다.

교사의 상처도 만만치 않다. 교사는 학생들을 인솔하여 수학여행을 다녀왔고, 또 앞으로도 다녀와야 하는 처지다. 그런데 수학여행을 가는 도중 교사들이 몰살당했다. 더구나 교사들은 이 사회가 교사의 희생을 헐값으로 취급하는 모습에 더 큰 충격을 받았다. 사회는 교사들의 희생을 기리기는커녕 오히려 참사의 범인처럼 몰아붙였다. 단원고 교사들은 동료들의 죽음을 애도할 틈도 없이 성난 유가족들 앞에서 조리돌림당했고, 목숨을 잃은 기간제 교사는 순직조차 바로 인정받지 못했다. 여기에 더해 진보진영 인사들은 학교에서 "가만히 있으라"고 가르쳤기 때문에 학생들이 목숨을 잃었다고 선동하면서 교사들의 상처에 소금을 뿌렸다. 교육부는 교육부대로 안전교육을 강화하라는 깨알 같은 지침을 난사하면서 마치 이 참사가 교사들이 안전교육을 제대로 하지 않아 벌어진 것처럼 책임을 떠넘겼다.

그럼에도 우리는 이 참사의 기억을 이어가고 여기서 교훈을 얻어야 한다. 이는 일제강점기, 위안부, 5·18 등의 과거가 아프고 참혹하지만 이를 외면하지 않고 반드시 기억하고 교훈을 얻어야 하는 것과 같다. 하지만 이런 참혹한 과거를 역사로 배우는 사람들과 피해 당사자의 입장이 같을 수는 없다. 참혹한 역사를 교육하고 교훈을 얻고자 할 때는 반드시 참사의 희생자를 배려해야 하며, 아직 여린 감수성을 가진 어린이, 청소년 들을 대상으로 할 때는 참혹한 사실 그 자체는 가능하면 은유적으로 다루도록 배려해야 한다.

예컨대 독일에서는 파시즘과 유대인 학살 같은 참상이 재현되지 않도록 하는 것을 교육의 중요한 목적으로 삼지만, 그 교육은 가스실 체험, 죽어가는 유대인의 모습을 다룬 동영상 보기 따위로 이루어지지 않는다. 만약 그랬다면 교육이 아니라 가혹행위라는 엄청난 비판을 받았을 것이다. 이런 점에서 세월호 참사와 그 이후의 여러 상황을 너무 사실적으로 제시하고, 희생자의 마지막 순간을 떠올리게 하고 그 심정을 공유하게 하는 활동까지 포함한 전교조의 계기교육 자료는 비교육적이라는 비판을 받아도 할 말이 없다. 제정신을 가진 교사라면 아무도 이런 내용의 자료집을 가지고 세월호 계기교육을 하지 않을 것이다. 아이들은 둘째 치고 피해 당사자인 본인들이 견디기 힘들어 할 수 없을 것이다.

그런데 이에 대한 교육부의 반응 역시 비교육적이었다. 교육부가 진정 '교육부'였다면 전교조 계기교육 자료의 비교육성을 교육의 관점에서 비판했어야 했다. 하지만 교육부는 그 대신 전교조의 계기교육 자료를 사용하는 교사는 징계하겠다는 협박성 공문을 전국의 모든 학교에 살포했다. 협박의 이유도 피해 당사자인 어린이, 청소년의 마음을 더 힘들게 할 수 있디 등 교육적인 것이 아니라 가치판단이 미숙한 학생들에게 편향된 생각을 주입할 수 있다는 등 지극히 정파적이다. 이런 교육부의 모습은 전국의 교사들이 자기 교육관과 줏대도 없이 전교조나 진보교육감의 지령에 따라 꼭두각시처럼 움직일 것이니, 그 꼭두각시 줄을 빼앗아 혼자 움켜쥐어야 한다는 강박을 가진 것처럼 보인다. 결국 세월호도, 교육도 사라지고 두 진영 간의 날선 대립과 갈등만 남았고, 피해자인 학생과 교사는 이 갈등 사이에서 완전히 소외되고 대상화되었다.

혹자는 진상규명이 제대로 되지 않았기에 더 열심히 가르쳐야 하고 학생들에게 진실을 알리는 일이 중요하다고 주장한다. 과연 그럴까? 교육적으로 학생들이 알아야 할 세월호의 진상은 그다지 복잡한 것이 아니다. 떠서는 안 될 위험한 배가 허술한 관리감독 때문에 태연히 운항했고, 해난 사고가 발생하면 승객들을 보호해야 할 선원들이 제 역할을 하지 않았으며, 신고를 받고 도착한 해경은 컨트롤 타워도 구조 전략도 없이 허둥대다 눈에 보이는 선원들만 구하고 골든타임을 놓쳤다는 것이다.

이런 주제를 다루기 위한 소재로 세월호를 직접 다룰 필요도 없다. 특히 피해 당사자이자 마음에 상처를 입은 학생들을 상대로 그래서는 안 된다. 세심한 교사라면 세월호 대신 다른 사례나 문학작품을 이용하여 국가의 총체적 부실과 무책임으로 인한 젊은이들의 희생을 다루고, 이를 바탕으로 학생들이 스스로 세월호 참사에 대해 알아보고 성찰하도록 할 것이다.

여기서 그치면 안 된다. 세월호 교육의 최종 목적은 이런 참사가 다시 일어나지 않도록 하는 것이다. 세월호 참사는 국가의 주인인 국민이 주인 노릇을 제대로 하지 못하여, 권력을 위임받은 자들이 주인을 두려워하지 않고 멋대로 권력을 남용하고 제 할 일을 하지 않았기 때문에 발생한 국가기관의 총체적 부실이 원인이다. 따라서 미래의 주인인 학생들이 국가의 주인 노릇을 제대로 할 수 있도록 성장하는 것이 유일한, 그리고 가장 확실한 예방책이다. 그들이 국가의 주인다운 태도, 윤리, 그리고 구체적인 능력을 갖춘 어른이 되었을 때 국가는 제 역할을 할 것이며, 세월호 참사 같은 어이없는 일은 일어나지 않을 것이다. 세월호 희생자 추모를 위해 학교가 해야 할 일, 그것은 바로 민주시민 교육이다.

민주적인 학교문화를 위한
제언

　교육학에서 가장 권위 있는 저작을 꼽으라고 하면 존 듀이의 『민주주의와 교육』은 절대 빠지지 않을 것이다. 그런데 이 제목을 다시 음미해 볼 필요가 있다. 왜 교육학 총론에 해당되는 이 책의 제목이 '민주주의와 교육'일까? 왜 민주주의 교육도 아닌, 교육의 민주주의도 아닌 민주주의'와' 교육일까?

　듀이가 '민주주의와 교육'이라는 제목을 붙인 까닭은 민주주의 없이는 교육이 이루어지지 않으며, 교육 없이는 민주주의가 이루어지지 않기 때문이다. 이는 민주주의가 다만 제도, 절차를 의미하는 것이 아니라 그 나라, 사회 구성원들의 사고방식과 태도, 즉 문화를 의미하는 것이기 때문이다. 아무리 민주적인 제도와 절차가 갖추어져 있더라도 그 사회 구성원들의 문화가 비민주적이라면, 그 사회는 민주적인 사회가 아니며 그 나라는 민주주의 국가가 아니다.

　이미 2500년 전 아리스토텔레스는 민주주의는 '시민의 덕'에 의존하며, '시민의 덕'이 뒷받침되지 않을 때 민주주의는 순식간에 최상의 정치에서 최악의 정치인 '중우정치'로 돌변한다고 경고했다. 마키아벨리가 『군주론』을 쓴 것도 군주정치를 예찬하고 정당화하기 위해서가 아니었다. 마키아벨리는 원래 민주공화정을 지지하던 인물이다. 그러나 그가 보기에 당시 이탈리아인들의 덕성이 타락해 민주주의가 불가능하고, 간교하고 냉혹한 군주정 이외에는 바랄 수 없다고 보았기에 차선 혹은 차악으로서 『군주론』을 쓴 것이다.

그렇다면 시민의 덕성이란 도대체 무엇일까? 여기에는 근대 민주주의의 핵심 사상가인 장 자크 루소가 말한 "통치할 수 있으면서 복종할 수 있는 태도"가 딱 들어맞는다. 자신의 사적인 이해 동기가 아니라 공적인 동기를 가지고 공명정대하면서 유능하게 업무를 처리할 수 있는 능력과 태도, 자신이 만들고 합의한 법과 규칙에 복종할 수 있는 태도, 자신이 그 일원으로서 참가한 주권자의 결정에 복종할 수 있는 능력과 태도가 바로 시민이 갖추어야 할 덕성이다. 이러한 민주적인 문화가 몸에 밴 시민 없이 제도와 절차만으로 존재하는 민주주의는 사실상 민주주의처럼 보이는 형식주의에 불과하다.

문화란 자연적인 속성이 아니라 인간이 학습의 결과로 획득한 속성으로서 사회 구성원들이 공유하고 있는 것들을 통칭하는 것이다. 유전의 결과가 아니라면 배워야 하고, 모든 사회 구성원들이 공유해야 한다면 체계적으로 배워야 한다. 다시 말해 교육되어야 한다. 따라서 민주주의가 민주적인 문화가 몸에 밴 시민들을 필요로 한다면, 이를 가능하게 하는 유일한 방법은 교육을 통해 그러한 시민들을 길러내는 것이다.

문제는 그 교육을 어떻게 하느냐이다. 여기서 존 듀이는 민주주의에 필요한 시민의 덕성은 민주주의를 실행함으로써 교육되어야 한다는 역설적인 주장을 한다. 우리의 배움 과정이 인지와 실행의 종합으로 이루어져 있기 때문이다. 이성과 감성, 이론과 실천, 추상과 구체, 그리고 머리와 몸. 이 양자의 통합이 이루어질 때 비로소 배움이 가능하다. 민주적인 문화가 몸에 배게 하는 교육은 학생들이 민주적인 삶을 살면서 민주주의를 자신의 경험에 통합하도록 하는 것뿐이다.

만약 머리로는 민주주의를 생각하고 민주시민의 덕성으로 가득 차 있더라도 몸이 처한 현실이 억압과 굴종뿐이라면 선택지는 셋이다.

하나, 몸이 처한 현실을 바꾼다. 말하자면 세상을 바꾸고 뒤집는 운동에 나서는 것이다.

둘, 몸이 처한 현실에 맞게 생각을 바꾼다. 즉, 머릿속의 민주주의를 이상에 불과하다고 치부해 버리고 현실에 맞춰 사는 것이다.

셋, 미쳐 버린다.

이 중 두 번째가 가장 쉬워 보이는 것은 인지상정이다.

학교 교육은 감수성이 예민한 어린이와 청소년을 대상으로 한다. 이들에게 이런 모순을 경험하게 할 수는 없다. 만약 머리로는 교과서와 교사를 통해 민주주의를 배우지만, 실제 그들의 몸이 처한 상황, 즉 학교가 전혀 민주적이지 않다면 학생들은 민주주의에 대해 배운 내용을 거짓말이나, 시험을 본 뒤 잊어버릴 빈말로 취급하거나 학교를 향해 거세게 저항하던가 해야 한다. 그리고 대부분 첫 번째 선택지를 택한다. 이를 두고 패기가 없다고 비난할 수는 없다.

더구나 시민의 덕성은 지식보다는 사고방식과 태도, 즉 문화의 영역에 속한다. 문화라는 것은 인식하는 것이 아니라 몸에 스며들고 새겨지는 것이다. 충분히 스며들고 새겨지지 않은 상태에서는 제도가 아무리 민주적으로 훌륭하다 하더라도 민주주의는 이루어지지 않는다. 멍석을 깔아 놓아도 안 되는 것이다.

우리 학교는 충분히 민주적인가?

민주주의는 제도 및 절차, 그리고 문화라고 했다. 그렇다면 학생들이 머리와 몸으로 민주주의를 익혀야 하는 우리 학교는 충분히 민주적일까? 아니면 머리와 몸이 분열될 상황인가? 이 역시 제도와 절차, 그리고 문화 두 측면에서 살펴보겠다.

먼저 제도적인 측면에서 보자. 안타깝게도 우리나라 학교의 제도와 절차는 OECD의 다른 나라들과 비교해 볼 때 결코 민주적이라고 말할 수 없다. 우선 교육법부터 잘못되었다. 우리나라의 교육법은 한결같이 중앙 정부가 일선 학교 하나하나, 교사 한 사람 한 사람을 세밀하게 통제할 수 있는 강고한 중앙집권제를 전제로 한다. 우리나라 교육법의 원판이 일제강점기 조선총독부가 교사들을 통제하려고 만들어 놓은 것이기 때문이다. 다른 법률도 그렇지만 교육법들 역시 해방 이후에도 약간의 손질만 거쳐 그대로 사용되었다. 더구나 이후 들어선 권위주의, 군사독재 정권에게는 이런 전시동원을 위해 만들어 놓은 교육법이 여러모로 쓸모가 있었다. 따라서 교사 통제는 더 강화되어 있고, 강력한 중앙집중식 교육 통제의 내용도 더 상세하게 추가되었다.

그 결과 우리나라 학교들은 오랜 세월 동안 마치 군대의 소대, 관공서의 말단기관처럼 층층시하의 제일 아래에 있었다. 2000년대에 도입된 교육 자치는 허울뿐이다. 엄밀히 말하면 교육 자치라기보다는 교육부장관의 권한 일부를 대행하는 위임전결제도에 불과하다. 교육감이 일선 학교 교장 하나 장학관 하나 임명하지 못하도록 교육부가 시행령으로 통제할 수 있는 상황에서 교육 자치라는 말은 형용모순에 가깝다.

요컨대 우리나라의 교육제도는 교육부장관은 국방부장관이나 마찬가지이며 교육감은 사단장, 교육장은 대대장, 교장은 중대장, 교사는 소대장, 학생은 병사처럼 취급되는 그런 체제를 만들어 놓았다. 실제로 1학년 3반 할 때 '반'이라는 말 자체가 일제강점기 때 전시 동원을 위해 편성한 단위인 '반(班)'에서 비롯되었다. 또 1980년대까지 학생들은 군대식으로 편성되었다. 학급은 소대, 학년은 대대, 학교 전체는 연대였다. 학생회장이 아니라 연대장이었고, 시시때때로 운동장에서 교장에게 거수경례를 하고 그 앞에서 분열 행진을 하면서 '우로봐', '받들어총'까지 했다.

문제는 민주화 이후에도 교육법 전반에 걸친 세밀한 제도개혁이 이루어지지 않았다는 것이다. 그래서 기존의 통제 위주 교육 조항 중 상당수가 그대로 남아 있는 실정이다. 이런 상황에서 교원능력계발평가, 성과급 등 이른바 신자유주의 경쟁체제까지 도입되었다. 아무리 정부와 교육청이 "학교의 민주화"를 부르짖어도, 학교를 움직이는 매뉴얼인 법률에 권위주의의 잔재가 잔뜩 남아 있는 상황에서는 공염불에 불과하다.

이는 학교 안에서도 마찬가지다. 우리나라 학교는 수많은 협의회와 위원회를 두도록 되어 있다. 그러나 이 많은 협의회와 위원회의 결정 내용을 반영할지 말지가 순전히 교장의 자의적 판단에 달린 경우가 많다. 물론 교장이 그 결정을 존중하는 경우가 많지만, 언제든지 뒤집을 수 있다. 이러니 교사들은 자기 의견을 말하기보다는 수첩을 들고 교장의 입만 바라보게 되며, 교장은 교육감의 입을 바라보게 되며, 당연히 학생은 교사의 입만 바라보게 된다.

그럼 문화는 어떨까? 우리나라의 학교 문화는 민주적일까? 오히려 더 암담하다. 우리나라의 학교는 그나마 법에 정해진 최소한의 민주적 요소마저 오래된 관행과 학교 문화에 의해 묵살되는 경우가 많다. 일종의 문화지체 현상이 일어나고 있는 것이다.

무엇보다도 일제강점기와 독재정권 시절에 고착화된 관치의 문화가 온존해 있는 것이 문제다. 교육실천보다 행정업무를 우선시하는 풍토, 그리하여 수업을 하는 대신 행정업무를 담당하는 자리로 가는 것을 승진으로 간주하는 풍토가 여전히 뿌리 깊게 자리 잡고 있다.

그래서 교장이 바뀔 때마다 학교 전체의 방향이 시계추처럼 오락가락한다. 진정한 민주공화국의 학교라면 아무리 교장이 바뀌더라도 학교 공동체가 합의하지 않는 한 바뀌는 것이 없어야 한다. 그리고 교장은 다만 공동체가 합의하고 위임한 것만 수행하는 일종의 피고용인 같은 위치에 머물러야 한다.

그러나 우리나라 학교의 교장들은 법령에 따라 위임된 만큼의 재량권을 넘어선 무소불위의 권력을 휘두르고, 학교 구성원들에게 거의 전인격적인 지배권을 행사하는 경우가 많다. 문제는 법과 제도 때문이 아니라 가부장적인 학교 문화 때문에 이미 교사들 중 상당수가 이를 받아들이고 마는 것이다.

또, 우리나라 학교에는 왜곡된 유교문화의 잔재가 뿌리 깊게 뒤엉켜 있다. 유교적인 흔적이 엿보이지만 실상은 유교와는 무관한, 오히려 정반대되는 그런 찌꺼기들이다. 그래서 공자나 맹자조차 이해하지 못할 괴상한 관행들이 '미풍양속'이라는 이름으로 학교의 일상을 지배하고 있다.

예컨대 교직원들을 '식구'라고 부르고, 학교의 기관장으로서 법령이 정한 권한과 역할만 수행하면 되는 학교장을 이 '식구'들의 가부장처럼 대접하는 풍토가 그렇다. 우리나라 학교에서 교장은 입헌주의에 입각해서 수립된 공화국의 한 기관장이 아니라 학교라는 일종의 씨족이나 부족집단을 다스리는 족장이나 가부장이다. 그래서 교사는 "법이 정한 바에 따라 학생을 교육하면" 그만인데도 교장의 인격적인 지배를 받고, 이를 교실로 가져가 "법이 정한 바"를 넘어 전인격적 지배자로 학생 위에 군림하기 쉽다.

학교를 민주주의에서 멀어지게 만드는 왜곡된 유교 잔재에는 겸손, 중용 등의 전통윤리에 대한 잘못된 이해가 있는데, 이런 그릇된 이해가 끼치는 악영향 역시 엄청나게 심각하다. 원래 중용은 사물의 이쪽 끝과 저쪽 끝을 알고 그 앎을 바탕으로 치우치지 않는 지점을 찾는 것이지, 무작정 어떤 편도 아닌 기계적 중립을 취하라는 것이 아니다. 그런데 우리나라 학교에서는 올바른 입장을 취하는 것이 아니라 "가만히 있으면 중간은 간다"는 태도가 중용인 양 통용되고 있다. 이는 교사나 학생 들이 과감하게 자기 주장을 하는 것을 가로막는 문화적 장벽이 된다.

겸손 또한 그렇다. 원래 겸손이란 자기 자신에 대해 지나치게 자부하지도, 또 지나치게 비하하지도 않는 당당하면서도 솔직한 태도다. 공자는 무작정 자기 자신을 낮추는 사람을 겸손하다고 보지 않고, 오히려 아첨한다고 보았다. 그래서 교언영색을 경계했던 것이다. 그러나 우리나라 학교에서는 자신을 조금이라도 내세우면 거만하다고 하며 겸손을 강요한다. 기실 우리나라 학교에서 요구하는 겸손은 차라리 비굴함에 가까우며, 어떤 쟁점에 대한 완전한 침묵을 요구하는 것이다.

문화는 그 집단 구성원들 간의 상호작용, 즉 말에 의해 결정된다. 하이데거는 언어는 존재의 집이라고 했다. 우리는 우리가 말하는 바대로의 사람이 된다. 실제로 우리의 삶 대부분은 일상생활이며, 일상생활은 결국 다른 사람과 서로 말을 주고받는 행위다. 문제는 어떤 말을 주고받느냐 하는 것이다. 그런데 우리나라 사람들, 특히 교사들은 대화가 서투르다. 말은 많이 하지만 대화는 거의 없다.

여기서 대화란 단지 서로 말을 주고받는 것이 아니다. 대화란 말을 주고받는 과정 속에서 서로에 대한 이해의 폭을 넓히고, 말의 내용과 말을 주고받는 규칙까지 상호 조정해 가는 과정이다. 따라서 대화는 철저히 평등한 당사자를 전제하며, 대화가 이루어지는 한 쌍방은 평등하다.

민주주의란 결국 대화의 정치다. 서로 평등하고 대등한 상황에서 서로의 견해를 주고받고 상호조정과 상호합의에 이르는 과정이기 때문이다. 이러한 대화의 능력은 타고나는 것이 아니라 교육되어야 하는 것이며, 당연한 말이지만 대화를 통해 교육되어야 한다. 그래서 아테네의 지도자 페리클레스는 그의 유명한 연설문에서 아테네에서는 시민들이 폴리스의 중요한 일을 "토론을 통해 결정한다"라고 자랑했다. 또 같은 이유로 소크라테스는 토론에서 상대를 이기는 변론술을 가르치고 다녔던 소피스테스들을 아테네 정치의 적으로 규정하고 그들의 탈을 벗기려고 노력했다. 변론술을 익힌다는 것은 대화에서 상대방보다 우월한 위치에 서고자 하는 것이기 때문이다.

안타깝게도 우리나라 학교는 대화가 부족하다. 도무지 대화라는 것이 불가능한 풍토가 만연해 있기도 하다. 사실 학교만의 문제는 아니다. 오바마 미국 대통령이 방한했을 때, 기조연설을 한 뒤 취재진에게 "질문 있습니까?"라고 하자 아무도 질문하지 않았고, 엉뚱하게 중국 기자가 질문을 했다는 낯 뜨거운 사례가 있다. 캐묻는 것이 직업인 기자들이 그 정도라면 일반인들은 더 말할 나위도 없을 것이다.

우리나라 학교에서 누가 말하느냐, 누가 말의 규칙을 정하느냐는 철저히 위계서열에 따라 정해진다. 교장은 마음껏 이야기한다. 하지만 교사들은 교장의 말을 들어야 한다. 교직원회의가 얼마나 늦게 끝나느냐가 순전히 교장의 일장 연설의 길이에 달린 학교들이 부지기수다. 교장은 마음껏 결정한다. 하지만 교사들은 교장의 결정에 반론을 제기할 수 없고, 심지어 질문도 할 수 없다. 침묵과 받아적기만 존재한다.

이 흐름이 그대로 교실로 간다. 수업 시간에 대화는 없다. 교사는 교육과정, 교과서에 대해 다른 생각을 할 수 없다. 학생은 교사가 하는 말에 대해 다른 생각을 할 수 없다. 설사 다른 생각을 하고 이의를 제기했다 하더라도 가장 마지막 대답 "교과서에 이렇게 나오니까" 앞에서 막힌다. 학교는 거대한 일방향 소통의 최말단이다. 윗사람의 말을 절대적으로 들어야 하는 풍토, 교과서의 내용 그리고 그 교과서를 전달하는 교사의 말을 절대적으로 들어야 하는 풍토, 그 반대 방향으로의 말의 흐름이 빈약한 풍토에서 민주주의는 싹이 트는 단계에서부터 시들어 버린다.

그렇다면 무엇을 해야 하는가?

1)제도와 절차 면에서

모든 법률이 그렇듯이 교육법 역시 헌법에 비추어 세밀하게 재개정되어야 한다. 우리나라 헌법에서 교육은 모든 국민이 누려야 할 권리로 규정되어 있고, 교육의 자주성·전문성·정치적 중립이 헌법상의 권리로서 보장되어 있다. 그런데 이러한 교육의 권리는 어디까지나 국민의 자유와 권리 보호라는 헌법의 가장 근본적인 목적을 위해 존재히는 것이다.

그러나 현재 우리나라 교육법의 구체적인 조항들은 교육의 목적이 '민족중흥의 역사적 사명'이던 시절의 내용을 상당히 많이 담고 있다. 이런 것들을 샅샅이 찾아서 시대에 맞게 바꾸어야 한다. 법이 시대에 맞지 않아 제 노릇을 하지 못할 때, 현장 관료들의 재량권 범위가 넓어지면서 이들이 교육 위에 군림하게 된다.

헌법이 바뀌면, 교육법은 바뀐 헌법 정신에 맞게 꼼꼼하게 다시 작성되어야 한다. 형법이나 민법 같은 일반 법률과 그 위상이 다르기 때문이다. 공교육은 뒤르켐이 말한 대로 세속의 성전이고, 세속의 사제이며 공동체를 대표하는 것이다. 이는 종교가 바뀌면 교리가 바뀌고 성직자의 역할도 바뀌는 것과 마찬가지다.

현재 우리나라 헌법은 권위주의 독재시대를 청산하고 시민이 참여하는 자유롭고 정의로운 민주공화국을 지향하고 있다. 따라서 그 축소판인 학교 역시 학교 구성원들이 정치적인 효능감을 느낄 수 있는 제도를 갖추어야 한다. 각종 위원회, 협의회, 그리고 학생회를 설치하는 것으로는 충분하지 않다. 학교 구성원들의 활동이 실제 학교 운영이나 교육정책에 영향을 줄 수 있고, 이들이 그 영향을 느낄 수 있도록 해야 한다. 그래야 시민으로서의 자긍심을 가지게 되며, 민주주의에 대해 냉소적인 입장을 취하지 않게 된다.

2) 문화 면에서

민주적인 문화는 학교 구성원들이 권력을 기꺼이 내려놓고, 또 자신의 권력에 대한 각종 견제를 당연한 것으로 받아들이는 풍토가 조성되는 것이다. 이는 한두 사람의 노력으로 될 일은 아니다. 모두 작은 것부터 꾸준히 바꾸려 노력하면서 이루어진다.

①민주적인 공간 구성

사람은 신체를 가지고 공간 위에서 살아가는 존재다. 따라서 신체가 어떤 상태로 있는가, 그리고 신체가 거하는 공간이 어떤 구조를 이루고 있는가는 사람의 생각과 행동에 매우 중대한 영향력을 발휘한다. 특히 어떤 사회의 공간 구성은 그 사회의 권력관계를 보여 주는 거울과 같다. 이런 점에서 민주적인 학교문화는 먼저 교무실의 구조를 바꾸는 것에서 출발해야 한다.

교무실을 문자 그대로 해석하면 교육업무가 이루어지는 방이다. 학교업무라는 의미의 교무(校務)가 아니다. 교육은 학생과의 만남, 그리고 이를 통해 얻은 피드백을 소화하는 교사의 연구가 어우러질 때 이루어진다. 따라서 교사에게 필요한 공간은 학생과의 만남이 이루어질 수 있는 교실과 상담실, 연구를 할 수 있는 연구실, 독서실, 그리고 동료와 간담과 토론이 가능한 카페나 라운지 같은 곳이다.

그렇다면 우리나라 학교의 교무실은 교육업무가 이루어지도록 조성된 공간일까? 그렇지 않다. 교사들을 교육이 아닌 행정업무별로 위계서열에 맞춰 한 공간에 모아 놓은 곳에 지나지 않는다. 이런 공간에서는 어떤 교육업무도 제대로 하기 어렵다. 학생을 상담할 수도, 독서와 연구를 할 수도 없다. 그렇다고 휴식을 취할 수 있는 것도 아니다. 교무실의 유일한 기능은 교사들을 한 곳에 모아 교감의 감시 아래 두는 것이다.

독재는 권력이 볼 수 없는 곳에서 사람들이 모여 이야기하는 것을 두려워한다. 감시는 독재의 본능이다. 그런 의미에서 우리에게 익숙한 교무실은 학교 안의 독재 잔재다.

민주주의는 카페와 살롱에서 싹텄다. 왕실과 유력 귀족의 권력으로부터 자유로운, 시민들만의 자유로운 연구와 토론의 공간이 하나둘 생기면서 비로소 민주주의가 널리 퍼질 수 있었던 것이다. 그런데 우리나라 학교에서 자기만의 공간을 가지고 있는 사람은 교장뿐이다. 이런 비민주적인 공간에서 비민주적인 생활을 하고 있는 교사들이 교실에 들어가서 민주시민 교육을 할 수 있다고 믿는다면 그건 망상에 불과하다. 사람은 자기가 할 수 있는 만큼 가르칠 수 있을 뿐이다.

②대화의 복원

문화는 결국 사회 구성원들 간의 상호작용, 즉 담화를 통해 구성된다. 민주적인 문화가 정착되려면 담화가 민주적이라야 하며, 이는 학교에서 대화가 복원되고 보편화되어야 함을 뜻한다.

대화의 복원은 먼저 교직원회의 등의 회의 석상에서부터 가시적으로 이루어져야 한다. 자리 배치를 모든 참가자가 동등한 시선에서 마주 볼 수 있는 대형으로 바꾸고, 교장·교감과 각 부장교사의 자리를 따로 두지 않고 누구나 앉고 싶은 곳에 앉고, 누구든 의제를 신청하면 그 의제를 중심으로 토론하는 경험을 교원들부터 자주 가져야한다.

일상적인 대화에서도 의식적인 노력이 필요하다. 누구라도 자신의 지위를 이용하여 발언을 독점한다거나, 다른 사람의 발언을 묵살하거나, 자신의 의견을 강변하는 등의 행위를 할 수 없다는 규칙이 내면화되어야 한다.

이는 수업에도 반영되어야 한다. 수업은 대화가 되어야 하며, 대화가 이루어지지 않으면 수업은 교육이 아니다. 우선 교실의 배치도 모든 학생이 교사만 바라보는 일방적인 것에서 벗어나 학생과 교사가 동등하게 시선을 공유할 수 있는 구조로 바꿀 필요가 있다. 이런 동등한 구조 속에서 교사는 학생들보다 주제에 대해 더 많이 알고 있는 참가자로서 대화하거나, 대화를 촉진하는 역할을 담당하는 것이다.

이 수업은 훈시가 아니라 대화이기 때문에 학생들의 의견은 주제를 벗어나지 않는 한 묵살되거나 반박되지 않는다. 함께 진지하게 고려한 뒤, 서로가 수긍할 수 있는 수준에서 채택, 조정, 혹은 기각된다. 주제에서 벗어나더라도 즉시 기각되는 것이 아니라 주제를 벗어났다는 사실을 대화를 통해 서로 확인하고, 그 진술을 주제와 맞추는 조정의 과정을 거친다. 물론 학생뿐 아니라 교사의 견해 역시 학생들이 정당하게 반박한다면 기각될 수 있어야 한다. 이러한 수업이 바로 대화의 수업이며, 교육이 일어나고 있는 수업이다.

③개인에 대한 존중

민주주의가 다른 정치제와 구별되는 가장 큰 이유는 개인의 자유에 높은 중요성을 부여하기 때문이다. 페리클레스는 "아테네 사람들은 공적인 생활에서는 법을 준수하고, 사적인 생활에서는 완전한 자유를 누린다"라고 자랑했다.

그런데 학교는 1차집단과 2차집단의 성격이 뒤섞인 공간이라 공적인 생활과 사적인 생활이 뚜렷하게 구별되지 않는 장면이 많은 곳이다. 이것을 명확하게 구별해야 한다. 교장은 교사에게, 교사는 학생에게 법령이 정하고 있는 권한과 권위 이상을 발휘하지 않으려고 노력해야 한다. 즉, 그들은 다만 국민의 이름으로 부여된 법령을 대리하여 집행할 뿐이다. 그리고 그 법령의 범위 밖에서 학교 구성원들은 모두 동등하며, 서로의 삶을 존중받아야 한다.

전체의, 혹은 다수의 압력에 의해 소수, 혹은 개인이 법령과 무관한 사적 영역을 침범당하고 다른 선택을 강요받는다면 민주주의는 이미 그 기반에서부터 무너진 것이다. 그 누구도 취향이나 생활방식을 강요받지 말아야 한다. 그런 점에서 일괄적으로 진행되는 이른바 교직원 여행, 회식 등을 교사와 직원 들이 자발적으로 구성한 소집단별로 진행하는 방식 등으로 바꾸어 볼 필요가 있다. 전체의 뜻을 따르지 않고 자신의 뜻에 따라 결정되는 경험을 많이 한 교사가 학생에게도 민주주의를 자신 있게 가르칠 수 있다.

교육의 전문성을 존중하는 학교

지금까지 학교의 민주적 문화에 필요한 것이 무엇인지, 그리고 장애가 되는 것이 무엇인지 살펴보았다. 민주시민 교육은 민주주의 그 자체로 이루어져야 한다. 그리고 민주주의는 결국 권력의 분산과 견제, 그리고 대등한 대화를 통한 다양한 생각과 견해의 조정과 합의 과정이다.

우리나라 헌법은 교육의 자주성과 전문성을 존중한다고 명시하고 있다. 그리고 교육은 항상 열려 있는 물음을 향해 가는 탐구의 과정이라는 점에서 본질적으로 민주적인 행위다. 따라서 학교뿐만 아니라 어떤 조직이든 교육을 중요시하면 할수록 민주적으로 변한다. 하물며 교육을 목적으로 하는 학교는 더 말할 나위도 없다.

교사는 교육 전문가다. 전문가는 이미 익힌 기술을 반복하는 것이 아니라 계속해서 새로운 지식을 탐구하고 창조하고 연마하는 사람이다. 이를 위해 새로운 것을 익히고 숙성시킬 여백의 시간, 이러한 탐구의 과정에 간섭받지 않고 전념할 수 있는 독립성이 필요하다.

반면 관료제는 본질적으로 위계적이며 민주적 문화와 거리가 멀고, 전문성의 신장에도 방해가 된다. 관료제는 이미 정해진 위계와 절차에 따른 무한정한 반복 작업만 요구한다. 탐구와 창조는 정해진 위계와 절차를 흔들기 때문에 관료제가 가장 경계하는 일이다.

결국 민주적인 학교문화란 교육이 이루어지는 학교, 교육이 모든 일의 중심에 있고 교육이 이루어지는 교실을 위해 학교의 다른 영역이 기꺼이 봉사하는 학교다. 교육이 중심에 서는 순간 학교의 구성원들은 대등하게 바뀌며, 기존에 권력을 가지고 있던 사람과 기구, 즉 교장, 교감, 교육청은 봉사하는 위치로 바뀐다.

학교를 좀먹는
다홍치마

　우리 속담에 '같은 값이면 다홍치마'라는 말이 있다. 우리나라에 겉모습을 중요시하는 문화가 뿌리 깊게 자리 잡고 있음을 보여 주는 속담이다. 꼭 우리 문화만의 특징은 아니다. 인간의 본성상 기능과 비용이 비슷한 선택 가능한 제품들이 앞에 있다면, 그중 예쁜 것을 선택하는 것은 당연하다.

　문제는 이 세상에 공짜는 없다는 것이다. 똑같은 품질을 가진 제품이 더 훌륭한 디자인까지 갖추고서 같은 가격일 수는 없다. 만약 가격이 같다면 성능이 조금 떨어지거나, 즉 빛 좋은 개살구이거나 만드는 과정에서 주어야 할 누군가의 몫을 주지 않았다는 뜻이다. 만약 빛도 좋고 맛도 좋은 살구가 나타난다면, 틀림없이 생산자들의 대가 없는 초과노동의 결과물일 것이다.

　그런데 은근슬쩍 이 속담의 의미도 달라졌다. 원래 이 속담은 선택할 때 기능만 따지는 것이 아니라 미적 취향도 따져야 한다는 의미에서 소비자의 행동을 통찰한 것이다. 그런데 생산자들의 초과노동을 강요하는 말로 바뀌었다. 그 전에는 치마만 만들면 됐는데 어느새 다홍색까지 들여야 하는 일이 되어 버린 것이다.

　다홍색에 대한 보상은 없다. 다만 '이왕 만들었으니 다홍색도 들여'가 되는 것이다. 그리고 마침내 치마보다 다홍색을 더 중요하게 생각하는 지경에까지 이르게 되었다. 변덕스런 현대사회의 소비자들은 순간의 선택에 매달리지 어떤 상품을 오래 사용하지 않으니, 다홍색으로 일단 소비자를 끌어들여야 한다는 것이다. 그래서 치마 본연의 기능, 예컨대 입기에 편하고, 보온 혹은 통풍이 잘되고, 견고해서 쉽게 상하지 않는 것보다는 다홍색 물이 얼마나 잘 들었는지가 더 중요해지고 말았다.

이를 '다홍치마주의'라고 부르자. 그렇다면 우리 사회 곳곳이 이 다홍치마주의에 깊게 물들어 있음을 확인할 수 있을 것이다. 예컨대 사업계획서의 생명은 정확한 내용과 비전이다. 그런데 여기에 '같은 값이면 다홍치마'가 붙으면서 기업이나 공공기관의 사업계획서는 날이 갈수록 화려해졌다. 또한 발표 내용보다는 발표를 드러내는 파워포인트의 화려함이 더 중요해졌다. 핵심을 정확하게 단 한 페이지의 문서로 발표한 사람보다 책 한 권 분량의 계획서, 수십 페이지의 화려한 슬라이드 쇼를 보여 주는 사람이 유능한 사람 대접을 받는 지경이 된 것이다. 실제로 공공기관의 많은 공개입찰에서 파워포인트 잘 만드는 업체가 선정된다는 것은 공공연한 비밀이다.

어느 일본인이 서울의 아름다운 야경을 만든 비결이 무엇이냐고 물어보자 "야근입니다"라고 대답했다는 웃지 못할 이야기가 있다. 그런데 저렇게 많은 사람이 야근까지 하면서 하는 일이 무엇이냐고 물어본다면, 거의 대부분 문서를 보기 좋게 꾸미고, 파워포인트를 멋있게 만드느라 그렇다고 대답할 것이다. 실제로 오스트레일리아 출신으로 우리나라 굴지의 대기업에서 일하다 고국으로 돌아가게 된 사람이 마지막으로 한국인들에게 하고 싶은 말이 뭐냐고 묻자 "파워포인트 좀 그만 만들어라"라고 대답했다는 일화가 있다. 어느 대기업의 전문경영인이 각종 보고서 및 기획안을 파워포인트를 쓰지 말고 표지를 생략한 두 페이지 이내로 작성하게 하자 업무 효율이 훨씬 높아졌다고 한다. 중요한 건 치마이지 다홍색이 아닌 것이다.

세상이 이렇다 보니 아이들을 진실되게 길러야 할 교육까지 이 다홍치마주의가 어지럽히고 있다. 학생들의 '역량'이 아니라 학생들을 '역량 있어 보이게 하는' 각종 방법이 비싼 돈에 거래되고 있다. 학부모가 교사에게 생활기록부에 학생의 역량과 인성에 대한 정확한 정보가 아니라, 학생을 그럴듯하게 보이게 만드는 꾸미기를 대놓고 요구하기도 한다. 능력, 역량이 아니라 볼거리라는 의미의 '스펙'이라는 용어가 거의 공식 일반명사로 사용되는 것 자체가 이 다홍치마의 병폐를 잘 보여 주고 있다. 학생들이 역량을 기르는 것이 아니라 스펙을 수집하고, 그 스펙마저 직접 노력하여 수집하는 것이 아니라 돈을 주고 사실상 남의 것을 사서 꾸미는 곳에서 어떤 교육이 가능할까? 학생다운 문제의식과 정확한 탐구방법으로 간결하게 작성한 보고서보다 아무 의미 없이 참고문헌과 인용문으로 한껏 멋을 낸 두툼한 보고서가 상을 받는 그런 상황에서 어떤 교육이 가능할까? 진학 때 제출하는 교사 추천서를 학생에 대한 교사의 진실한 견해가 아니라 학생이 훌륭해 보이게끔 꾸며 주는 장신구처럼 생각하는 곳에서 과연 제대로 된 교육이 가능할까?

그런데 학생들이 이런 스펙질을 어디서 배웠겠는가? 결국 어른들의 책임이다. 학교가 실제 교육 역량을 키우고, 실제 교육을 제대로 하는 것보다는 마치 그런 것처럼 보이게 만드는 다홍치마주의에 휩싸여 있기 때문이다. 학생들과 소통하고 교육 실천을 알차게 한 교사보다는 공문서와 보고서를 멋지게 작성하고, 공개 수업이나 발표회에서 내외빈 의전에 소홀함이 없는 교사가 더 높은 평가를 받는다. 학생들에게 따뜻하고 진취적인 배움터가 되었던 학교보다는 각종 특색사업 추진실적을 보기 좋은 책자로 잘 꾸며 내놓는 학교가 우수 학교로 선정된다. 말하자면 학교도 교육 실천의 내용보다는 스펙에 매달리고 있는 것이다. 그러니 학생들이 역량을 알차게 키우기보다는 스펙을 화려하게 꾸미려 하는 것도 나무랄 일이 못 되는 것이다.

이오덕 선생은 학생들에게 거짓으로 꾸미는 것을 가르칠 수 없다면서 '글짓기'라는 말도 쓰지 말자고 했다. 자기 마음을 드러내는 글을 써야지, 어째서 마음에도 없는 말을 '짓느냐'는 것이다. 그런데 이제 우리나라 학교, 그리고 사회는 '글짓기'의 수준을 넘어 '글 꾸미기'의 경지까지 이르고 말았다. 페이퍼백이 많은 미국이나 일본과 달리 값비싼 양장본이 많이 나오는 우리나라 출판시장 역시 독자들이 책의 내용보다 모양을 보고 선택하는 경우가 많아서라고 한다.

이건 차라리 교육이 제대로 되지 않고, 그래서 역량의 계발이 제대로 이루어지지 않은 것만도 못하다. 그럴듯하게 꾸미지 않았다면 적어도 그럼 잘못되고 있다는 것만큼은 알 수 있을 것이기 때문이다.

하지만 지금은 학교가 온통 다홍색으로 물들어 있어서, 뭔가 잘못되고 있지만 어디에서 문제가 발생하고 있는지 찾아보기도 어렵다. 공교롭게도 요즘 중학생은 물론 초등학생까지 화장을 하고 다닌다. 그래서 여기저기서 입술을 '다홍색'으로 덕지덕지 물들이고 다니는 청소년과 어린이를 쉽게 찾아볼 수 있다.

교육혁신은 먼저 학교에 짙게 물들어 있는 다홍색 물을 빼는 것에서 시작해야 한다. 그리고 학생, 학교, 교사의 진실된 모습을 직시해야 한다. 더 나아가 다홍색 물을 들이려는 일체의 시도를 반교육적인 것으로 규정하고 엄격하게 금지해야 한다. 특히 다홍색 물이 빠진 자리에, 혹은 다홍색 물이 미처 빠지기도 전에 혁신이라는 이름으로 또 다른 다홍색 물을 들이지 않도록 해야 한다. 아편의 재료가 되는 양귀비가 피우는 꽃 색깔이 예쁜 다홍색이라는 사실이 좋은 경계가 될 것이다.

교사 문해력 논란에
부쳐

　그리 중요한 언론사의 보도는 아니지만, 자극적인 제목 때문에 상당한 반향을 일으켰던 기사가 있다. 한국 교사 역량이 교육 열기에 반해 전 세계적으로 부끄러운 수준인 것으로 나타났다고 주장하는 기사다. 기사의 내용을 간단히 소개하면, 미국의 싱크탱크인 브루킹스 연구소의 연구 결과, 한국 교사들의 수리·언어 능력은 OECD 24개국 중 각각 17위, 14위로 중하위권이라는 것이다. 정말 큰일이 난 것 같다. 세계적으로 높은 수준의 학습능력을 보여 주는 우리 학생들을 중하위권의 교사들이 가르치다니. 게다가 이 연구에 따르면 우리나라 교사들의 성적은 일반 대졸자들의 중간 정도 수준인 것으로 드러났다.

　그런데 이 연구 결과가 OECD 24개국, 만 15~65세 성인 16만 명을 대상으로 언어와 수리 능력, 컴퓨터 기반 문제해결 능력을 조사한 2011~2012년 '국제성인역량조사(PIACC)'를 분석한 것임을 감안하면, 이 기사는 중요한 사실을 감추고 "교사의 수준이 떨어진다"라는 여론을 조성하려는 일종의 선동에 가깝다.

　물론 우리나라 교사의 문해력이 OECD 국가 중 중간 정도인 것도, 학생들이 선두를 달리는 것에 비하면 한심해 보일 수 있다는 것도 사실이다. 하지만 이 기사가 쏙 빼 놓은 것은 우리나라 어른들 전체의 문해력이 애초에 OECD 국가 가운데 중간 이하라는 것이다. 교사도 어른의 부분집합이다. 어른 전체가 중간 이하인데, 교사라는 집단만 특별히 다를 이유는 없다. 마찬가지로 일본은 어른 전체가 선두권이다. 그러니 어른의 부분집합인 교사도 선두권이다.

게다가 이 연구 결과를 근거로 교사의 철밥통 때문에 일단 임용되면 공부를 제대로 안 해서 점점 능력이 떨어지고 있다는 식으로 끌고 가고 있는데, 이 기자야말로 기자 되고 나서 공부를 안 하고 기사 쓰는 게 아닌지 의심스럽다. PIACC는 조사대상자들이 성장하는 동안 추적 조사하는 종단평가가 아니다. 즉, 지금 측정한 어른들이 청소년기에는 어떤 능력을 가지고 있었는지는 확인할 방법이 없다. 2012년 PISA와 PIACC 간에는 아무 상관관계가 없다. 다만 세계적으로 학습능력이 뛰어난 청소년과 중하위권에 불과한 어른들이 우리나라에 동시에 존재하고 있다는 것만 확인 가능하지, 청소년기에 공부를 잘하다가 어른이 되면서 점점 뒤떨어진다는 식의 해석은 불가능하다.

더구나 우리나라의 성인이라는 집단이 단일집단이 아니라는 점을 감안해야 한다. 우리나라는 세대별로 전혀 다른 종류의 나라로 성장한 역사를 가지고 있다. 같은 성인 중에서도 현재 60대 이상은 빈곤한 나라의 어린이로, 40대 이상은 개발도상국 어린이로, 그 이하는 선진국 어린이로서 교육을 받은 세대다. 따라서 이 세대 간의 학습능력 차이는 단지 같은 성인으로 묶기에는 상당히 크다.

실제로 세대별로 분리해 놓고 보면 우리나라의 20~30대는 여전히 OECD 상위권, 50대 이상은 최하위권에 위치한다. 우리나라 성인이 중하위권인 게 아니라 최상위권의 젊은 성인과 최하위권인 늙은 성인으로 나뉘는 것이다. 이는 나이를 먹으면서 점점 지적으로 쇠퇴하는 것이 아니라, 두 집단이 성장하고 교육받은 환경이 아예 달라서이다. 대학은커녕 고등학교도 못 가는 학생들이 수두룩했던 시대와 2/3가 대학에 가는 시대가 같을 수 없다.

교사의 문해력도 마찬가지다. 1990년대 이전에 발령받은 교사와 이후 발령받은 교사는 상당히 이질적인 집단이다. 1990년대 이전에는 4년제 대학 졸업자들 중 최상위권에 속하는 젊은이들이 교직을 선호하지 않았다. 하지만 1990년대 이후에는 대학 졸업자들 중 최상위권에 속하는 젊은이들이 치열한 경쟁을 뚫고 교직에 진출한다. 교사 역시 두 세대를 분리하면 세계 최하위 수준의 교사와 세계 최고 수준의 교사로 나뉠 것이다. 따라서 우리나라 교사의 문해력이 OECD 중하위권이라는 것은 교사의 문제가 아니라 우리나라 성인 집단 전체의 문제다. 그리고 그 중하위권이라는 것도 교육 수준과 생활 수준이 낮던 시절에 교사가 된 세대와, 훨씬 높은 교육 수준과 생활 수준을 누리던 시절에 교사가 된 세대가 공존함으로써 빚어진 현상이다. 우리에게 필요한 것은 상대적으로 교육의 혜택을 덜 누린 세대가 지금의 젊은 세대만큼의 교육 혜택을 받을 수 있는 보완책을 마련하는 것이지, 교사집단 전체를 무능하고 퇴화하는 집단으로 몰아세우는 선동질이 아니다.

사교육비 경감의
유혹

    교육감을 주민 직선으로 선출한 지 벌써 10년이 지났다. 현재 교육감 직선제는 무리 없이 잘 정착하고 있는 것으로 보인다. 하지만 세상에 완벽한 제도란 있을 수 없으니 교육감 직선제 역시 많은 장점과 더불어 분명한 단점도 있으므로 유념할 필요가 있다.

    그것은 정치적으로 중립인 교육감이라 하더라도 그 선출과정이 시도지사나 국회의원 같은 일반적인 정치인과 다르지 않기 때문에 비롯되는 문제이다. 고승덕, 조전혁 사태를 통해 확인했듯이 유권자들은 교육 전문성과 비전에 큰 관심이 없다. 그 대신 후보의 인지도, 선명하고 분명한 메시지에 반응한다. 교육감은 공교육이라는 매우 전문적인 영역을 관장하지만 여타의 선출직과 마찬가지로 교육 전문가가 아닌 일반 주민의 표로 선출되는 모순된 위치에 있다. 그래서 선출직 교육감들은 유권자들을 상대로 인기몰이를 하고, 자극적인 소재를 통해 언론에 오르내림으로써 인지도를 높이고 싶은 유혹에 빠진다.

    시민들의 집단지성이 소수 전문가들의 전문성을 앞선다는 순진한 말은 하지 말자. 의료의 예를 들어보자. 누구도 환자에 대한 처방을 환자 가족의 뜻에 따라 다수결로 정하지 않는다. 교육도 마찬가지다.

교육이 지향해야 할 인간상, 강조해야 할 가치 정도가 사회 전체적인 합의와 토론의 대상이 될 뿐, 그러한 목표를 달성하기 위한 과정과 방법은 전문성의 영역이다. 더군다나 교육의 전문성은 헌법에까지 명시적으로 적어가며 강조하고 있다. 어떤 전문직도 헌법의 보호까지 받지는 않는다.

그런데 선출직 교육감은 교육의 전문성을 존중하면 유권자들에게 어필하지 못하고, 유권자들에게 어필하려면 전문성에 수반되는 신중함과 사려 깊음을 포기해야 하는 난처한 상황에 처하기 쉽다. 이때 소신 있게 정부, 여론 등 외부의 갖가지 압력에서 교육의 전문성을 지키는 것을 자신의 소임으로 삼는 교육감이 있는가 하면, 재선이나 삼선을 노리면서 주민들에게 영합하는 교육감도 있을 수 있다. 전자가 더 멋있어 보이지만 후자를 비난할 수만도 없다. 교육감도 선출직인 이상 주민의 욕망을 충족시키거나 그들 눈에 훌륭해 보이는 그런 얄팍한 정책을 펼치고 싶은 유혹에서 자유롭기 어렵기 때문이다.

이 유혹 중 가장 매혹적인 것이 사교육, 정확히는 사교육비와 관련된 정책들을 던지는 것이다. 온갖 여론조사에서 해결이 시급한 교육 문제로 빠지지 않고 등장한 것이 바로 사교육 문제, 더 정확히 말하면 사교육비 부담 문제였기 때문이다. 따라서 '사교육비 경감'을 전면에 내세우면 주민들의 환심을 얻어 다음 선거에서 많은 표를 얻을 가능성이 커질 것 같은 착각이 일어난다.

교육감이 이 유혹에 넘어가면 교육정책이 사교육비 경감을 중심으로 돌아간다. 어느새 공교육의 목표가 사교육비 경감으로 바뀌어

버리고, 학교에는 사교육을 유발할 수 있는 내용이나 활동을 다루지 말라는 공문이 쏟아진다. 사교육을 유발하지 않도록 수업시간에 난이도가 높은 내용을 다루지 말라거나, 특정한 유형의 숙제나 과제를 내지 말라고 하는 등 교사가 판단해야 할 일들을 교육감이 사교육비 경감이라는 목적에 맞추어 지시와 명령으로 강요하는 것이다. 교육의 자주성과 전문성을 지키라고 뽑은 교육감이 자신의 재선을 위해 교육의 자주성과 전문성을 훼손하는 꼴이다.

물론 지나친 사교육비 부담, 사교육의 과열과 공교육을 교란하여 교육 본연의 가치를 훼손하는 일은 막아야 한다. 그렇다고 이게 공교육의 목표가 될 수는 없다. 공교육은 교육을 통해 학생들이 공적으로 합의된 바람직한 인간상을 구현하도록 돕는 것을 목적으로 하지, 사교육비 경감을 목적으로 하지는 않는다. 만약 학생의 발달단계와 공교육의 목적에 따라 필요한 학습내용이고 활동이라면, 그러한 학습과 활동은 사교육 유발 여부를 따지지 말고 학교에서 실시해야 한다. 만약 그런 활동과 교육내용이 사교육을 유발한다면, 그런 활동과 내용을 막을 것이 아니라 거기에 개입하여 정상적인 교육활동을 교란하는 사교육을 규제하여 처리할 일이다. 즉, 공교육은 공교육의 목표를 달성하는 일에만 신경을 써야 하고, 사교육비 경감은 사교육 정책으로 처리할 일이라는 것이다.

혹자는 학부모들이 공교육을 믿지 않아서 사교육을 시키는 것인 만큼, 공교육을 고치지 않으면 사교육 문제는 해결되지 않는다고 한다. 하지만 우리나라에서 사교육을 시키는 학부모의 불만이 과연 자녀가 학교에서 배우는 내용에 대한 것인지, 아니면 단지 자기 자녀의 등수에 대한 것인지 따져볼 필요가 있다. 특별한 경우가 아닌 한 후 자일 것이다. 만약 전자의 불만이라면 학원에 보내는 대신 홈스쿨링을 하거나 대안학교에 보냈을 것이며, 학원 역시 문제풀이나 입시준비를 하는 대신 다양한 실험학교 같은 모습을 띠었을 것이기 때문이다. 결국 우리나라 사교육 문제의 원인은 스포츠로 치면 약물을 투입해서라도 이기고자 하는 일부 학부모의 비뚤어진 경쟁의식과 그들이 조장한, 그렇게라도 안 하면 낙오될 것 같은 정체불명의 불안감이다. 금지 약물을 사용하고 반칙을 해서라도 이기려는 과열 경쟁이 룰을 지키며 정당하게 승부하는 다수의 선수들을 불안하게 하는 상황인 것이다.

하지만 선수들이 근육 강화를 위해 스테로이드 등의 금지 약물을 복용하여 문제가 된다면, 약물을 규제해야 할까? 아니면 경기 규칙을 바꾸어야 할까? 예컨대 선수들이 근육 강화제를 투입하도록 할 유인이 있으니 타자에게는 홈런을 폐지하고, 투수에게는 시속 150킬로미터 이상의 강속구를 금지한다면 이게 얼마나 우스워 보이겠는가?

그러니 선출직 교육감이라면, 더구나 '진보'교육감이라면 사교육비 경감이라는 약물로 지지율을 높이려는 값싼 유혹에 빠져서는 안 된다. 오히려 공교육이 굳건하게 서고, 학교가 자율성을 획득하여 다양한 교육이 만발하도록 터전을 마련해 주어야 한다. 사교육비 문제는 그것과 별개로 정책을 세워서 해결할 일이다. 어떤 내용을 다루지 말라, 숙제를 내지 말라 같은 간섭이 심해질수록 공교육은 획일적인 방향으로 가며, 획일적일수록 사교육의 맛난 먹잇감이 된다.

교육의 방향이 왼쪽이라고 해서 진보적인 것은 아니다. 만약 그 왼쪽 방향이 위에서 지시하는 방식으로 향하는 것이라면, 그것은 다만 수구좌파, 진보파쇼에 불과하다. 진보는 그 방향이 넓게 퍼져 나갈 때 붙일 수 있는 이름이다. 진보는 가능성의 확대이자 다양성의 공존이다. 그리고 이는 교육주체에 대한 폭넓은 신뢰와 자율에서 비롯되는 것이지 '진보'교육감의 기자회견이나 지시사항으로 할 수 있는 일이 아니다.

사교육의 원인이 교육의 내용이 아니라 등수 경쟁에 있는 한 공교육을 어떻게 바꾸어도 사교육 문제는 해결되지 않는다. 예컨대 지식을 얼마나 많이 암기하고 있느냐가 아니라 학습소양, 역량 중심으로 공교육이 바뀐다면 문제풀이 연습을 시키던 학원 역시 자기주도적 학습컨설팅 등으로 바뀔 것이다. 공교육을 아무리 바꾸어도 '사교육의 종류'만 바뀔 뿐 사교육이 늘어나거나 줄어들지는 않는다.

그렇다면 차라리 사교육의 방향을 올바르게 유도하는 쪽이 나을 수도 있다. 학원은 학교에서 어떤 공부를 하느냐에 따라 방향을 정할 수밖에 없기 때문이다. 그동안 학원이 문제풀이 연습을 시키고, 무작정 영어 단어를 외우게 하고, 초등학생에게 고등학교 수학을 가르치는 따위의 일을 자행한 까닭은 학교에서 그게 통하는 교육을 했기 때문이다.

사교육을 줄이는 게 아니라 사교육이 학생들의 성장과 발달에 역행하지 않게끔 유도하는 게 중요하다. 그리고 그 유도등은 다름 아닌 공교육이다.

일방적인 전달수업밖에 할 수 없던 구시대 학원 강사들이 퇴출되면서 어른들을 상대로 복잡한 인문학을 입시공부 식으로 깔끔하게 정리해서 알려주는 인문학 팔이에 나서는 것을 보라. 그러니 공교육 개혁을 하려는 사람들은 이 말을 명심해야 한다.

"사교육은 생각하지 마."

'샘'
이라는 말

우리나라 학교에는 교사들을 한 곳에 몰아 넣은 집단 사무실인 교무실이 있다. 지금 40, 50대의 기억 속 교무실이란 되도록이면 안 가는 게 좋은 그런 공간이었다. 어쩔 수 없이 가야 할 경우가 생기면 최대한 조심스럽게 들어가서 빨리 볼 일을 보고 나오는 게 상책이었다. 공연히 그 안에서 어슬렁거리다가 붙잡히면 이런저런 지적이나 당하고 야단이나 맞는 경우가 많았다. 그래서 교무실에 드나드는 학생들은 정해져 있었다. 학교에서 일종의 귀족층을 형성하는 모범생이거나 사고뭉치 문제학생이거나.

하지만 요즘 아이들, 특히 초등학생이나 중학생에게 교무실은 전혀 다른 느낌을 준다. 교무실에 부담감이나 두려움을 느끼는 학생은 거의 없다. 교무실 출입이 모범생, 우등생, 혹은 문제학생들의 전유물도 아니다. 학생들은 거리낌 없이 교무실에 드나들며 자기가 좋아하는 교사 주변에서 수다를 떨거나, 일을 도와주거나, 간식거리를 탈취(?)한다. 이건 그동안 학생들이 버릇 없어졌기 때문이 아니다. 학생과 교사의 관계가, 더 나아가 학교라는 공간이 학생들의 생활에서 차지하는 의미와 느낌이 달라졌기 때문이다.

단적인 예가 학생들이 교사를 부르는 호칭의 변화다. 요즘 학생들에게 '선생님'이라는 호칭은 '나를 가르치지 않아서 면식이 없는' 교사를 부르는 호칭이 되어 버렸다. 학생들은 대부분 담임 교사나 자신의 수업을 담당하는 교사를 부를 때 '샘' 혹은 좀 강하게 '쌤'이라고 부른다. 이 말이 어디서 나왔는지는 아무도 모른다. 1990년대 TV 드라마에서 어느 배우가 사용하면서 알려졌다고도 하고, 일본 학생들이 '센세'를 줄여 '셈'이라고 부르는 데서 넘어왔다고도 한다. 어쨌든 시간이 갈수록 점점 널리 퍼져 나가서 이제는 국어사전에 등재되어어야 할 정도가 되었다. 심지어 교사들끼리도 서로를 부를 때 서로의 이름 뒤에 '샘'을 붙여서 ○○샘 같은 식으로 부르며, 나아가 교사가 아닌 사람들끼리도 이 말을 자주 사용한다.

그렇다면 국어사전에 이 '샘'이라는 말은 무엇이라고 등재될까? 네티즌들이 편집하는 나무위키 사전에는 이미 "선생님을 친근하게 이르는 표현"이라고 등재되어 있다. 아빠, 엄마에 해당되는 선생님에 대한 호칭인 것이다. 처음에는 TV드라마에서 비롯된 것으로 추정되는 일종의 유행어였던 이 말이 아무 거부감 없이 보편적인 호칭으로 정착된 까닭은 학생이 느끼는 교사의 위상, 그리고 교사가 느끼는 학생의 위상이 '선생님'보다는 '샘'에 맞게 바뀌었기 때문이다.

내가 과문한 탓인지 몰라도 세계 어느 나라에도 교사, 선생님을 부르는 '애칭'이 있는 나라는 들어보지 못했다. 아버지, 어머니에 대한 애칭은 여러 나라에 있다. 영미권에서는 파더, 마더라는 공식적인 호칭 대신 대드, 맘을 쓰고 중화권에서는 부친, 모친이라는 말 대신 공교롭게 영어처럼 들리는 빠바, 마마라는 애칭을 쓴다. 하지만 선생님을 부를 때는 다르다. 영미권에서는 깍듯이 미스터 혹은 미즈라고 부르고, 아주 친근해져서 선생님이 허락할 경우에는 아예 이름을 부르기도 하지만 흔한 일은 아니다. 중화권에서도 학생이 교사를 부를 때는 나이와 상관없이 '라오슈(老師)'라고 부르지, 우리나라의 '샘'에 해당하는 말은 찾기 어렵다. 일본 학생들이 사용하는 '샘'은 자기들끼리 부를 때 쓰일 뿐 교사 앞에서 사용했다가는 불호령이 떨어진다. 우리나라에서도 '샘'은 1990년대 후반에야 등장했고, 그 이전에는 여기에 해당되는 애칭은 없었다. 학생들끼리 말할 때는 교사의 이름이나 별명을 불렀고, 교사 앞에서는 '선생님'이라고 불렀다.

따라서 '샘'이라는 애칭의 보편화는 1990년대 후반 이후 우리나라 학교가 학생들의 삶에서 차지하는 위상이 크게 달라졌음을 보여 준다. 이와 관련해서는 사회학적 리서치가 필요하겠지만, 일단 1990년대 후반을 계기로 학교가 가정의 역할을 점점 더 많이 감당하게 된 것과 관련 있을 것이라는 가설을 세워볼 수 있다. 학교는 원칙적으로는 2차집단이며 공적 기관이다. 하지만 1990년대 후반 이후 학교가 점점 1차집단으로 바뀌고, 공식적 관계인 교사 – 학생의 관계가 친밀한 관계로 바뀌어 버린 것이다. 그렇다면 당연히 선생님에 대한 아빠, 엄마 격의 호칭이 필요하게 될 것이고, 때마침 등장한 '샘'이라는 말이 그 자리를 차지해 버린 것이다.

사실 이러한 변화는 결코 바람직하지 않다. 학교는 사회의 가치를 대변하는 공식적인 사회화 기관이지 결코 가정을 대신하는 양육기관이 아니기 때문이다. 그런 학교가 점점 친밀집단으로 바뀌고 있다는 사실은 가정이 점점 그 기능을 상실하고 있다는 달갑지 않은 변화의 한 측면일 가능성이 크다. 이 변화에는 부유층 학생이나 빈곤층 학생이나 마찬가지로 노출되어 있다.

부유층 학생들의 경우 엄청난 사교육과 입시 압박에 노출되어 있다. 이들에게 부모는 친밀한 존재라기보다는 과중한 성취 기대로 스트레스를 주는 존재이며, 잠잘 시간조차 부족할 만큼 각종 학원으로 뺑뺑이를 돌리는 억압적인 존재다. "엄마의 눈을 뽑아 버리고 싶다"라고 했던 어느 부유한 가정의 초등학생이 쓴 시는 패륜적인 시가 아니라 그들이 느끼는 부모와 가정에 대한 고백이었던 것이다. 그 시의 제목이 「학원 가는 날」임을 상기해 보라.

상대적으로 교사들도 많이 바뀌었다. 과거 억압적이고 권위적이던 교사 세대, 즉 지금 진보진영의 주요 인사들이 학교 다니던 시절의 교사들은 거의 은퇴하거나 은퇴 직전이다. 지금 학교의 주축을 이루는 교사들은 그들에게 대항했던 전교조 세대와 그보다 더 젊은 교사들이다. 이들은 학생들과 수평적인 대화에 그들 선배 세대보다 능하다. 그러다 보니 역설적으로 학교 선생님들이 어른들 중에서 학생들에게 '성적' 스트레스를 가장 덜 주고, '공부'에 대한 잔소리를 가장 덜하는 어른이 되어 버렸다.

물론 모든 교사가 그런 것은 아니므로 학생들은 교사를 가린다. 그래서 교사들 중에서 친밀감을 느끼는 사람을 골라 정서적으로 의존하며 잃어버린 따뜻한 부모 품의 대체재를 찾는다. 조금만 관찰해 보면 강남권 중학생들이 교사 앞에서 상당히 퇴행적인 말과 행동, 한마디로 어리광을 부리는 현상이 부쩍 늘어났음을 발견할 수 있다. 또, 부모에게는 하지 않던 속마음을 교사에게 털어놓는 경우도 부쩍 늘었다.

반면 빈곤층 학생들은 또 다른 이유에서 보살핌과 정에 굶주려 있다. 이들의 부모는 생업에 종사하느라 시간이 없다. 외벌이로는 생계를 유지하기에도 부족하기 때문이다. 부모가 모두 아침 일찍 일 나가서 밤 늦게 들어오거나, 낮에는 자고 저녁에 출근해서 새벽에 퇴근하는 경우도 많다. 부모 얼굴 볼 시간이 부족하다. 게다가 볼 수 있는 시간에도 부모가 일에 너무 지쳐 있어서 친밀감을 제대로 표현하지 못하는 경우도 많다. 주취, 폭력 등으로 인해 차라리 없느니만 못한 부모와 함께 사는 경우도 드물지 않고, 이들의 거주 환경 역시 열악하고 불안정해 심리적 안정감을 주지 못한다. 이런 학생들에게 학교는 쾌적한 공간을 제공해 주는 거의 유일한 곳이며, 교사는 자신들이 필요로 하는 정서적 지원과 친밀감을 주는 매우 중요한 존재다. 심지어 학교에서 먹는 급식이 영양소들을 제대로 챙겨 먹을 수 있는 유일한 식사이고, 학교에서 만나는 교사가 술에 취해 있지 않으며 폭언과 폭력을 휘두르지 않는 유일한 어른인 경우도 비일비재하다.

학교에 적대적이고 학교를 억압의 공간으로 생각하는 진보 활동가들이나 교육시민운동가들은 실사구시의 정신으로 이런 학교의 현실을 보아야 한다. 자기들이 다녔던 학교의 기억에 의존하면 안 된다. 또 고등학교에 시선을 집중해서는 안 된다. 공교롭게도 고등학교에는 수평적 대화에 서투른 옛 세대 교사가 가장 많이 모여 있다. 지금의 학교를, 그리고 학령기의 정점이라고 할 수 있는 초등학교 고학년과 중학교에 관심을 가져야 한다. 지금 이 아이들은 선생님이 아니라 '샘'과 함께 생활하고 있다. 학교는 학업으로 스트레스를 주는 곳이 아니라 다양한 활동과 친교 생활을 누릴 수 있는 숨구멍이다. 심지어 어떤 학생은 방학을 싫어할 정도다. 방학은 학교라는 숨구멍 없이 100퍼센트 학원으로 채워지는 기간이기 때문이다.

물론 이런 상황은 정상적이지도 바람직하지도 않다. 학교는 공적 기관이어야 하며, 교사는 학생들과 친밀한 관계보다는 공공의 가치를 대변하는 공적 관계를 맺어야 한다. 파울로 프레이리가 말했듯이 교사는 결코 보육자가 되어서는 안 된다. 하지만 이런 상황에서 교사가 원칙만 내세워 친밀한 관계, 부모의 대체재 노릇을 포기한다면 많은 학생들은 그야말로 차가운 콘크리트 바닥에 내몰린 채 돌보는 사람조차 없는 처지가 된다. 그야말로 딜레마가 아닐 수 없다.

사실 대학입시문제는 많이 잡아봐야 30퍼센트 정도의 학생들에게만 심각한 문제다. 오히려 우리나라 교육의 가장 시급한 문제는 바로 이 '돌봄'의 요구를 어떻게 해결할 것인가 하는 것이다. 원칙적으로는 공식적 사회화기관인 학교와 교사가 담당하면 안 되는 일이다. 돌봄과 학습은 분명히 다른 일이며 자칫 잘못하면 두 마리 토끼를 다 놓칠 수도 있는 일이다. 하지만 이미 많은 학생이 학교를 그렇게 받아들이고 있고 교사에게 의존하고 있는 이상 이 요구를 어떻게든 해결해 주어야 한다.

'샘', 이 한 글자 속에 참으로 무거운 과제가 담겨 있는 셈이다.

교육의
정치적 중립성

상아탑의 신화

사마천의 『사기』에는 허유와 소부의 고사가 나온다. 성군으로 추앙받는 중국의 요임금이 은퇴할 나이가 되어 덕망 높기로 소문난 허유를 찾아가 왕위를 물려주려고 했다. 그러자 허유는 그 제안을 거절했을 뿐 아니라 더러운 말을 들었다며 강물에 귀를 씻기까지 했다. 이를 본 소부는 더러운 말 들은 귀를 씻은 더러운 물을 소에게 먹일 수 없다며 소를 끌고 상류로 올라갔다고 한다.

이 이야기는 대체로 부귀영화를 욕심내지 않는 경지에 이른 사람을 일컬어 허유, 소부와 같다고 말하는 식으로 사용된다. 하지만 이 이야기에는 부정적인 메시지도 들어 있는데, 어쨌든 '정치란 더러운 것'이라는 것이다. 그리고 실제로 우리나라에서는 정치를 더러운 것으로 보면서 이런 더러운 정치와 대비되는 학문과 교육의 영역을 설정하는 사고방식이 전통처럼 내려왔다.

우리나라 전통사회에서 훌륭한 선비는 평소에는 학자이자 교육자로서 살아가고, 나라에 큰일이 있어서 피치 못할 경우에만 마지못해 관직에 나아가고(정치판에 뛰어들고), 어느 정도 할 일을 마치면 미련 없이 학자이자 교육자로 돌아가는 사람이었다. 그래서 걸핏하면 공직을 사퇴하고 서원에 가서 교육에 힘쓰려고 한 퇴계 이황, 임금에게 수많은 상소를 올리면서도 벼슬만큼은 한사코 마다했던 남명 조식 같은 인물이 무책임한 사람이 아니라 오히려 참된 선비로 존경받았다.

이런 전통은 현대에도 계속 이어졌다. 서울대학교 문리대 학생회의 유명한 「4·19선언문」도 "상아의 진리탑을 박차고 거리에 나선 우리는……"이라는 대목으로 시작한다. 평소에는 상아탑 속에서 학문과 배움에 전념해야 할 학생들이 오죽했으면 이렇게 거리로 뛰쳐나와 정치에 관여하려 하겠느냐는 것이다. 이와 같이 우리나라의 전통에는 정치란 더러운 것이기 때문에 학교는 되도록이면 정치로부터 저만큼 떨어져서 깨끗하게 유지되어야 한다는 생각이 도도히 내려오고 있다.

상아탑이 될 수 없는 교육

다시 생각해 보자. 정치란 정말 그렇게 더러운 것일까? 그래서 학교는 더러운 정치로부터 꼭꼭 숨겨진 무균실 같은 곳이 되어야 하는 것일까? 이건 순전히 정치와 교육에 대한 잘못된 이해에서 비롯된 미신이다.

우리나라는 정치라고 하면 권력을 놓고 벌이는 이전투구, 각종 이권다툼을 생각하는 경향이 강하지만, 엄밀히 말하면 그건 잘못된 정치의 부작용일 뿐 정치의 참모습이 아니다. 정치란 어떤 사회의 의사결정 과정, 그 사회의 자원분배 과정, 그리고 그러한 과정을 주도할 수 있는 권위 있는 영향력인 권력과 관련된 현상일 뿐이다. 따라서 정치는 그 자체로서는 깨끗한 것도 더러운 것도 아니다. 만약 권력을 가진 사람이나 집단이 의사결정 과정, 자원분배 과정에서 공익 대신 사익을 추구하지 못하게 하는 장치가 있다면 정치는 깨끗해질 것이고, 이를 견제할 수단이 없다면 정치는 더러워질 것이다.

중국이나 우리나라에서 정치와 더러움을 바로 연결시켜 버리는 사고방식이 전통으로 자리 잡은 이유는, 민주정치의 역사가 없거나 짧아서 권력이 효과적으로 견제되는 정치를 경험하지 못했기 때문이다. 견제받지 않는 권력은 타락하기 마련이며, 결국 더러운 것이 되고 만다. 문제는 정치가 더럽다고 자꾸 멀리하면 멀리할수록 오히려 정치가 더욱 더러워진다는 것이다. 시민들이 정치를 외면하면 권력에 대한 견제도 점점 줄어들고, 결국 몇몇 권력자가 권력을 이용하여 사리사욕을 채우는 것을 막을 길이 없기 때문이다. 더러운 정치의 악순환이다.

하지만 정치란 권력을 휘두르는 것만을 뜻하지 않는다. 오히려 정치란 또한 서로 다른 이익과 가치를 주장하는 개인이나 집단 간의 충돌을 폭력이나 힘이 아닌 다른 방식으로 조정하고 해결하는 과정이다. 한나 아렌트는 인간은 다양성을 가진 존재인데, 이 다양성을 드러내고 조정하기 위한 공적인 행위가 바로 정치라고 했다. 이 공적인 행위를 통해 사람들은 설사 다소 불만스럽더라도 공동체의 존속과 유지라는 대전제를 위해 자신의 주장을 조금씩 양보하며 합의에 이른다. 이게 바로 정치 과정이다. 갈등의 이런 정치적 해결이 불가능한 사회는 오직 힘에 의한 해결에 의존하게 될 것이며, 사람들 사이에는 서로를 멸절시키려는 혐오와 증오만 남을 것이다.

이렇게 정치는 결코 더러운 것도, 회피해야 할 것도 아니다. 오히려 정치는, 시민들의 참여와 권력에 대한 견제가 잘 이루어지고 있다면, 우리를 혐오, 증오, 무력이라는 야만으로 빠지지 않게 하는 문명의 표상이다.

그런데 공동체의 문제에 관심을 가지고 적극적으로 참여하여 권력을 견제하려는 성향과 거기에 필요한 능력과 지식, 즉 정치적 소양은 타고나는 것이 아니다. 여러 다양한 의견과 갈등을 조율하고 합의에 이르는 방법 역시 타고나는 것이 아니다. 모두 배워야 하는 것들이다. 즉, 정치는 교육되어야 한다.

이미 수천 년 전의 아리스토텔레스도 사람으로서의 훌륭함과 시민으로서의 훌륭함, 즉 도덕과 정치를 구별했다. 시민으로서의 훌륭함이란 나라의 책임 있는 자리를 담당하여 공평무사하게 오직 나라 전체의 이익을 위해서만 일할 수 있는, 더하여 그런 공직자를 선출할 수 있는 태도와 능력이다. 그리고 교육이 바로 이러한 태도와 능력을 갖춘 시민을 길러야 한다고 했다. 세계 최초의 직업 교육자라 불리는 공자가 제자를 가르친 목적도 결국 정치를 바로잡을 인재를 기르기 위해서였다. 그래서 공자는 제자들이 공부를 마치면 학문을 연구하기보다는 여러 나라의 정치를 담당하기를 바랐다.

이와 같이 동서고금을 막론하고 정치는 교육의 매우 중요한 목적이었다. 그렇다면 이 중요한 정치 교육은 어떤 방식으로 이루어지는 것이 가장 바람직할까? 당연히 정치적 경험을 통해 이루어지는 것이 가장 좋다.

그 정치적 경험은 기본적으로 학급 자치, 학교 자치를 통해 이루어 지겠지만 지역사회, 나라, 더 나아가 전 지구적 쟁점에 참여해서 의견을 개진하고 행동하는 것이 될 수도 있다. 백 번 보고 듣는 것보다 한 번 해 보는 것이 낫다. 정치가 중요하고, 교육이 이를 담당해야 한다면, 우리 사회의 정치적 쟁점에 대해 다양한 각도에서 생각해 보고 또 참여해 보도록 하는 것은 적극적으로 권장되어야 할 좋은 교육이다. 학교는 결코 상아탑이 될 수 없는 것이다.

오히려 정치적으로 수상한 상아탑

정치판이야 어떻게 돌아가든 고고하게 상아탑을 지키고 있는 학교의 모습은 꽤나 그럴듯해 보인다. 하지만 이런 상아탑 학교야말로 오히려 가장 정치적이고 편향적인 학교라고 할 수 있다. 교육을 상아탑으로 만들어 정치로부터 보호한다는 듣기 좋은 말에는 어린이와 청소년이 권력의 문제에 아예 관심을 가지지 않게 하겠다는 뜻이 숨어 있기 때문이다.

정치로부터 철저히 '보호'받은 학생들이 단지 열아홉 살이 되었다고 자동적으로 정치적인 판단을 할 수 있는 시민이 될 리 만무하다. 이들은 정치적으로 여전히 순진무구한 상앗빛 어린아이인 채로 유권자가 될 것이다. 누가 그걸 바랄까? 바로 현재 권력을 잡고 있는 기득권층이다. 이런 순진무구한 유권자들로 이루어진 나라에서 권력자들은 어떤 견제도 도전도 받지 않을 것이기 때문이다. 그들은 마음껏 사리사욕을 채우고 그런 특권적 지위를 대대손손 자손들에게 물려줄 수 있을 것이다. 한마디로 민주정치는 허울만 남게 되며, 소수의 기득권층이 권력을 독점하는 사실상의 귀족 정치로 전락하게 된다.

따라서 우리는 누가 교육이 정치와 무관한 순결하고 깨끗한 것으로 남아 있어야 한다고 주장하는지 유심히 살펴보아야 한다. 그들은 결코 교육의 정치중립성을 말하고 있는 것이 아니다. 그들이야말로 기득권층을 위해 교육을 복무시키려는, 정치적으로 가장 편향된 행위를 하고 있는 것이다.

교육자들은 오히려 적극적으로 정치에 관심을 갖고 참여해야 한다. 학생들을 깨끗하면서도 공평무사한 태도로 사회의 의사결정 과정과 자원분배 과정에 참여하도록, 즉 정치에 적극적으로 참여하도록 기르기 위해서는 우선 교육자들부터 그런 훌륭한 시민이 되어 있어야 하기 때문이다. 훌륭한 시민인 교육자가 학생들을 훌륭한 시민으로 길러내는 교육이 자리 잡은 나라는 정치가 날로 깨끗해지고, 소부와 허유도 애꿎은 시냇물을 더럽다고 말하지 않을 것이다. 이와 같이 교육은 도덕적인 목적뿐 아니라 정치적인 목적도 가지고 있어야 하며, 도덕적인 목적을 위해서라도 매우 적극적으로 정치적이 되어야 한다.

아리스토텔레스가 윤리학의 후속편으로 『정치학』을 쓴 것도, 유교에서 사적인 예설과 도덕을 가르치는 『소학』 다음에 치국평천하까지 목표로 하는 『대학』이 나오는 게 우연만은 아니다. 당장 우리나라 국가수준 교육과정의 목표도 바른 인성을 함양한 다음에는 널리 세상을 이롭게 하는 그런 인재를 기르는 것으로 되어 있다. 정치에 무관심한 교육을 통해 어떻게 널리 세상을 이롭게 할 수 있겠는가?

교육정책 그 자체가 이미 정치투쟁

교육과 정치는 학교에서 정치적인 내용을 다루는지 여부를 통해서만 나타나는 것이 아니다. 공교육의 존재 자체가 이미 정치적이며, 공교육에서 가르치는 교과와 그 교과의 내용(정치와 전혀 무관할지라도), 심지어 가르치는 방식, 학교를 운영하는 방식 등 어느 하나도 정치적이지 않은 것이 없다.

예컨대 모든 어린이는 학교에 다니면서 문해력 교육을 받아야 한다는 제도 자체가 민주정치가 이루어지지 않는 나라에서는 상상하기 어려운 일이었다. 놀랍게도 6세 이상의 어린이라면 모두 학교에 다니면서 교육을 받아야 한다는 생각은 마르크스가 『공산당 선언』에 혁명강령으로 다룰 정도로 급진적인 생각이었다. 당시만 해도 지배계급 이외에는 교육 자체가 허용되지 않았다. 그 이유는 두 가지였는데, 하나는 당시 부르주아에게 노동자나 농민의 자녀는 매우 귀중한 노동력이므로 이들을 학교에 보내는 대신 저임금으로 부려 먹고 싶어 했고, 다른 하나는 미래의 노동자들이 교육을 받으면 장차 지배구조의 정당성에 의문을 제기할까 두려웠기 때문이다.

오늘날에도 피지배자들에게 교육을 제공하지 않음으로써 지배구조를 유지하려는 나라가 남아 있다. 예를 들면 아프가니스탄에서는 여자아이를 위한 학교를 세우는 일이, 아니 여성이 학교에 다니거나 공부를 하는 일이 목숨을 걸고 싸워야 할 정치적인 투쟁이다.

무엇을 가르치는가 하는 것 역시 정치적이다. 꼭 정치적인 내용이 아니더라도 그렇다. 애초에 모든 것을 학교에서 가르칠 수 없다. 따라서 교과서라는 제한된 지면에 어떤 내용을 담을 것인지 선택하는 과정 자체가 이미 정치적인 쟁점이다. 미국에서는 과학시간에 진화생물학을 배워야 하느냐는 쟁점이 교육을 넘어 진보와 보수 진영의 대표적인 정치쟁점이 되었다. 사우디아라비아에서는 음악이나 영화를 학교에서 다루는 것이 금지되어 있다. 이슬람 율법을 이유로 내걸고 있지만, 실은 음악과 영화 같은 예술활동이 활발해질 경우 강고한 전제 정치에 대한 비판이나 풍자가 확산될까 두렵기 때문이다.

어떤 교육방법을 사용하는가 역시 내용과 무관하게 이미 정치적이다. 실제로 우리나라에서도 1989년에 한 초등학교 교사가 강의식 수업이 아니라 조별 탐구학습 및 토의토론 학습을 한다는 이유로 빨갱이 교사로 몰려 교단에서 쫓겨나야 했다.

국가가 지정한 내용을 교사가 일방적으로 받아서 학생에게 일방적으로 전수하는 수업에 길들여진 학생은 장차 정부의 방침과 시책을 무비판적으로 수용하는 시민이 될 가능성이 크다. 이는 전형적인 전체주의·권위주의 체제의 교육이다.

반면 교사와 학생 간, 학생과 학생 간에 교육내용을 놓고 토론이 벌어진다는 것은 이미 그 자체가 민주정치 교육이다. 교과서의 내용, 교사의 말을 무조건적으로 믿지 않고 적극적으로 문제를 제기하고 토론을 한 학생은 장차 정부의 방침에 대해서도 그러할 것이기 때문이다. 그래서 진보교육학자 파울로 프레이리는 교사가 가르치는 내용보다는 그 수업방식이 일방적인 전수냐, 아니면 학생과의 상호작용을 통해 문제제기하는 대화이냐를 교육의 보수와 진보를 가르는 기준으로 삼았다. 정치적으로 중립적인 교육방법은 없다.

우리 헌법의 너무나 정치적인 교육의 정치적 중립

지금까지 교육이 정치와 결코 무관할 수 없음을, 오히려 교육이 정치에 무관심해야 한다는 주장이 가장 정치적으로 편향된 주장임을 살펴보았다. 그런데 우리나라의 현행 법령을 들어 여전히 교육이 정치성을 띠면 안 된다고 주장하는 사람이 있다. 헌법 제7조 2항에 보면 공무원의 신분과 정치적 중립성을 법률이 정하는 바에 의해 보장한다고 되어 있고, 제32조 4항은 교육의 자주성·전문성·정치적 중립성을 법률이 정하는 바에 의해 보장한다고 되어 있기 때문이다.

하지만 우리나라 헌법에 규정된, 교육의 정치적 중립 관련 조항이 설치된 배경 자체가 매우 정치적이다. 그 이전까지 교육은 철두철미하게 정권의 도구로 활용되었기 때문이다. 이승만·박정희 정권 시절 정권의 나팔수 노릇을 하고, 자라나는 미래의 시민들을 정권에 순종하는 신민으로 길러야 하는 압력에 양심이 새까맣게 타 들어갔던 교사들의 고뇌와 분노가 저 '교육의 정치적 중립 보장' 조항을 만들어낸 것이다. 즉, 저 조항은 교사의 교육 전문성이 정치세력의 부당한 간섭을 받지 않을 권리를 보장받는다는 내용이지, 교육이 정치로부터 떨어져 기계적 중립을 지켜야 한다는 내용이 아니다.

　물론 교사는 교육을 통해 자신의 정치적 견해를 관철시키려 해서는 안 되며, 자신의 정치적 견해를 드러내는 일에도 신중해야 한다. 설사 학생들과 자유롭고 수평적인 대화가 가능한 교사라 할지라도 학생과 완전한 수평적 관계가 되기는 어렵기 때문이다. 교사가 자신의 정치적 견해를 자주 드러낼 경우 학생들은 알게 모르게 영향을 받게 되며, 이는 결코 민주적인 방식이 아니다.

　그러나 학생들이 몸담고 있는 사회에서 논란이 되고 있는 중요한 정치적 쟁점들을 외면하지 않도록 하고, 그 쟁점과 관련한 다양한 견해와 이해관계를 체험하게 하는 것은 대단히 중요한 교육이므로 적극 권장되어야 한다. 요컨대 교육의 정치적 중립성이란 특정 정치세력의 정치적 보복을 두려워하지 않고 민주정치 교육을 마음껏 실시할 수 있다는 헌법상의 권리다.

교장의 역할

경기도 교육청이 학교장의 수업 문제 때문에 내홍을 겪었다. 학교 장도 수업을 담당해야 한다는 교육감의 지시에 교장 수천 명이 모여서 반대집회를 열 정도였다. 그러나 교장도 선생님인데 왜 수업을 못하느냐는 여론의 싸늘한 시선 때문에 교장들의 집단 반발은 기세가 크게 꺾였다. 심지어 보수를 자처하는 황우여 교육부장관마저 교장이 왜 수업을 못하겠다고 하는지 이해하지 못하고 있으니 계속 끌고 가기 어려웠을 것이다. 교총은 여론을 회복하기 위해 재빨리 담임교사수당 인상 쪽으로 화제를 돌려놓은 상황이다. 그러나 이 문제는 다만 수면 아래로 가라앉았을 뿐 완전히 사라진 것이 아니다.

하지만 이 문제는 완전히 사라져도 안 된다. 이 논란은 앞으로도 계속되어야 하며, 가급적이면 전체 교육계는 물론 국민적인 토론 주제가 되어야 한다. 다만 그 주제를 교장이 수업을 하느냐 마느냐가 아니라 교장과 교감은 대체 무슨 일을 하는 사람이며, 그 위상은 무엇인가에 대한 보다 근본적인 문제로 옮겨야 한다. 그동안 우리나라 교장은 '제왕적 교장', '봉건 영주' 등의 반민주적이고 전근대적인 별칭으로 불리곤 했다. 이는 주로 교장의 권한이 막강해서라기보다는 권한과 위상이 명확하게 규정되어 있지 않아서 비롯된 문제였다. 학교는 다른 공공기관에 비해 각 기관별 자율성이 상당히 높은 조직이기 때문에 기관장의 권한과 위상이 불분명할 경우 사실상 무소불위의 봉건적 권력을 휘두를 여지가 많다. 그러나 그 권한이 막강하고 위상이 높더라도 행사할 수 있는 권한의 범위가 명확하고 차지하는 위상이 분명하다면, 그 권력은 적절히 통제될 수 있으며 예측 가능한 범위 안에 있게 될 것이다. 막강한 권력보다 더 위험한 권력은 자의적인 권력이기 때문이다.

그렇다면 교장의 위상은 무엇이고 권한의 범위는 어느 수준이어야 할까? 이를 확인하려면 교장선생님이라는 용어에서 어디에 방점을 찍을지부터 결정해야 한다. 즉 교장선생님이냐, 아니면 교장선생님이냐의 문제인 것이다. 만약 후자라면 교장이 수업을 담당하는 것은 아무런 문제의 소지가 없다. 전자라면 교장은 수업을 대신하여 뭔가 다른 업무를 담당하는 사람이라야 한다. 그런데 대부분의 교장들은 후자보다는 전자를 선호한다. 그래서 어느새 교장, 교감, 그리고 교육전문직원들 사이에서 교장님, 교감님이라는 호칭이 일반화되어 있다. 즉 교장이 생각하는 교장의 위상에서 '선생님'은 빠져 있는 것이다.

물론 세상의 상식은 당연히 교장선생님이다. 결국 교장의 위상은 교장선생님이라는 사회의 통념과 교장님이라는 교장들의 자의식 사이에서 빚어진 혼선이다. 만약 교장선생님이라면 당연히 수업을 담당하든 생활지도를 담당하든 학생을 교육하는 업무를 정규적으로(가끔 인심 쓰듯 자기 마음 내키는 대로 했다 말았다 하는 것이 아닌) 담당해야 할 것이다. 만약 교장님이라면 수업을 하지 않는 대신 적어도 수업에 상당하는 분량의, 혹은 그 이상의 다른 업무를 정규적으로 담당해야 할 것이다. 그 사이에서 어정쩡한 상태로 사실상 아무것도 하지 않고 있으니 교장이 질타의 대상이 되는 것이며, 교장들 역시 여기에 대해 답할 말이 없으니 연구가 교장의 업무라는 옹색한 답변이 나오는 것이다.

교장선생님으로서의 교장

교장은 선생님일까? 일단 법적으로는 그렇다. 초중등교육법에서 교장은 교무를 담당하는 직원이 아니라 교육을 담당하는 교원으로 규정되어 있기 때문이다. 초중등교육법에 따르면 교장의 업무는 ①교무를 통할하고, ②소속직원을 관리감독하고, ③학생을 교육한다. 참고로 교감의 업무 역시 ①교장을 보좌하고 교장 유고시 업무를 대리하며, ②교무를 관리하고, ③학생을 교육한다고 명시되어 있다. 이렇게 교장과 교감의 업무는 법률에 "학생을 교육한다"가 명시되어 있다. 반면 교사는 "학생을 교육한다"라는 업무 하나만 규정되어 있다. 행정직원 등 직원(행정직원 및 회계직)은 "행정 사무 및 기타 사무"를 담당하도록 되어 있다. 따라서 학교의 업무는 교사는 교육, 직원은 교무를 담당하고 교장과 교감은 이 둘을 다 담당하도록 되어 있는 것이다. 그런데 교무에 관해서 교장이 담당한 역할은 통할(총괄), 교감은 관리이지만, 교육에 관해서는 직접적으로 "교육한다"라고 되어 있기 때문에 교장, 교감의 주업무 역시 학생을 교육하는 것이다.

다만 학교의 대표로서 직원이 담당하는 교무를 어느 정도 관리하고 총괄하는 정도의 업무가 추가된 것이 교장, 교감의 업무라고 보는 것이 적절한 해석으로 보인다.

하지만 문제는 여기서 말하는 "학생을 교육한다"에 대해 '교장은 다음 각호에 해당되는 교육을 담당한다'라는 식의 규정이 없다는 것이다. 교육이라는 것이 수업의 일부를 담당하라는 것인지, 학교폭력과 생활지도, 학생자치 같은 업무를 담당하라는 것인지, 가끔 뒷짐 지고 다니면서 하필 마주치는 학생들한테 잔소리 몇 번 하고 교육했다고 생각하라는 것인지, 다른 교사들 수업하는 것에 대해 이러쿵저러쿵 잔소리나 늘어놓고 훈수나 하라는 것인지가 불명확하다. 이렇게 업무의 편차를 넓게 펼쳐 놓을 수 있는 상태에서 명확한 규정과 범위를 정해 두지 않으니, "학생을 교육한다"라는 말은 사실상 의미 없는 말이 되고 말았다.

실제로 교장선생님으로서의 교장상을 고수하고 있는 나라인 영국, 독일 등에서는 교장이 선생님으로서 해야 하는 업무 소관이 분명하게 규정되어 있다. 적어도 다섯 시간 이상의 수업을 담당하고, 그 밖에 학생상담과 진로진학 업무를 담당하는 식이다. 영국은 아예 교장이라는 명칭 대신 'head master' 혹은 'head teacher'라는 용어를 사용하고 있는데, 굳이 우리말로 옮기면 수석교사에 더 가깝다. 즉 이런 나라들의 교장은 기본적으로 수업을 담당하는 교사인데, 수업 시수를 절반 정도로 줄인 다음 그 시간 동안 대외적으로 학교를 대표해야 하는 업무, 학교의 운영과 관리를 총괄하는 업무를 담당하는 사람이다. 우리나라로 치면 대체로 베테랑 교사들이 담당하는 보직인 교무부장, 연구부장, 학생부장에 더 가깝다.

교장님으로서의 교장

우리나라의 교장, 교감들이 자기들끼리 부를 때, 선생님이란 말을 빼고 교장님, 교감님이라는 말로 서로를 부르는 배경에는 교장이 선생님이 아니라는 현실이 반영되어 있다. 실제로 교장, 교감이 되기 위한 지름길은 하루라도 먼저 교원 신분에서 벗어나 교육전문직원(장학사, 장학관)으로 전직하는 것이다. 또 직책 이동의 경우에도 교사와 교감, 교장은 호환이 안 되어도 전문 직원과 교감, 교장은 수평으로 호환된다는 인식이 팽배하다. 예컨대 경력이 많은 교사가 교감이 되면 승진했다고 하는데, 장학사가 교감이 되면 승진했다고 보지 않는 것이 일반적이다. 사실 이는 법적으로 아무 근거가 없다. 어쨌든 우리나라에서 현실은 교장, 교감은 교원의 연장선상에 있는 것이 아니라 직원(전문직원)의 연장선상에 있다. 법규상 아무 근거 없는 장학사는 교감급, 장학관은 교장급이라는 관행은 심지어 진보교육감조차 건드리지 못할 정도로 뿌리가 깊다.

그러니 우리나라의 교장, 교감의 정체성과 자의식이 어디에 가 있는지도 분명하다. 이들 중 상당수는 교육보다는 행정업무에 더 관심이 많으며, 실제로 자신감을 가지고 있는 부분도 그쪽이다. 만약 교장들에게 신입교사들 앞에서 수업시범을 보이라고 하면 손사래를 치거나 도망가겠지만, 각종 업무처리 시범을 보이라고 하면 얼마든지 할 수 있을 것이다. 설사 교장이 교육에 관심을 가지는 경우도 전문적인 수업이나 상담보다는 때때로 하는 훈화, 교사의 수업이나 시험문제에 대한 산발적이고 비전문적인 비평, 그리고 실제 수업보다는 수업과 평가에 관한 문서를 첨삭하는 정도에 그칠 것이다. 그래서 그들은 다른 종류의 선생님이 되었다는 생각보다는 선생님에서 다른 종류의 직급(사실은 직책임에도)으로 승진했다는 의식이 더 강하다. 선생님 위에 교감님, 교감님 위에 교장님인 것이다.

이와 같이 교장이 교사의 연장선상이 아니라 별도의 직종으로 자리 잡은 제도는 주로 미국의 학교에서 찾아볼 수 있다. 그런데 이런 제도를 채택한 미국의 학교들은 교장과 교사의 분업도 철저하다. 별도의 직종인 만큼 아예 다른 일을 하는 것이다. 따라서 충원되는 통로도 다르다. 교사가 경력이 쌓이면 장학사로, 교장으로 승진하는 것이 아니라 아예 장학사나 교장 같은 교육행정가를 별도로 양성하고 별도로 선발한다. 즉 대학이나 대학원의 교육행정학과나 해당 과정이 있어서 장학사와 교장을 양성하고, 사범대학이나 교원 양성 프로그램에서는 교사를 양성하는 것이다. 심지어 교장 자격증을 받는 데 교사 자격이나 경력도 필요 없다.

따라서 미국에서 교장은 교사의 상급자가 아니라 교사의 교육활동이 잘 이루어지도록 학교를 관리하고 운영하는 경영자이자 행정가다. 교사가 효과적으로 수업을 할 수 있도록 여러 가지 행정·재정적 지원 및 문제 해결, 각종 고충 처리 및 구성원들 간의 조율, 교육과정 점검, 학생 생활지도 및 적절한 조치, 지역사회 및 학부모 관리,

각종 후원금 유치, 학교 재정 관리 등이 교장이 담당하는 업무다. 이 업무의 범위는 매우 넓고 상당한 분량의 실무를 요구한다.

물론 우리나라도 법적으로 이런 업무는 교장의 업무이지 교사의 업무가 아니다. 그런데 우리나라는 교장이 이런 업무를 쪼개 교사들에게 할당하는데, 미국에서는 불가능한 일이다. 미국은 교사에게 수업, 평가, 학생 상담 외의 업무를 부과하지 않기 때문에 학급이나 교과 범위를 넘어서는 거의 대부분의 업무를 누군가가 따로 담당해야 한다. 따라서 이 자질구레하고 방대한 업무를 교장이 혼자 하던가, 아니면 교감을 추가로 고용하거나 교장 어시스턴트(우리나라라면 행정실장)를 고용해서 해결하지 교사에게 무슨무슨 담당계 따위를 정해서 넘길 수 없다.

사정이 이렇다 보니 미국의 교장은 각종 사무 수행과 학부모 상담 등으로 매우 바쁜 것이 보통이다. 우리나라로 치면 행정실장 겸 교무부장이자 학생부장인 셈이니 바쁘지 않을 수 없다. 더군다나 보수도 박하다. 우리나라는 교장이나 교사나 경력에 따라 같은 보수를 받지만(교장이 직책급이 있어서 40만 원 정도 더 받는다), 미국은 교장이 교사보다 더 적은 보수를 받는 경우도 흔하다. 이런 미국의 교장은 확실히 선생님 개념은 약하다. 그러니 그냥 교장님이라고 부르는 것이 바른 번역일 것이다.

바람직한 교장의 위상은 무엇인가?

교장선생님이든 교장님이든 대부분의 나라에서 교장이 학교의 리더라는 위상을 가지고 있음은 분명하다. 다만 교장선생님은 교육전문가로서 교사들을 이끄는 것이고, 교장님은 교육행정가로서 교사들이 최고의 실적을 내도록 조성하는 차이가 있다. 그것이 교장의 업무이다.

그런데 우리나라는 학교 리더라는 의미보다는 기관의 장, 최고 결정권자라는 위상이 더 강하다. 우리나라의 교장은 아무런 실무를 담당하지 않으며 오직 결재만 한다. 교육은 물론 행정업무에 이르기까지 모든 실무를 교사가 분담한다. 교장은 다만 예스, 노만 결정하는데, 그 결정의 기준도 명확한 법규보다는 교장의 자의에 의해 판단하는 경우가 많다. 법규가 있다 하더라도 우리나라 초중등교육법의 대부분은 기승전 '학교장이 결정한다'로 되어 있기 때문에 역시 교장 마음이다.

그 결과 우리나라의 교장은 교육자로서도 행정가로서도 무능해지기 쉽다. 교육자로서 교장이 학교의 리더가 되려면 그 학교 교사들 중 가장 수업에 능하고 학생들을 잘 다루는 교사라야 한다. 그래서 젊은 교사들 앞에서 언제든지 시범수업을 할 수 있어야 한다. 우리나라 교장에게는 기대하기 어려운 일이다. 수업 준비 열심히 하고 아이들을 열과 성을 다해 가르치는 교사는 하늘의 별을 따야 겨우 교장이 될 수 있다. 교장이 되려면 이미 30대 후반부터 승진만을 위한 기나긴 트랙을 밟아야 하기 때문이다. 그리고 그 길은 일상적인 수업보다는 외부에 실적이 드러나는 특별한 프로그램이나 행사, 각종 행정업무에서 두각을 나타내는 것이다.

물론 학교에서도 사업 수완이 좋고 행정 능력이 뛰어난 행정가나 경영자는 꽤 쓸모가 있다. 그런데 교장이 행정가, 경영자로서 학교의 리더가 되려면 교사들의 교육활동이 최상의 결과를 가져오도록 여러 가지 여건을 조성하는 일을 적극적으로 담당할 수 있어야 한다. 그 대신 교육에 대해서는 교사의 전문성을 믿고 철저히 맡길 수 있어야 한다. 기업을 예로 들면 교장은 경영자, 교사는 엔지니어나 개발자라고 할 수 있다. 경영자는 엔지니어나 개발자가 최상의 퍼포먼스를 하게끔 조건이나 환경을 만들어 주는 역할을 담당하지, 기술이나 개발에 개입하고 간섭하는 역할을 담당하지 않는다. 경영자가 기술에 대해 아는 척하는 회사는 망하기 십상이다. 반대로 개발자, 엔지니어는 개발과 기술에 전념하지 물류, 마케팅, 회계, 인사까지 담당하지는 않는다. 개발자나 엔지니어가 물류, 마케팅, 회계 업무까지 맡아야 하는 회사 역시 기술 개량, 혁신, 신상품 개발에 실패하여 결국 문을 닫을 것이다. 따라서 교장이 경영자, 행정가로서 학교의 리더라면 교사가 수업과 수업을 위한 연구에 전념할 수 있도록 물류, 마케팅에 해당하는 각종 학교관리 업무를 전담하던가, 전담하는 단위를 운영해야 한다.

그런데 우리나라의 교장은 현재 이것도 저것도 아니다. 이는 엔지니어, 개발자들이 전문기술 업무뿐 아니라 각종 행정, 경영 업무까지 분담하고 경영자는 그저 도장만 찍는 회사와 다름없다. 실제로 우리나라의 대기업들도 그렇게 움직인 경우가 많았고, 그 결과 경영자가 가장 바쁘고 개발자와 엔지니어가 연구에만 전념할 수 있는 애플이나 구글을 따라잡지 못하고 있다.

교장의 위상을 명확히, 그에 맞는 양성·선발체제를 갖추자

이제 우리에게 필요한 것은 주먹구구 교장이 아니라 전문적인 교장이다. 재벌 2세 회장이 아니라 전문경영자가 필요한 것과 마찬가지다. 그러려면 그 위상부터 명확해야 한다. 기업의 예를 들면 수석엔지니어인지, 최고경영자인지가 분명해야 한다.

교장은 교육자의 리더로서 학교를 이끌어야 할까? 그렇다면 실제교육에서 훌륭한 분들이 교장이 되도록 제도를 바꾸어야 한다. 그리고 당연히 교장이 학교에서 직접적인 교육을 담당해야 한다. 직접 수업을 담당할 수도 있지만 그보다는 학급이나 교과를 전담해야 하는 교사들이 따로 챙기기 어려운 교육, 예컨대 학교폭력, 학생자치, 학교 문예활동, 수학여행 같은 영역을 담당하여 처리하는 것이 보다 효율적일 것이다.

교장은 행정가, 경영자로서 학교를 이끌어야 할까? 그렇다면 철저히 경영자, 행정가로서 교장을 양성하고 선발하자. 지금처럼 교사들 중 소수를 선발하여 승진하듯 교장자격연수를 할 것이 아니라 누구나 교육행정대학원이나 교육행정가 양성과정을 이수하면 교장 자격을 주고, 이들의 학교경영계획능력 등을 평가하여 교장을 선발하자. 그리고 이들이 행정가로서, 경영자로서 합당한 업무를 담당하게 하자. 최신 교육방법으로 무상한 젊은 교사들에게 시대에 뒤떨어지는 훈수나 두며 빈축을 사게 하지 말고, 아예 행정 업무만 책임지고 전담하게 하자. 그동안 부당하게 교사들에게 분담되었던 학교의 모든 행정, 경영 업무를 총괄하게 하자. 교육행정가는 교사들의 교육이 잘 이루어지도록 여러 가지 조건을 마련하고 장애물을 제거하는 사람이지, 그런 일을 교사에게 수행시킨 뒤 감독하는 사람이 아니다. 이는 회사 경영자가 개발자, 엔지니어가 마케팅, 물류 따위를 걱정하지 않게 해 주는 것과 마찬가지다.

교장의 역할은 이 둘 중 어느 하나일 것이다. 물론 이 양자를 모두 수행할 수 있는 교장도 있을 수 있다. 그런데 이 양자 중 어느 하나도 담당하고 싶지 않은 교장이라면? 그래서 다만 학교의 '장'으로만 군림하고 싶어 하는 교장이라면? 그런 교장은 임용하지 말아야 하며, 이미 임용되었다면 재임용하지 말아야 한다.

인성교육과 공부의
상관관계

'공부? 인성!'의 신화

나는 군사정권 시절에 고등학교를 다녔다. 덕분에 일주일에 두 시간씩 교련이라는 군사학 수업을 들어야 했다. 선택과목이 아닌 필수과목이었고, 내신에 반영되었다. 소총을 30초 안에 분해하거나 운동장에서 각종 포복 자세로 기어다니거나 총검술 자세 따위의 시험을 치렀다. 물론 "다음 중 총격전 상황에서 엄폐물로 사용할 수 있는 것은?" 따위의 필기시험도 봐야 했다.

고등학교 2학년 때 일이다. 모두에게 점수를 주려고 그랬는지 교련 지필고사 주관식 문제가 "다음 중 박정희 대통령이 창안한 새마을 정신 세 가지는?"이었다. 학교 현관에 태극기와 함께 나란히 걸린 새마을 깃발에도 적혀 있는 '근면, 자조, 협동'이 답인 문제였다. 고등학생이나 되어서 이런 문제나 풀어야 한다는 게 짜증이 나서 학교 근처 카센터에서 봤던 '닦고, 조이고, 기름 치자'라는 구호를 써 넣었다.

시험이 끝나고 교련선생이 나를 불러냈다. 전교권에 들고 부반장이라는 놈이 이걸 모르고 썼을 리는 없으니 자초지종을 캐보려 한 것이다. 나는 솔직하게 답을 알았지만 그런 문제를 풀기 싫어서 그렇게 썼다고 대답했고, 진노한 교련선생의 몽둥이 찜질을 받아야 했다. 그

때 들었던 말이 바로 "공부만 잘하면 뭐해? 인성이 제대로라야 사람이지!"라는 정말 상투적인 클리셰였다. 하지만 나는 박정희 대통령의 말씀을 잘 외워 쓰는 것과 인성이 도대체 어떤 관계인지 이해할 수 없었다.

그런데 그 교련선생의 상투적인 말은 본인의 생각이라기보다는 대중매체 등을 통해 공유된 일종의 통념이었다. 당시 학교를 배경으로 하는 〈고교생 일기〉 따위의 드라마, 〈얄개 시리즈〉 따위의 영화는 한결같이 공부 잘하는 학생들은 인성이 별로라는 설정을 했기 때문이다. 그들은 대체로 이기적이고 공부만 알아서 친구들과 사이가 나쁜 캐릭터, 아니면 공부말고는 아무것도 할 줄 모르는 쑥맥이었다. 반면 주인공은 비록 공부는 못해도 인정 많고 의리가 있어서 친구들의 사랑을 받는 썩 괜찮은 놈, 혹은 비록 양아치로 찍혀 있지만 알고 보면 착한(과연 그게 가능할까?) 캐릭터로 그려졌다.

이 '공부? 인성!'은 아직까지도 생생하게 살아남아 있다. 보수, 진보도 가리지 않는다. 지난 7월에 발효된 인성교육 특별법의 발의자 면면을 보면 진보계열 의원과 보수계열 의원이 망라되어 있고, 의결 과정에서도 거의 아무런 저항 없이 사실상 만장일치로 통과된 사실이 이를 증명한다. 당장 서울대학교 총장이 수능 점수보다는 인성을 위주로 신입생을 선발하겠다고 발표하면 여야, 보혁을 망라하는 뜨거운 환영을 받을 것이다. 우리나라에서 '공부? 인성!'은 하나의 신화나 다름없다. 교육과 관련하여 보수, 진보가 모두 동의할 수 있는 구호를 하나 만들라고 한다면, 바로 '지식교육이 아니라 인성교육을!'

이 될 것이다.

물론 이때 보수주의자와 진보주의자가 주장하는 인성교육이 약간 다르기는 하다. 보수진영에서는 이른바 '버르장머리' 담론을 통해 인성교육을 말한다. 인성교육이 제대로 안 되어서 애들 버르장머리가 나빠졌다는 것이다. 특히 흉악범죄가 발생하면 보수주의자들은 기다렸다는 듯이 인성교육을 강화해야 한다며 핏대를 올린다. 2004년 전방부대에서 무차별 총기 난사 사건이 일어났을 때, 세월호에서 선원들이 승객들을 버리고 도주했을 때 보수주의자들이 내건 주장이 바로 '인성교육 강화'였다.

보수주의자들은 과거에서부터 가치 있게 여겨진 그런 덕목들이 무시당하고 가르쳐지지 않아서, 혹은 진보주의자들이 도덕 상대주의를 유포해서 학생들의 인성이 망가졌다고 주장한다. 따라서 복고적인 덕목들을 되살리는 것이 이들의 인성교육 목표다. 그 덕목은 효, 예절, 협동, 봉사, 준법 등과 같이 수직 상하적 규범 혹은 집단에의 순응을 강조하는 덕목인 경우가 많으며, 그 교육방식 역시 8대 덕목이니, 4대 주요 품성이니 하는 식의 구체적인 덕목을 훈육하거나 훈련, 수련하는 방식을 취한다.

한편 진보주의자들은 한결같이 지식 위주의 입시교육 때문에 학생들의 인성이 망가지고 있으니, 지식교육을 인성교육으로 바꾸어야 한다고 주장한다. 그래서 대학입시는 물론, 교원 임용고시에도 얼마나 많은 지식을 가지고 있느냐보다는 인성이 얼마나 훌륭한가를 기준으로 삼아야 한다고 주장한다. 그런데 곰곰이 살펴보면 진보주의자들의 인성교육 역시 구체적인 덕목을 지정해 두고 그것을 가르치거나 함양해야 한다고 주장한다는 점에서 보수주의자와 마찬가지로 덕목론적의 범주를 벗어나지 못한다. 다만 진보주의자들은 관용, 정의, 공감, 소통 등을 강조하는 등 덕목의 종류가 다르다는 점에서 보수주의자와 구별될 뿐이다.

인성교육의 내용적 앙상함

보수주의자와 진보주의자가 서로 다른 종류의 덕목을 내세우면서도 굳건하게 공유하는 전제가 있다. 바로 '인성'에 해당되는 덕목이 '공부(지식)'와 별개의 것이라는, 즉 '공부와 별도의 인성교육'이라는 신화다. 보수주의자는 공부로는 부족하니 인성교육을 추가해야 한다고 주장하고, 진보주의자는 공부는 줄이고 인성교육을 늘려야 한다고 주장한다는 정도의 차이만 보여 줄 뿐이다. 따라서 이들은 모두 학교의 정규교육과정에 추가하여 별도로 인성교육이 필요하다는 공감대를 가지고 있으며, 그 결과가 진보와 보수가 함께 합의하여 처리, 통과시킨 인성교육 특별법이다. '공부? 인성!'이 "교육과정만 잘 운영하면 뭐해? 인성교육을 잘해야지"로 확장된 것이다.

그 결과는 무엇일까? 각 학교에서 넘쳐나는 '인성팔이' 비즈니스다. 정규교육과정 이외의 별도 인성교육 프로그램을 이수해야만 하기 때문에 인성교육을 전문으로 하는 각종 교육업체(주로 타이틀은 협회나 연구소)와 전문 강사들의 비즈니스가 활발해진 것이다. 더구나 인성교육법에서는 구체적인 덕목들을 지정해 놓고 있기 때문에 각 덕목

별 전문 강사들까지 활동하고 있다. 협력적 리더십 강사, 효행 강사, 봉사성 강사 등등. 하지만 그 효과는 확인할 길이 없다. 이미 미국에는 인성교육 프로그램들 중 실제 효과를 발휘한 것은 거의 없다는 연구결과가 나와 있다. 우리나라는 프로그램들을 평가할 준비도 되어 있지 않지만, 이와 크게 다르지 않을 것이다.

이는 매우 당연한 결과다. 공부, 즉 지식과 대비되는 인성교육이라는 것이 사실 매우 앙상한 개념이기 때문이다. 착함이란 단지 성품의 문제가 아니다. 착함은 어떤 성품이 아니라 자신에게, 타인에게, 그리고 사회에 어떤 바람직한 영향력을 행사할 수 있는 상태를 말한다. 그렇다면 자신에게 타인에게 그리고 사회에 바람직한 것, 바람직한 상태가 무엇인지에 대한 '앎'은 착함의 가장 중요한 구성요소가 된다. 착함이란 무엇이 유익하고 무엇이 그렇지 않은지 '앎'에서 비롯되는 것이다. 마찬가지로 정의 역시 무엇이 올바른지 무엇이 그른지 '앎'에서 비롯된다. 도덕정치를 표방한 유교에서도 수신제가에 앞서는 것이 격물치지다. 공자도 아리스토텔레스도 모두 중용을 인성의 핵심으로 보았는데, 어디가 중용인지 알려면 먼저 사물의 시작과 끝을 알아야 하기 때문이다. 지식 없이 베푸는 선행은 "좋은 뜻으로 했는데 이렇게 될 줄 몰랐다"라는 변명을 늘어놓을 무수한 맹목적이고 충동적인 위해의 원인이 될 뿐이다.

진보 쪽에서 인성교육의 주요 내용으로 제시하는 공동체 의식이나 민주시민성 같은 것도 마찬가지다. 자신이 속한 공동체의 가치와 그 공동체가 처한 상황을 알지 못하는 사람이 어떻게 공동체 정신을 발휘하겠는가? 그런 것을 모르는 상태에서 발휘하는 공동체 정신은 다만 맹신적 집단주의에 불과하다. 경제학에 대한 바른 지식 없이 어떻게 부의 공평한 분배와 정의를 논하며, 자연과학에 대한 지식 없이 어떻게 환경과 관련하여 올바른 선택을 할 수 있겠는가?

결국 공부와 따로 떨어져 있는 인성, 지식교육과 별도로 이루어지는 인성교육의 내용은 거의 없다. 공부는 인성의 한 부분이며 그것도 매우 크고 중요한 한 부분이다. 이는 학교 현장에서 학생들과 생활하는 교사들의 경험칙으로도 확인된다. 실제로 학교 현장에서 만나는 '공부 잘하는 학생들'은 드라마나 영화와는 달리 인성도 좋은 경우가 많다. 물론 자기 공부만 챙기면서 공동체의 의무를 등한시하고 예의도 없는 이른바 '까진' 학생이 없는 것은 아니지만, 매우 보기 드문 캐릭터다. 이른바 공부 잘하는 학교에서는 통상 다들 기피하는 생활지도 담당교사가 가장 일이 없고 한산한 자리다.

반면 학업 성취도가 많이 떨어지는 학교의 교사들은 수업은 둘째치고 절도니, 폭력이니 하는 각종 사안으로 정신 없는 나날을 보낸다. 실제로 학교에서 이른바 문제학생, 폭력학생을 지도해 보면 다들 착한 아이들이다. 인간은 기본적으로 선량하다. 하지만 그 아이들이 결과적으로 나쁜 아이들이 된 원인은 무엇이 좋고 무엇이 옳은지에 대한 무지함이다. 이 세상의 미덕과 악덕은 인성의 문제가 아니라 앎의 문제인 것이다.

또 다른 반례도 있다. 민주화 운동이 한창이던 1980년대, 가장 시위를 많이 하고 격렬하게 투쟁했던 대학은 다름 아닌 서울대였다. 서울대 학생들이 초중고등학교 시절에 공부를 열심히 하고 잘했을 학생들임에 분명한데, 그들이 냉정한 이기심이 아니라 민주주의에 대한 굳건한 신념과 용기를 보여 준 것이다. 그 시절 중고등학교에서 특별히 인성교육을 실시했다는 기록은 없다. 오히려 독재체제를 정당화하는 세뇌교육이 부지런히 이루어졌을 뿐이다. 그렇다면 그들은 민주주의에 대한 신념, 현재 자신들이 처한 부당한 현실에 대한 분노를 어디서 가져온 것일까? 이들은 공부를 열심히 한 학생들이기 때문에 자신들이 공부한 현실과 실제의 현실 간의 간극을 예리하게 느낄 수 있었고, 그만큼 고민하고 분노했던 것이다.

정규교육과정 운영이 곧 인성교육

공부는 어떤 방식으로든 인성에 긍정적인 영향을 준다. 인성이 훌륭한 학생이 반드시 공부를 잘하는 것은 아니지만, 공부를 잘하는 학생은 인성도 훌륭해질 가능성이 크다. 우리나라 정규교육과정만 살펴봐도 이른바 '공부'가 인성과 전혀 무관하지 않음을 확인할 수 있다. 적어도 문서상으로는 이미 인성교육을 중심으로 구성되어 있기 때문이다. 우리나라 국가수준 교육과정 총론의 첫머리는 이렇게 시작한다.

우리나라의 교육은 홍익인간의 이념 아래 모든 국민으로 하여금 인격을 도야하고, 자주적 생활 능력과 민주 시민으로서 필요한 사실을 갖추게 하여 인간다운 삶을 영위하게 하고, 민주 국가의 발전과 인류 공영의 이상을 실현하는 데 이바지하게 함을 목적으로 하고 있다.

요약하면 '우리나라 교육은 인성교육을 목적으로 하고 있다'가 된다. 우리나라 교육과정의 여러 교과목과 내용은 입학시험을 치자고 있는 것이 아니라 '인성'을 함양하기 위해 있는 것이다. 우리나라 교육과정의 교과들은 이른바 주지과목, 실업과목, 예체능과목이 총망라되어 있다. 문자 그대로 지덕체가 균형을 이루고 있는 것이다.

따라서 우리나라 인성교육에 문제가 있다면 이는 '공부 과잉' 때문이 아니라 오히려 '공부 결핍' 혹은 '공부 왜곡' 때문이다. 공부의 목적 자체가 훌륭한 인성을 갖추는 데 필요한 각 분야의 소양을 기르는 것이지, 그 결과를 확인하는 평가에서 높은 점수, 나아가 우월한 등수를 차지하는 것이 아니기 때문이다. 그런데 점수와 등수가 목적으로 탈바꿈하면 공부의 과정은 사라지고 평가에서 높은 점수를 받으려는 각종 편법만 익히고 이걸 공부라고 착각하게 된다. 그 결과 '덕체'에 해당되는 교과들은 홀대받고 '지'에 해당되는 과목에만 치우치고, 그 '지'마저도 진짜 앎이 아니라 아는 것처럼 위장하는 편법을 익히는 교육이 되었다.

알베르 카뮈는 "세계의 악은 거의 무지에서 오는 것이며, 선의도 총명한 지혜 없이는 악의와 마찬가지로 많은 피해를 입힌다"고 했다. "총명이 없다면 참된 선도 아름다운 사랑도 없다"고 하면서. 그러니 공부, 지식과 대비되는 별도의 인성교육 따위 이야기는 꺼내지 말자. 오히려 특정한 유형의 덕목이나 행동방식을 인성교육이라는 이름으로 조작하려는 불순한 시도를 경계하자.

그런데 카뮈는 "가장 절망적인 악덕은 자기가 모든 것을 다 알고 있다고 믿는 무지"라고도 했다. 이것이 바로 우리나라 교육의 문제다. 시험을 잘 치는 것이 앎, 즉 지식을 얻는 것은 아니다. 그런데 시험을 잘 치는 학생은 자신이 실제로 지식을 얻었다고 착각한다. 실제로는 무지한데 모든 것을 다 알고 있다고 믿는 최악의 무지라는 악덕이 발생하는 것이다.

인성교육이라는 이름의 인성교육은 없다. 제대로 된 공부, 그것이 인성교육이다. 따로 돈 들이고 시간 들여서 인성교육 프로그램을 돌릴 필요 없다. 공부만 제대로 하면 그게 바로 인성교육이다. 인성교육 프로그램을 따로 돌리기 전에 수능과목에만 치우치고, 소위 예체능교과가 홀대받는 현실, 그나마 수능과목조차 EBS 문제집 풀이 연습 따위나 하는 현실부터 정상화하자. 참된 앎, 진정한 지식을 깨우쳐 나가는 것, 그것이 인성교육의 첫걸음이기 때문이다.

공교육에 대한
자학과 자만

대한민국 국민들의 교육적 관심은 유별나다고 알려져 있다. '옆집 교육학'이란 말이 나올 정도로 너도나도 교육전문가다. 1980년대에는 천만 명의 정치평론가가 있다고 했는데, 이제는 천만 교육평론가 시대가 아닐까 싶을 정도로 누구나 교육에 대해 한마디씩 하며 교육에 대한 담론이 넘쳐난다. 문제는 이 옆집 교육학자들이 막연한 선입견이나 부정확한 정보를 확대 재생산하고 있다는 것이다. 게다가 돌팔이 교육전문가마저 판친다. 20년간 학교에서 가르친 교사 타이틀보다 무슨무슨 교육연구소장 따위의 명함이 더 신뢰받는 지경이다.

옆집 교육학자들은 우리나라 학교 교육을 파탄지경에 이른 지옥으로 묘사하는 경우가 많다. 그래서 차고 넘치는 교육담론 중 공교육을 긍정적으로 평가하는 경우는 찾아보기 어렵다. 우리나라 주류 교육담론이 설파하는 학교는 학생들을 괴롭히고 배움도 일어나지 않는 먹통 고문기계이며, 당장 뜯어고치지 않으면 무너져 내릴 것 같은 불안한 존재다. 하지만 과연 그럴까?

교육에 대해 말할 때는 신중해야 한다. 사람을 다루는 일이기 때문이다. 그래서 '~카더라' 담론이 아니라 객관적 지표를 고려해야 하며, 객관적 지표가 아무리 자신의 직관과 다르더라도 받아들여야 한다. 그리고 여러 객관적인 지표로 바라본 우리나라 학교교육은 최상의 상태는 아니지만, 그렇다고 당장 손쓰지 않으면 큰일 날 먹통도 아니다.

무엇보다 국제학생평가(PISA)에서 우리나라 학생들이 항상 세계 최고수준의 성취를 보여 주었다는 점을 객관적 사실로 받아들여야 한다. 혹자는 이것이 입시교육, 사교육의 성취지 학교교육이 잘했다는 뜻이 아니라고 냉소한다. 하지만 이는 PISA 평가 문항을 한 번도 보지 못한 무지의 소치다. PISA 평가 문항은 고차적인 사고력과 문제해결력을 요구하는 문항들이다. 단순히 많은 지식과 정보를 습득시키는 입시문제풀이 연습을 많이 했다고 해서 좋은 성과를 거둘 수 있는 그런 문항들이 아니다. 그러니 이 성과를 우리나라 학교교육의 성취로 받아들이는 것이 맞다.

사실 우리나라 학교교육에 대한 부정적인 담론을 생산하는 옆집 교육학자들은 그 근거를 현재의 구체적인 학교가 아니라 자신이 다녔던 학교의 기억에서 찾는 경우가 많다. 그들이 학교에 다녔을 1970~1980년대의 학교는 실제로 문제가 많았다. 당시 우리나라 학교는 교사의 질에서나 학교 시설에서나 후진국 수준을 면치 못했다. 교원양성대학 졸업생마저 교사직을 외면하고 많은 보수를 주는 기업체로 달려가는 상황에서 폭증하는 학생들을 수용하기 위해 졸속으로 대량의 교사를 양성하여 수준미달의 교사들이 판을 쳤다.

하지만 세월이 바뀌었다. 그 시절의 수준미달 교사들은 대부분 퇴직했다. 2000년대 들어 교사들은 상위 5퍼센트 내외의 엘리트층에서 충원되고 있다. 학교 시설의 경우는 미국, 일본, 유럽을 능가하고 있다. 교실마다 각종 AV시스템이 완비되고 컴퓨터, 프로젝션, 전자칠판, 와이파이 따위가 완비된 나라는 선진국 중에서도 찾기 어렵다. 그런데 부모세대들은 자신들이 다니던 시절의 학교에 대한 기억을 바탕으로 막연히 선진국에 비해 낙후되었을 것이라고 생각한다. 이런 막연한 자학은 우리나라 학교교육에 별로 도움이 되지 않는다.

하지만 그렇다고 우리나라 학교교육이 자부심을 가질 만큼 훌륭한 것 또한 아니다. PISA에 따르면 우리나라 학생들의 높은 성취는 그 분포상 하위권이 거의 없다는 데서 비롯된 것이다. 우리나라 학생들의 성취도는 대체로 평균보다 조금 위에 몰려 있다. 반면 최고수준의 학생은 다른 나라에 비해 부족하다. 예컨대 미국이나 독일은 평균 점수로는 우리보다 한참 아래지만 최고수준 학생은 우리보다 훨씬 많다. 날이 갈수록 창의성이 중요해지는 시대에 우리나라가 '인재 부족' 사태에 직면할 수 있다는 뜻이다.

이는 우리나라 교육이 '튀는 것'을 금기시하는 풍토에서 아직 벗어나지 못했기 때문이다. 어디 학생뿐일까? 교사들도 튀는 것이 용납되지 않는다. 우리나라 학교는 획일적인 관료주의에 따라 움직인다. 교육자치는 허울뿐이며 교육부장관 한마디에 전국의 모든 학교가 일사불란하게 따를 것을 요구받는다. 교육감, 교장, 교사가 자율이라는 걸 경험하지 못하고 조금의 튀는 생각이나 행동도 용납받지 못하는데, 이런 교육체제에서 창의적인 인재를 길러낼 것이라 기대하는 것은 망상에 불과하다.

뛰는 생각, 다양한 문제의식이 금기시되는 학교에서 교사나 학생이나 할 수 있는 교육이란 이미 주어진 것, 즉 교과서를 반복적으로 학습하는 것이다. 그런 식으로 이루어지는 수업에서 흥미를 느낄 학생은 있을 수 없다. 심지어 교사도 이런 수업은 지루하고 피곤하다. 그 결과가 기록적으로 낮은 학교 행복지수다. 우리나라 학생들은 PISA 참가국 중 행복지수가 가장 낮다. 더욱 심각한 것은 교사 역시 행복지수가 낮다는 것이다. 교직을 선택한 것을 후회한다는 교사의 비율이 다른 OECD 국가들보다 훨씬 높았다.

세계 최고수준의 시설을 갖춘 학교에서 세계최고 수준으로 유능한 교사가 가르치는데도 교사와 학생이 모두 행복하지 않고, 높은 성취도를 자랑하면서도 인재급 학생들을 기르지 못하고 있다는 것은 우리 학교교육이 지속가능하지 않다는 뜻이다. 우리나라 학교교육은 자학해야 할 정도로 형편없는 것은 아니지만, 그렇다고 현재 보여 주고 있는 우수한 성취가 마냥 계속될 수 있을 만큼 낙관적인 상태도 아니라는 것이다. 교육부 – 교육청 – 교장 – 교사로 이어지는 획일적인 권위주의와 불신에 기반한 교육통제가 남아 있는 한 이 불협화음은 계속해서 우리 교육을 잠식할 것이다.

흔히 우리나라 교육에 대해 자학할 때 "21세기 학생을 20세기 학교에서 19세기 교사가 가르친다"고 말한다. 하지만 이 말은 바뀌어야 한다. 우리나라 교육은 "21세기 학생을 21세기 학교에서 21세기 교사가 가르친다". 문제는 이런 학교를 여전히 19세기식 권위주의로 다스리려 드는 교육제도와 교육행정이다.

입시교육과
권력의 그림자

서대문구의 어느 공립 고등학교에서 불거진 성추행 사건이 온 나라를 충격에 휩싸이게 했다. 한 교사가 여학생들은 물론 여교사까지 상습적으로 성추행했다. 교장과 간부교사들은 이 교사를 비호할 뿐아니라 일부는 여기에 동참하기까지 하는 등 학교가 거의 막장의 모습을 보여 주었다.

교사는 학생들이 다른 어떤 어른보다도 신뢰해야 할 존재다. 그런데 그런 교사가 학생은 물론 교사에게까지 성추행을 자행했다는 사실은 우리 사회 전체의 신뢰를 근본부터 뒤흔든 충격적인 사건이다. 문자 그대로 세상에 믿을 놈 하나 없는 꼴이다.

그런데 학생들의 침묵과 그 침묵의 이유가 더 충격적이었다. 피해자들은 한결같이 "그 선생님 눈 밖에 나면 대학입시에서 치명적인 손해를 보기 때문"에 감내했다고 한다. 그 교사가 관리하는 30명 정도의 우수학생 그룹에 포함될 경우 대학 수시전형에 결정적으로 유리한데, 거기 끼기 위해서는 "성추행 정도는 참고 견뎌야" 했다는 것이다.

혹자는 이를 근거로 대학입시에 종속된 고등학교의 현실을 개탄할지도 모른다. 하지만 이 사태는 고등학교가 대입에 종속되어서 일어난 것이 아니라, 고등학교가 대학입시를 좌우할 만큼의 힘을 가지고 있었기 때문에 발생한 참사다. 고등학교 교사들에게 대입을 좌우할 만한 힘을 주었지만, 이를 제대로 사용하지 않고 일부 교사들에게 몰아주었기 때문에 이런 일이 발생한 것이다.

현재 대학입시는 수시모집이 전체의 70퍼센트를 차지하고 있다. 학생의 공부, 즉 수능시험 점수로 입학하는 정시모집은 30퍼센트 정도에 불과하다. 수시모집은 자기소개서, 학생생활기록부, 심층면접으로 이루어지는데 이 중 가장 결정적인 것은 생활기록부다. 지망하는 전공이나 분야와 관련하여 생활기록부에 다양한 특기사항이 기록되어 있는 학생일수록 또 그 밖에 리더십이나 각종 훌륭한 인성이 생활기록부를 통해 입증되는 학생일수록 입학에 유리하다.

그런데 그 특기사항은 학교가 주관하거나 인정한 활동만 기입할 수 있으며, 각종 경시대회 등 이른바 외부 스펙은 배제된다. 즉, 고등학교 교사가 생활기록부에 한두 줄을 더 써 주느냐 마느냐가 대학입시의 승패를 좌우하는 것이다. 학생이 아무리 공부를 열심히 하고 '노력'을 하더라도 고등학교 교사가 생활기록부를 제대로 써 주지 않으면 그 학생의 대입 기회에서 70퍼센트의 수시라는 넓은 문은 닫히고 만다. 이는 교육운동 진영의 요구가 상당히 많이 반영된 결과다. 2000년대 초반까지 교육운동권은 고교교육과정이 수능에 지배당해 파행 운영되고, 학교 수준을 넘어서는 수능문제 때문에 학생들이 학교보다 학원에 매달린다고 불만을 터뜨렸다. 그래서 지금 수능은 물수능이라 불릴 정도로 쉬워졌고, 고등학교 교사가 기록하는 생활기록부가 수시를 좌우하도록 바뀌었다.

이렇게 고등학교 교사에게 입시 권한이 주어진 만큼 책임도 커졌다. 대학입시가 학생의 노력뿐 아니라 교사의 노력, 학교 자체의 노력에 따라 좌우되는 것이다. 옛날처럼 수능 준비 EBS문제집풀이 수업만 하는 교사들로 가득한 학교에 다니는 학생들은 이미 2/3쯤 실패한 것이다. 반대로 다양한 수업 및 방과후 활동, 그리고 동아리 활동을 펼치는 교사가 있는 학교 학생들은 이미 시작부터 2/3는 이기고 들어간다. 문제는 서울지역 일반계 고등학교에 그런 교사는 많지 않다는 것이다. 그런 교사 한둘이 모이면 학교 분위기가 바뀌면서 활발한 학교활동을 통해 이른바 수시 대박이 난다. 그러니 그런 교사가 한두 명 있다면 권력이 집중될 수밖에 없는 것이다.

우리 사회는 어떤 목적 달성을 위해서라면 수단의 비윤리성, 반인권성은 문제 삼지 않는 도구주의에 오래전부터 중독되었다. 이런 사회를 바로잡는 가장 좋은 방법은 윤리적이고 친인권적인 도구가 가장 훌륭한 도구라는 것을 보여 주는 것이다. 이 사건과 같이 일부 부도덕한 교사들이 대입을 빌미로 권력을 움켜쥐지 못하게 하는 가장 분명한 방법은 그들을 비난하는 도덕적인 교사들이 윤리적이고 친인권적인 대학입시를 조성하는 것이다.

언제까지 입시제도의 개선만 요구하며 주저앉아 있을 것인가? 입시제도가 아무리 좋은 취지로 바뀌어도 도덕적인 교사들이 이 제도를 움켜쥐지 않는 한, 좋은 입시제도 역시 부도덕한 교사들의 손에 넘어가 도구주의적으로 변질될 것이다. 그리고 그들에게 집중된 권력이 부패하면서 온갖 인권유린이 계속될 것이다. 마침 지금은 대한민국 고등학교에 입시역사상 가장 강력한 힘과 수단이 주어진 상태다.

중학교 교사의
정체성

우리나라 교원 자격증에는 초등교사와 중등교사 자격증이 있다. 중학교와 고등학교 교사는 구별 없이 중등교사 자격증을 사용한다. 즉, 중학교와 고등학교 교사는 같은 자격증을 사용하는 동일 직종으로 언제든지 상호 호환이 가능해야 한다. 반면 초등학교와 중학교는 전혀 다른 종류의 직종이며 전혀 다른 자격증을 요구한다. 초등학교 교사는 중학교에서 가르칠 수 없으며, 중학교 교사는 초등학교에서 가르칠 수 없다. 초등학교와 중학교 교사는 전혀 다른 일을 하는 다른 직종이다.

그 차이는 교육활동이 이루어지는 장면을 통해 바로 확인할 수 있다. 초등학교에서는 학급 담임교사가 학급 학생들의 생활지도와 거의 모든 교과의 수업을 담당한다. 초등학생들이 '우리 반 선생님'이라고 말할 때는 학급 담당 교사란 뜻보다는 '우리를 가르쳐 주는 선생님'이란 뜻이 더 강하다. 마찬가지로 초등학교 교사 역시 주로 담임반 학생들만 가르친다. 만약 초등학교 교사가 일주일에 22시간 정도 수업을 한다면, 특별한 경우가 아닌 한 그 시간은 모두 자기 담임반 학생들을 가르치는 시간이다. 따라서 초등학교에서 담임교사들이 모이는 학년협의회는 그 학년에게 무엇을 어떻게 가르칠 것인지를 논의하는 대단히 중요한 기구이며, 마음만 먹으면 그 학교 교육의 방향이 결정되는 모임으로 발전할 수 있다.

하지만 중학교는 사정이 다르다. 학급 담임교사의 위상이 크게 축소된다. 실제로 중학교의 학급 담임교사에게 주어진 시간이라고는 주로 각종 지시사항 전달만으로도 바쁜 조회·종례 시간 정도일 뿐이다. 그 밖에는 자기 담당교과 시간에나 자기 학급을 만날 따름이다. 통상 일주일에 20시간 정도 수업을 하는 중학교 교사의 경우, 국영수 교과가 아닌 경우에는 일주일에 2~3시간 정도가 담임반 학생을 수업 중에 만나는 시간이다. 만약 제2외국어, 한문 같은 비주류 교과라면 20시간 중 고작 1시간 담임반을 만난다. 심지어 수준별 수업이 이루어지는 영어, 수학 교과는 담임반 학생들 중 2/3 정도를 수업 시간에 아예 만나지 못하는 경우도 생긴다. 따라서 중학교의 학급 담임은 학급의 학습을 책임지는 자리가 아니라 다만 통반장같이 일종의 학생 행정구역을 맡은 자리에 가깝다.

이는 중학교 교사는 담임교사이기 이전에 먼저 교과교사이기 때문이다. 학급 담임을 맡느냐와 무관하게 중학교 교사의 임무는 우선 자신이 담당한 전공 교과를 여러 학급에서 가르치는 것이다. 그래서 애초에 양성, 선발, 발령이 모두 전공 교과 단위로 이루어진다. 학급 담임과 관련된 내용은 사실상 사범대학에서 제대로 배우지 않으며, 임용고시에서도 특별히 의미 있게 다루지 않는다. 초등학교 교사가 자기 학급 학생들에게 여러 교과를 가르친다면, 중학교 교사는 반대로 자기 교과를 여러 학급 학생들에게 가르치는 것이다. 따라서 초등학교는 학급 – 학년이 교육의 중심단위라면, 중학교는 교과가 중심단위라고 말해야 한다.

문서로만 존재하는 기구, 교과

'중심단위다'가 아니라 '중심단위라고 말해야 한다'라고 한 이유가 있다. 현실이 전혀 그렇지 않기 때문이다. 실제로 중학교에서 교과는 초등학교에서 학년이 차지하고 있는 위상의 반의 반도 가지지 못하고 있다. 이론적으로는 중학교는 각 교과마다 동교과 교사들이 모이는 교과협의회(이게 초등학교의 동학년 협의회에 갈음한다)와 각 교과를 대표하는 교사들이 모이는 교육과정위원회에서 학교의 주요 교육적 결정이 이루어져야 마땅하다.

하지만 우리나라 중학교에는 초등학교의 학년협의회 위상에 해당되는 교과협의회가 존재하지 않는다. 그렇다고 중학교의 학년협의회가 의미 있는 기구냐 하면 그것도 아니다. 중학교에서 학년협의회는 많아 봐야 수학여행이나 수련회, 그 밖의 학교 행사 준비 및 생활지도를 명목으로 이루어지는 각종 규제와 통제의 수위를 정하기 위해 (주로 학년부장을 통해 교장의 의사가 전달되기 마련인) 몇 차례 모일 뿐이다. 사실 담임교사들이 모여 봐야 이 정도 외에는 별로 교육적으로 의미 있는 협의가 이루어지지도 못한다. 어차피 피차 서로 다른 교과를 가르치는 처지에 상대방의 교육활동에 대해 이래라 저래라 말하기란 대단히 어렵기 때문이다. 교육내용과 교육방법에 대한 논의는 담임교사들의 모임에서 이루어지기 어렵다.

하지만 우리나라 중학교에서 그 실효성 없는 학년협의회가 그나마 교과협의회보다는 더 자주 모인다. 같은 교과를 가르치는 교사들끼리 모이는 것이 같은 학년 담임교사들이 모이는 것보다 훨씬 어렵기 때문이다. 우선 초등학교가 각 학년마다 학년부장을 두는 것과 달리 교과 중심으로 운영된다는 중학교에서 각 교과별로 교과부장을 두는 경우는 거의 없다. 중학교에서 각 교과를 대표하는 교사는 '교과 주임'이라고 불린다. 그런데 이 교과주임은 법적으로 규정되어 있지 않은 직위이며 심지어 학교의 공식 업무분장으로도 인정되지 않는다. 초등학교에서 각 학년을 대표하는 교사들이 명실상부한 간부교사로서 이들 두세 명만 움직여도 학교가 크게 달라진다고 하는데 중학교에서는 각 교과를 대표하는 교사들은 간부도 뭐도 아닌, 다만 대체로 어린 교사가 맡아서 온갖 허드렛일을 담당해야 하는 자리에 불과하다.

또 중학교에서는 같은 교과를 담당하는 교사라 하더라도 학교 곳곳에 따로 흩어져서 근무한다. 같은 교과 교사들이 함께 모여서 근무할 수 있는 교과는 과학과와 체육과뿐이다. 그나마도 과학부, 체육부는 권위주의 정권 시절의 과학기술 입국, 영재교육, 학생동원 등과 관련된 '업무'를 수행하기 위한 단위이지 과학교육, 체육교육을 하기 위한 교과협의회 개념이 아니다. 중학교에서 교사들은 교과에 따라서가 아님은 물론 학년에 따라서도 근무하지 않는다. 중학교 교사들은 각종 행정업무에 따라 구성된 부서의 각종 담당계로 편성되어, 마치 공무원이나 회사원처럼 담당업무로 분류된 좌석에 가서 근무

한다. 초등학교 교사들이 자기 학급으로 출근하는 것과 달리, 중학교 교사들은 자기 교과교실이 아니라 각종 행정업무에 따라 편성된 부서로 출근한다. 자기 교과의 교실은 마침 수업이 있는 시간에만 들렀다 오는 곳이지 근무하는 장소가 아니다. 그 모습은 교사보다는 차라리 말단 공무원에 가깝다. 그러니 교과가 되었건, 학년이 되었건 교육적으로 의미 있는 모임의 단위가 중학교에서는 거의 만들어지기 어렵다.

예컨대 어느 중학교에 사회 교사 세 명이 있는데, 한 사람이 교무부 수업계, 한 사람이 학생부 생활지도계, 다른 한 사람이 연구부 연수계에 있다면, 이들은 시험 범위 정할 때나 시험문제 출제할 때가 아니면 거의 얼굴 볼 일이 없다. 이들이 학교에서 일상적인 시간을 함께 보내는 동료는 동교과도 동학년도 아닌 동업무 – 그것이 과연 교사의 업무가 맞는지조차 의심스러운 – 부서의 교사들이다. 그리고 이들은 수업을 제외한 모든 시간에 컴퓨터 앞에 앉아서 수업 시간표를 짜거나 결보강 처리, 연수 시간 계산하는 일, 학교폭력 대책위 관련 서류를 만드느라 고개 들 틈도 없다. 중학교 교사들은 국어나 사회를 가르치러 교실로 출근하는 게 아니라 이런 행정업무를 처리하러 교무실(사무실)로 출근한다. 수업은 이러한 업무 중간중간에 리듬을 끊는 장애물처럼 느껴지기 쉽다.

중학교는 적어도 문서상으로는 교과 단위로 움직이게 되어 있다. 교과협의회를 통해 교육과정을 짜야 하고, 교과협의회를 통해 평가 계획을 세우고, 평가 결과를 분석하고 이를 바탕으로 교육과정을 수

정하는 등 한 학기에 적어도 대여섯 번의 교과협의회를 하도록 되어 있다. 하지만 중학교에서 이렇게 내실 있게 교과협의회를 운용한다는 것은 거의 불가능하다. 따라서 이 모든 것은 서류상으로만 존재한다.

그렇다면 무엇을 어떻게 가르칠지를 어떻게 결정할까? 수업 들어가는 교사들이 알아서 정할 수밖에 없다. 그리고 같은 학년에 들어가는 동교과 교사와는 시험 범위, 출제 문항 정도나 맞춰 볼 뿐이다. 그래서 중학교 교사들은 고독하다. 교무실에 가면 부장교사의 부하직원처럼 배치되어 있지만, 그 부장교사는 행정업무를 담당하는 보직이지 교과에 대해서는 아무런 도움을 주지 못한다. 중학교 교사의 가장 중요한 본업이라고 서류상에 명시된 전공 교과수업을 중학교 교사는 아무런 지원도 존중도 없이 순전히 홀로 준비하고 홀로 수행해야 한다.

나 홀로 수업 : 교과서 조금 먼저 알아 놓고 교실 가서 가르치기

교무부니 연구부니 하는 행정부서의 말단 사원으로서 비좁고 어지러운 교무실에서 교과수업을 준비하는 것은 쉬운 일이 아니다. 함께 논의할 동교과 교사도 주변에 없고, 부장이나 교감은 교과수업 준비보다는 행정업무 수행에만 관심이 많다. 물론 교과와 관련한 연구에 대한 지원도 없다. 연구실은 꿈도 꾸지 못한다. 교무실이라는 공간을 한 번이리도 와서 본다면, 이 공산에서는 연구도 휴식도 불가능하며 단지 단순한 행정잡무만 수행 가능한 공간임을 알 수 있을

것이다.

따라서 교과 수업 준비는 방학 때 미리 해 두는 수밖에 없다. 그런데 중학교 교사는 겨울방학이 거의 끝날 때까지도 자신이 새 학기에 몇 학년을 가르칠지 확정되지 않은 상태로 보내야 한다. 2월 20일이나 되어야 가르칠 학년과 학급이 결정된다. 일주일 동안 한 학기 수업을 준비해야 하는 것이다. 사정이 이렇다 보니 상당수 중학교 교사들은 교과서를 넘어서는 범위의 참고문헌을 공부하지 못한다. 공부하더라도 주로 교수학습 방법에 대한 매뉴얼을 참고할 뿐, 전공학문에 대한 책을 따로 보면서 공부하는 경우는 찾기 어렵다. 예컨대 사회교사가 경제학과 사회학을 공부하고, 과학교사가 물리학과 생물학을 공부하고, 수학교사가 문제집이 아니라 정수론이나 집합론 따위의 책을 읽는 모습을 찾기란 거의 불가능하다.

물론 많은 교사가 이런 공부를 하지 않더라도 중학교 교과서를 이해하고 알기 쉽게 설명할 수 있다. 하지만 이들이 그 전공 분야에 해박해서가 아니라 중고등학교 시절 바로 그 교과서로 공부 잘한 우등생 출신이기 때문이다. 따라서 교사들이 교과서에 나온 내용을 그 배경까지 검토하고 비판적으로 성찰하는 일은 꿈도 꾸지 못하며, 완전히 교과서에 매여 있을 수밖에 없다. 그래서 중학교 교사들의 교과수업은 그 분야의 전문가로서의 수업이 아니라 학생보다 먼저 교과서를 마스터한 선배 중학생으로서 그것을 전달하는 수준에서 맴돌기 마련이다.

그런데 중학교 교과서의 내용은 중학생들에게는 지나치게 어렵고 다루는 내용도 너무 많다. 그래서 이 내용을 흥미를 느끼며 공부하게 하려면 중학생들의 삶과 경험 속에서 이를 재해석할 수 있게 해 주어야 하고, 학습 분량도 적절하게 가감할 수 있어야 한다. 이는 교과서 수준을 훨씬 넘어서는 전공지식을 요구하는 일들이다. 하지만 각종 행정부서의 말단 직원으로 편성된 상태에서 온갖 행정잡무를 처리하다가 간신히 수업 시간에 늦지 않게 들어가는 중학교 교사들에게 교과서를 훨씬 넘어서는 교과전문가가 되라는 것은 매우 무리한 요구다.

그래서 상당수 중학교 교사들은 임용된 시점부터 경력이 늘어나면 늘어날수록 점점 자기 전공교과에 대한 자신감을 잃어간다. 경력이 10년 정도 넘어가면 많은 중학교 교사들의 머릿속에서 교과서에 나오는 내용 이외의 전공분야 지식은 거의 망각의 강을 건너고 만다. 그와 더불어 수업은 점점 재미없어진다. 교과서에 끌려다니는 앵무새 수업에 흥미를 느낄 학생을, 더구나 혈기왕성한 중학교에서는 찾기 어렵다.

중학교 교사의 정체성 위기 : 전문성은 어디에?

중학교 교사는 이런 상황이 괴롭다. 그들은 기본적으로 교과전문가로서 양성되었다. 각 전공 교과별로 대학을 다녔고, 교과별로 임용고시를 준비해서 시험에 합격했다. 처음 발령받을 때만 해도 자신이 담당한 교과를 열정적으로 연구하고 무수한 자료를 준비해서 학교에 갔다.

그러나 맡은 바 교과만 잘 가르치면 될 줄 알았던 학교는 기대했던 곳과 전혀 다른 곳이다. 빈틈없이 수행해야 할 각종 말단 사무직 업무가 모든 시간을 잡아먹는다. 교원양성기관에서는 교무업무 시스템의 관리업무, 결보강 수당 계산 및 지급 업무 따위를 어떻게 하는지 가르쳐 준 적이 없다. 이런 업무들을 익히느라 온갖 고생을 하다 보면 벌써 한 학기가 지나고 학생들과의 호흡은 돌이킬 수 없게 되어 있다. 같은 교과를 가르치는 선배들은 뿔뿔이 다른 부서에 흩어져 있고, 피차 수업을 공유하고 함께 연구할 수 있는 풍토도 지원도 장소도 없다.

게다가 중학생들은 사춘기의 한가운데 있는 연령대라 다루기가 쉽지 않다. 넘치는 에너지와 아직은 미숙한 감정, 행동조절능력 때문에 중학생들을 가르친다는 것은 언제 터질지 모르는 활화산 앞에 선 것과 같다. 그런데 우리나라 학교는 이 활화산 같은 에너지를 잘 활용하기보다는 억압하고 길들이는 데 치중하는 편이다. 이는 대체로 교장·교감의 취향인데, 정작 학생들을 길들이고 억압하는 악역은 교사들에게 맡겨진다. 자칫 잘못하면 사고를 칠 수 있는 중학생들을 잘 관리하여 무탈하게 졸업시키는 일이 중학교 교사에게 가장 중요한 일이 되다시피 하고 있다. 이는 상당히 곤란도가 높은 감정노동이다. 물론 사춘기 청소년들을 잘 보살피는 일은 중요한 일이다. 하지만 중학교 교사는 교과를 가르치는 사람이지 상담사, 보육사, 복지사가 아니다.

교과교육 전문가로서의 중요성을 거의 인정받지 못하는 학교 구조 속에서 중학교 교사가 그나마 자신이 말단 행정직원이 아니라 교육자임을 느낄 수 있는 영역은 보살핌 등의 감정노동의 영역이다. 여기서 중학교 교사들의 담임 학급에 대한 애착이 발생한다. 교육자로서 헌신하고자 하는 의지가 강할수록 학급에 대한 애착이 강하다. 하지만 그 정도로 전공 교과에 애착을 가지고 헌신적으로 연구하는 교사는 상대적으로 드물다. 전공 교과에 애착을 가진 중학교 교사가 선택할 수 있는 탈출구는 오직 하나 고등학교로 가는 것뿐인데, 이미 먼저 고등학교로 간 교사들이 절대 중학교로 돌아오려 하지 않기 때문에 이 역시 바늘구멍과 같다.

여기서 중학교 교사의 정체성 위기가 발생한다. 사춘기 한복판의 청소년들을 보살피는 감정노동은 고달픈 일이다. 학급 담임의 업무에 보살핌만 있는 것도 아니다. 학생을 통제하고 관리하는 관료적인 업무도 상당히 많다. 여기에 교무 분장에 따라 할당받은 행정업무까지 쏟아지면 중학교 교사는 정체성 혼란 속에 빠진다.

도대체 중학교 교사란 무슨 일을 하는 존재일까? 청소년돌봄 노동자? 말단 교육행정 노동자? 아니면 교과 전문가? 교사의 교는 '가르칠 敎'다. 영어의 teacher 역시 가르치는(teach) 사람(-er)이다. 초등학교 교사의 일이 고달프지 않은 것은 아니지만, 그들은 기본적으로 가르치는 아이들 속에서 생활한다. 고등학교 교사가 입시교육에 시달린다고 하지만 어쨌든 그들의 업무는 입시교육이나마 가르치는 일에 집중되어 있다. 그러니 중학교 교사는 업무의 대부분이 가르치는 시간임에도 엉뚱한 행정업무에 따라 자리가 배치되고, 보살핌과 감정노동에 헌신해야 한다. 중학교 교사의 소원은 단 한 가지 '교사'가 되는 것이다.

3월엔
잡지 말자

3월은 입학과 개학의 계절이다. 신규 교사는 물론 경력이 꽤 되는 중견교사조차 새 학년, 새 학급을 만나기 전에 꽤 많은 설렘을 느낀다. 경력이 아무리 오래되었어도 첫 만남은 언제나 신선하고 아름답다. 그런데 학교에는 이런 첫 만남을 퇴색시키는 괴이한 격언이 있다. "애들은 3월 한 달 동안 잘 잡아야 1년이 편하다"이다. 이 말은 내가 젊은 시절 선배교사들로부터 가장 많이 들었던 말이기도 하다. 심지어 3월 한 달 동안 가능하면 웃지도 말라고 충고하는 분도 있었고, 결국 그분은 1년 내내 교실에서 거의 웃지 않았다.

의미는 뻔하다. 학생들이 아직 교사의 본색을 파악하기 전에 이른바 군기를 잡아야지, 일단 한 번 기어오르고 나면 다시 잡기 어렵다는 말이다. 어디 학교뿐일까? 이 '3월에 꽉 잡자'주의는 우리 사회 곳곳에서 다양한 버전으로 변형되어 널리 퍼져 있다. 대학생들은 갓 입학한 신입생들을 따뜻하게 환대해 주는 대신 온갖 짓궂은 신고식으로 괴롭힌다. 직장에서도 사수, 부사수 그러면서 신입사원들을 거의 얼차려에 가까울 정도로, 소위 갈군다. 우리 사회의 군기 잡기 문화가 얼마나 야만적인지 보여 주는 일은 비일비재하다.

사람은 누구나 새로운 환경에 들어서면 긴장한다. 수업 첫날을 맞이하는 학생들, 출근 첫날을 맞이하는 노동자도 마찬가지다. 이들은 잔뜩 긴장한 채 새로 만나는 선생님, 직장 선배, 상사를 마주하기 때문에 지나치게 엄격하고 무리한 요구를 받아도 옳고 그름을 따져 볼 여유 없이 일단 복종한다. 이게 소위 말하는 군기가 잡히는 것이다. 하지만 왜 그래야 하는지 생각할 틈도 없이 다만 선생님이, 선배가, 상사가 두려워서 무작정 시키는 대로 했을 뿐이다. 겉보기에 조용하기는 하다. 하지만 겉뿐만 아니라 머릿속까지 조용하다는 것이 문제다. 이런 상태로는 학습도 업무도 할 수 없다.

서로 누군지도 모르고 마음도 열지 않은 상태에서 다짜고짜 엄하게 내리는 지시, 꾸지람, 벌은 교육이 아니라 폭력일 뿐이다. 폭력적인 분위기에서 성장기를 보낸 사람은 그 자신 폭력적이 되기 쉽다는 것이 교육학의 정설이다. 그런 학창시절을 보낸 학생들이 어른이 되어서 사회 곳곳에서 신입들을 상대로 초반에 군기를 잡겠다며 폭력을 행사할 수 있는 것이다. 그러니 3월에 꽉 잡는 교실에서 헬조선의 씨앗이 잉태되고 있었다고 해도 과장은 아닐 것이다.

후배 그리고 동료 교사들에게 '1년 내내 눈 부라리고 꽉 잡고 있을 생각이 아니라면 3월에 꽉 잡지 말라'고 제안하고 싶다. 3월은 군기를 잡는 기간이 아니라 처음 만나는 교사와 학생이 서로의 불안을 달래는 시기다. 둘 중 더 불안한 쪽은 학생이다. 그 불안을 이용하여 공포에 빠뜨리는 대신 안심시키고, 교사를 믿고 사랑할 수 있는 분위기를 조성하는 기간이 3월이 되어야 한다.

물론 교사가 늘 다정할 이유는 없다. 그래서도 안 된다. 때로 엄히

꾸짖기도 해야 하고, 잘못한 일이 있으면 따끔하게 벌도 줄 수 있어야 한다. 하지만 우선 학생들을 다정하게 맞이하고, 불안을 풀어주고, 사랑과 공감을 조성하는 것이 먼저다. 사랑과 공감을 바탕으로 하는 관계가 이루어져야 꾸지람을 하고 벌을 주더라도 학생들이 그것을 이해하고 받아들여 행동을 고칠 것이기 때문이다. 이게 바로 진정한 교육이다. 이렇게 사랑과 엄격함이 함께하는 교육을 받은 학생들은 어른이 되어 상사나 선배가 되었을 때 신입이나 후배 들에게도 역시 그렇게 할 것이다. 이렇게 신입들에게 다정하면서도 엄격한 선배나 상사가 하나둘 늘어날 때 불친절하고 차갑고 가혹한 갑질의 사회가 따뜻하게 바뀔 것이다. 의외로 학교에서 할 수 있는 작은 실천이 사회를 바꾸는 열쇠일 수도 있다. 그 실천을 한마디로 정리해본다. 3월엔 잡지 말자.

가르치는 일의
존엄함

　정권 교체기가 되거나 새 정부가 들어서면 각 분야의 전문가들이 나서서 개혁을 말하는 것은 자연스럽고 바람직한 현상이다. 교육도 예외가 아니다. 그런데 가만히 살펴보면 이상한 점이 하나 있다. 교육전문가라는 타이틀을 달고 교육개혁을 설파하는 교육전문가들 중에 교사가 보이지 않는다. 설사 교사 출신이 있더라도 적어도 10년 이상 현직을 떠난 사람들이다. 교육 일선에서 10년 이상 떠나 있어야 교육전문가 자격이 생기는 것처럼 느껴질 정도다.

　교육개혁을 논하는 포럼이나 심포지엄에서도 교사의 자리는 별로 보이지 않는다. 우선 시간이 오후 두 시인 경우가 많다. 발제자나 토론자라면 공문을 근거로 출장 처리할 수 있겠으나, 많은 교사가 청중으로 참석하기에는 어려운 시간이다. 발표 순서도 대체로 교수나 교육시민단체 대표 등이 기조발제를 하고, 각계각층의 지정토론자들이 발언하는 방식이 많다. 현직 교사는 다만 이 각계각층의 한 사람으로 배당될 뿐이다.

　이런 현상은 다른 분야에서는 찾아보기 어렵다. 가령 보건의료 정책을 논의하는 각종 토론회의 발표자들은 대체로 의사들이다. 의과대학 교수가 발언을 독점하고 임상 의사들이 소외되는 현상은 찾을 수 없다. 사법개혁을 논하는 자리에서도 주로 발언하는 사람들은 변호사다. 그런데 유독 교육정책과 관련되는 토론회 등의 자리에서는 교사가 소외되고 있는 것이다. 교사는 찾아보기 어려운데 '교육전문가'라는 타이틀을 내걸면서 발언하는 사람들은 많다. 이런 자리에 나서는 10년 이상 지난 전직 교사, 혹은 교사 경력이 전혀 없는 '교육전문가'들이 대체 누구를 상대로 어떤 교육을 하고 있는 사람들인지 궁금하다.

이런 자리에 참석하는 교사도 '교사'이기 때문에 발언권을 얻은 것이 아니다. 이들은 대개 교육시민연대 사무총장, 교육연구소 이사, 교원노조나 교원단체 간부 등의 타이틀을 가지고 있다. 심지어 이런 타이틀이 교사라는 본업보다 앞서는 경우가 많다. 마치 교육에 대한 발언권을 얻으려면 교사라는 것만으로는 함량 미달이라고 말하는 것 같다.

사회 통념도 그렇다. 누구도 백발이 성성한 노변호사가 법정에서 직접 변론을 하는 모습을 보고 그 나이 먹도록 아직도 출세하지 못했다고 말하지 않는다. 백발이 성성한 노의사가 원장, 부원장 같은 거 하지 않고 직접 응급 환자를 보는 모습은 오히려 아름답게 묘사되기까지 한다. 그래서 그들은 변호사, 의사라는 호칭 외에 그들이 법률전문가, 의학전문가임을 설명하는 별도의 호칭을 필요로 하지 않는다.

그런데 유독 교사는 교육전문가로 불리기에 부족한 사람 취급을 받는다. 오히려 사교육업자나 이름에 '교육'자가 들어간 회원 수

30명도 안 되는 임의 단체에서 회장이니 소장이니 자처하는 사람이 버젓이 교육전문가 행세를 한다. 저 학교에서 교사를 몇 명이나 배출할 수 있을지 의심스러운 교수도 교육전문가 행세를 한다. 심지어 그런 사람들이 교육에 대한 발언권을 더 많이 가지는 것이 현실이다. 반면 경력이 3년이건 30년이건 교사는 그저 교사다. 경력이 아무리 훌륭해도 그 경력이 교사로서의 경력인 한, 그가 교육학 박사학위를 가지고 있다 하더라도 현재 그가 교사인 한, 그는 그저 교사일 뿐 교육전문가가 아니다. 최소한 교장이라도 되어야 발언권이 조금 주어질 뿐이다. 사회가 마치 교사에게 메시지를 던지는 것처럼 느껴진다. "아이들 가르치는 일 따위나 하는 하찮은 것들"이라고.

이렇게 비교육적이고 반교육적인 상황에 처해 있는 교사들에게 교육을 맡기고 있으니 이 사회도 참 뻔뻔하다는 생각이 든다. 혹은 무모하다는 생각도 든다. 문제가 발생하면 교육자로서의 사명감이 부족하니 어쩌니 하면서 질타를 당하지만, 막상 교육이라는 행위의 가치를 폄하당하고 있는 교사에게 어떻게 사명감을 요구할 수 있겠는가?

교사들이 가르치는 일이 복되고 고귀하다고 느끼게 해야 한다. 이건 교사에 대한 처우를 개선하자는 말이 아니다. 처우는 그대로라도 좋다. 다만 가르치는 일의 사회적 존중을 높여 달라는 말이다. 가르치는 일에 거리를 두면 둘수록 오히려 사회적 존경이 높아지고, 승진이라고 느끼고, 교육전문가로 인정받는 그릇된 풍토를 고치자는 것이다. 만약 사회가 이런 문제를 중요하게 생각하지 않는다면, 교사들

이 단결하여 가르치는 일의 존중을 찾아와야 하고, 사회에 요구해야
한다. 그리고 외쳐야 한다.

"교사의 처우가 아니라 교육의 처우를 개선하라!"

교육개혁의 출발

추위에 콜록거리며 치르던 대통령 선거를 미세먼지에 콜록거리며 치렀다. 이제 통칭 수구보수 정권이 물러나고 민주진보 정권으로 교체되었다. 그래서인지 교육개혁에 대한 목소리가 드높다. 그런데 바꾸라는 목소리는 많은데, 모두 빼먹고 있는 것이 있다. 현재 교육이 이루어지고 있는 현실에 대한 관심이다.

물론 현재 우리나라 공교육이 이런저런 이유로 파행으로 치닫고 있다면서 개혁의 필연성을 말한다. 하지만 이렇게 말하는 사람들 중 현재 공교육 현장을 충분히 들여다본 사람은 별로 없다. 그러다 보니 자신들이 옳다고 생각했던 당위만 강변하고 있을 뿐이다. 가령 10년 전에 탈핵교육, 녹색교육을 말했던 활동가들은 아직도 똑같은 이야기를 하고 있다. 교육에 대한 어떤 일관성을 찾기 어렵다. 중구난방이다.

하지만 이런 중구난방의 목소리가 울려 퍼져도 학교 현장에서는 아무런 변화가 없다. 학교 밖에서만 요란할 뿐이다. 경력이 많은 교사들은 수많은 교육개혁 담론에도 불구하고 결국은 아무것도 바뀌지 않는다는 것을 그동안의 경험을 통해 알고 있다. 심지어 그들은 냉소적으로 반응하기도 한다.

"어차피 정권 바뀌면 또 달라져."

실제로 우리나라는 그동안 9번이나 교육과정이 개정되었지만, 학교 교실 풍경은 별로 달라지지 않았던 경험을 공유하고 있다. 교육 개혁은 항상 개혁안을 입안하는 관료들과 교육학자들의 책상에서만 요란했지, 교육청과 학교의 관성을 이겨내지 못했다. 제도가 어떻게 바뀌어도 학교 현장에서는 늘 하던 대로, 전례에 따라 움직였던 것이다. 그나마 최근 들어 교육개혁이 조금이라도 이루어진 것은 이 관성의 두 바퀴 중 하나인 교육청이 민선 교육감에게 넘어갔기 때문이다. 하지만 이 민선 교육감들 역시 교장, 장학관, 장학사 들에게 포위되어 그들의 관성을 쉽게 넘어서지 못하고 있다.

그럼 왜 우리나라 학교는 관성에 따라 움직이고, 교육개혁이 통하지 않는 것일까? 간단하다. 교육이 제대로 이루어지고 있지 않은 상태에서 교육을 바꾸라고 하기 때문이다. 교육개혁이란 우선 교육이 정상적으로 이루어지는 상황을 전제로 하는 것이다. 학교가 교육을 하는 곳이라는 전제하에 교육을 이렇게 저렇게 바꾸라고 요구하는 것이다. 즉, 교사가 교실에서 행하는 수업을 중심으로 학교가 움직이고 있다는 전제하에 요구하는 것이다. 하지만 우리나라 학교는 교육이 중심에 있지 않으며, 교사는 수업에 전념하는 사람이 아니다. 우리나라 학교에서 교육은 다만 여러 '사업'들 중 하나일 뿐이며, 수업은 교사의 여러 업무들 중 하나, 그것도 비교적 중요도가 떨어지는 업무에 속한다.

우리나라 교사들의 가장 큰 소망은 교육을 바꾸는 것이 아니라 우선 교육을 하는 것이다. 교육 아닌 것에 허덕이던 학교와 교사가 그 시선과 관심을 교육에 집중하는 것이다. 그래야 교육의 문제점이 무엇인지, 어떻게 바꾸어 나갈 것인지에 대해 의지와 견해가 생기며, 그래야 교사가 교육개혁의 대상이 아니라 주체가 된다. 만약 이런 과정 없이 교육개혁안만 쏟아져 나오면, 교육개혁은 다만 또 다른 업무가 되고 만다. 그리고 다만 업무에 불과한 교육개혁은 다만 업무적으로 처리될 것이다. 즉, 문서만 양산하고 말 것이다.

야구팀에 비유해 보자. 어느 야구팀의 선수들이 운동에 전념할 수 없다. 선수들이 경기와 연습하는 시간만큼 구단 운영, 장비 구입, 운동장 관리, 유니폼 세탁까지 당번을 정해서 해야 하기 때문이다. 이런 팀에서 아무리 전술을 바꾸고, 감독을 바꾼들 경기력은 전혀 향상되지 않을 것이다. 우리나라 교육도 마찬가지다. 어느 정권이든 나름 화려한 교육개혁 담론을 한두 번씩은 휘둘러 보았다. 그러나 교육은 바뀌지 않았다.

수술을 하려면 우선 환자의 신체 상태가 정상적이고 건강해야 한다. 우리나라 학교(교육청도 마찬가지지만)는 말하자면 신체 상태가 불균형하고 기형적인 환자다. 이런 환자에게 각종 신체 능력을 향상시키는 수술을 할 수는 없다. 먼저 신체 상태를 바로잡는 수술이나 치료부터 해야 한다. 교육개혁의 출발점, 그것은 교육정상화다.

고작
다섯 명 차이

어느 학교에서 있었던 일이다. 다른 학교에서 무단결석 누적으로 졸업하지 못하고 이듬해 다시 중학교 3학년에 복학할 학생이 후배들과 같이 다니기 민망하다며 복학 후 전학이라는 형식으로 전학 왔다고 한다. 처음 며칠은 잘 나왔다. 하지만 주말 한 번을 거치고 월요일이 되자 아니나 다를까 다시 결석. 그렇게 사흘을 연거푸 결석했다. 그러다가 목요일 오후에 학교에 와서 하소연을 늘어놓았다고 한다. 어떻게든 3학년을 마쳐서 졸업은 하고 싶은데, 이 학교에서는 계속 다니는 것이 너무 힘드니 전학을 보내 달라는 것이다.

다니기 힘든 이유가 걸작이었다. 공부에는 생각이 없고 출석일수만 채워서 졸업하고 싶은데, 이 학교는 잠을 잘 수도 딴짓을 할 수도 없고, 수업에 어떻게든 참여하지 않을 수밖에 없어서 너무 힘들다는 것이다. 당연히 그런 이유로는 전학이 되지 않았고, 그 학생은 수업에 참여하며 학교에 다녀야 했다. 늘 수업의 가장자리에 방치되어 있던 것을 자유로 착각하고 살다가 처음으로 수업에 참여해야 하는 상황이 되자 힘들었던 것이다.

오해가 없기 바란다. 그 학교 교사들은 최선을 다해 한 사람의 학생도 놓치지 않고 배움에서 빠져나가지 않게 애를 쓰는데, 다른 학교 교사들은 공부 못하는 학생은 그냥 방치해서 잠을 자든 딴짓을 하든 내팽개쳐 둔다는 뜻이 아니다. 5년마다 순환 근무를 해야 하는 공립학교에서 교사들 간의 의미 있는 차이는 거의 없다. 그 학교와 그 학생이 원래 다니던 학교와의 가장 큰 차이는 바로 학급당 인원수였다. 그 학교는 스무 명, 이전 학교는 스물다섯 명, 고작 다섯 명 차이였다.

고작 다섯 명 차이가 뭐 그리 크겠느냐 하겠지만, 교실에서 스무 명과 스물다섯 명의 차이는 결정적이다. 가령 이는 원탁토의 방식으로 수업을 하려 할 때 한 줄짜리 원을 만드느냐 뒷줄이 생기느냐의 차이다. 또 학급을 네 개의 모둠으로 나누어 협력학습을 할 때 모둠을 네 명 단위로 하느냐 다섯 명 단위로 하느냐의 차이이기도 하다. 다섯 명으로 편성된 모둠은 활동에서 소외되거나 무임승차하는 학생이 나타날 가능성이 네 명으로 편성된 모둠보다 훨씬 크다. 이런 이점을 누릴 수 있었기 때문에 그 학교는 다른 학교보다 토의토론, 협력학습 등 다양한 학생 참여형 수업을 시도하는 교사가 훨씬 더 많았다. 또 학생과 교사 사이의 정서적 친밀도도 높았다. 다섯 명은 교실에서 분단 하나 차이다. 네 분단은 한눈에 들어오지만, 다섯 분단은 그렇지 않다. 이는 교사가 수업 중에 학생들을 모두 세심하게 살펴볼 수 있는가, 아니면 한쪽을 살피면 다른 쪽이 사각지대가 되는가의 차이다.

문제는 그 학교가 이런 좋은 여건에서 수업할 수 있게 된 까닭이 훌륭한 정책의 결과가 아니라, 지역의 일시적인 인구 감소 때문에 발생한 우연한 행운이라는 점이다. 아직까지는 이 행운이 유지되고 있지만 조만간 학생 수 감소로 인한 학급 수 감축 혹은 학교 간 통폐합 압력이 들어오고, 그렇게 되면 결국 다른 지역과 마찬가지로 스물다섯 명, 나아가 서른 명짜리 학급이 되고 말 것이다. 지금도 인구가 감소하지 않고 있는 강남권이나 경기도 신도시의 학생 수는 학급당 서른다섯 명을 오르내린다.

교육은 섬세한 과정이다. 오히려 눈에 띄는 큰 교육개혁은 예기치 못한 부작용을 불러올 수 있다. 거창한 것보다는 오히려 이런 '다섯 명 차이' 같은 것들을 하나하나 찾아내는 것이 교육혁신의 출발점이 되어야 할 것이다. 그래서 그 학교가 누렸던 이런 행운을 우연이 아니라 전국 어디에서나 누릴 수 있는 보편적인 모습으로 만들어야 할 것이다.

아직도 우리나라 학교에는 "고작 이거 하나 바뀌었을 뿐인데" 할 만한 것이 많이 남아 있고, 이런 것들은 학교 밖에서는 잘 보이지 않는다. 학교 안을 섬세하게 바라보아야 한다. 그리고 학생들과 함께 생활하는 일선 교사들의 눈과 귀를 믿어야 한다.

학교 없는 세상을 꿈꾸며

이 글은 내가 아주 오래전에 꿈꾸었던 세상을 적어 본 것이다. 그 세상은 공교육 교사로서는 역설적이지만, 학교가 없는 세상이다. 그렇다고 이반 일리히 같은 급진적인 생각을 했던 것은 아니었다. 정확히 말하면 학교 없는 사회라기보다는 고등학교 없는 사회, 그리고 학교가 아닌 곳에서도 배울 수 있는 사회다. 에필로그를 대신해 10년 전에 썼던 글을 실어 본다.

이 책을 처음부터 읽었다면 학교 없는 세상이라는 꿈이 10년간의 내 교육실천에 어떤 영향을 주었는지, 그리고 어느 정도 유효한지 판단해 볼 수 있을 것이다. 나 역시 이 글을 틈틈이 읽으며 나 자신의 교육실천을 점검하는 지표로 삼고 있다. 10년 전에 쓴 글이다 보니 다소 미숙하고 설익은 생각들도 보인다. 그러나 오히려 지난 10년간 내가 나름 성장했다는 증거로 삼아 본다. 지금은 절판된 『내가 만일 대통령이라면』에 수록되었던 글이다.

1. 먼저 문제를 진단하자

국가가 교육을 책임져야 하는 이유는 그만큼 중요한 기능을 하기 때문이다. 그렇지 않다면 그냥 사적으로 맡겨 버리지 막대한 국고를 탕진할 이유가 없을 것이다. 교육이 국가에 어떤 기능을 하는지는 뒤르켐을 위시한 많은 학자들의 다양한 주장이 있지만, 정리하면 다음과 같다. 단, 교육이 개인에게 주는 기능은 논외로 하자.

> 1)교육은 사회의 문화, 규범, 지식 등을 전수함으로써 사회의 유지와 재생산을 가능하게 한다. (사회 유지 기능)
>
> 2)교육은 학생들의 적성과 소질을 계발함으로써 최적의 인적 할당을 가능하게 한다. (선발 할당 기능)
>
> 3)교육은 신분처럼 세습되는 불평등을 완화함으로써 사회적 통합에 기여한다. (사회 통합 기능)

한국 교육의 가장 큰 문제는 이 세 가지가 전혀 작동하지 않는다는 것이다.

1)의 경우는 입시교육이 판을 치는 관계로 제대로 이루어지지 못할 뿐 아니라 거의 희화되고 있다. 전통의 계승 발전, 사회 구성원으로서 반드시 갖추어야 할 문화적 소양과 도덕규범 등은 전혀 입시 점수에 반영되지 않고, 지식, 그것도 단순하고 경직된 지식만 강조되고 있을 뿐이다. 다른 두 가지는 교육과정과 학교 규정에서나 자리 잡고

있을 뿐, 실상은 거의 무시되고 있다. 공교육이 사교육보다 비효율적으로 보이는 것도 학교는 이런 것들을 하는 척이라도 해야 하고, 학원은 다 무시하기 때문이다.

2)도 전혀 작동하지 않는다. 사회에는 다양한 영역에 다양한 재능을 가진 사람들이 필요하며, 각 분야에는 그 분야에 최적인 인재가 할당되어야 한다. 만약 공교육이 없다면 누가 어느 분야에 적합한지 알아낼 방법이 거의 없다. 공교육은 이렇게 인재들을 사회적으로 할당하는 가장 효율적인 방법이지만 동시에 한 번 오작동을 하면 가장 불합리한 방법이 되기도 한다. 그동안 한국 교육은 '시험'이라는 선발 방식에 전적으로 매달림으로써 교육의 선발기능을 마비시켰다. 시험은 몇몇 분야에서는 인재를 가려내는 매우 효율적인 방법이지만 상당히 많은 분야에서는 전혀 그렇지 않다.

3)이 가장 심각하다. 교육은 불평등의 고리를 당대에서 끊을 수 있는 매우 중요한 기능을 한다. 근대 시민혁명 이후에야 오늘날과 같은 국민교육이 가능했던 이유도 여기에 있다. 이미 천 년여 전의 카를루스 대제도 평민의 자녀를 교육하여 귀족보다 윗자리에 앉힘으로써 정복민과 피정복민의 불평등을 완화하고 왕국의 통합을 꾀했다. 한국 사회 역시 교육이 가진 이러한 평등 메커니즘 덕분에 상당한 수준의 사회적 통합을 유지할 수 있었다. 박정희가 고교평준화를 실시하고 전두환이 과외를 금지한 데에는 다 이유가 있다. 독재를 유지하기 위해 사회 통합력의 강화가 필수였던 것이다. 그러나 민주화 이후에는 정부가 억지로라도 사회 통합력을 높이려 할 이유가 없었기 때문

에 교육의 이 기능이 빠르게 무너졌다. 오늘날 한국 교육은 지배 계급이 자신들의 지위를 재생산하는 가장 효과적인 도구가 되었다. 이런 상태가 계속된다면 사회계급은 교육을 통해 사실상 신분으로 바뀌어 고착될 것이다.

2. 해결의 실마리

문제를 진단했으면, 해결의 실마리도 여기서 찾을 수 있다.

흔히 해결책으로 공교육의 강화를 말하기 쉽다. 그러나 공교육의 강화가 학교 교육의 강화를 뜻한다면 그건 절반의 답이다. 수많은 사용자 생산 콘텐츠와 이것들이 유통되는 사회적 관계망, 스스로 학습하는 검색엔진과 정보 데이터베이스는 학교와 같은 특정한 공조직이 지식과 정보를 독점하고 관리하는 것이 불가능해짐을 보여 주고 있다. 배워야 할 내용은 점점 많아지고, 복잡해지며 학제 간의 경계, 예술 장르 간의 경계는 갈수록 모호해지고 천변만화하고 있다. 이런 변화를 경직된 관료조직인 학교가 따라가기에는 너무나 숨차다. 그 결과는 해가 갈수록 늘어나는 교과목, 해가 갈수록 늘어나는 교사의 업무가 증명하고 있다.

그러나 아직도 학교가 감당할 수 있고, 또 감당해야 하는 영역은 있다. 그것은 공동체 구성원으로서 필요한 규범과 행실을 가르치는 것이다. 따라서 문화와 지식 전수라는 기능은 과감하게 민간에게 맡기자. 물론 그렇다고 해서 이게 교육시장화를 의미하는 것은 아니다.

학교가 아주 없는 학교를 꿈꾸는 것이 아니라 학교에서만 배우지 않는 사회를 꿈꾸는 것이다. 국가가 교육과정을 통해 배워야 할 최소한의 요목만 제시하고, 이 요목들을 제대로 배웠는지 급락 여부를 판단하는 평가 기능만 감당하자는 것이다. 그러면 구체적인 교수 - 학습은 학교를 포함한 다양한 교육기관, 사이버학교, 학원, 혹은 자습, 홈스쿨 등에서 담당한다. 단, 이깃이 사교육의 팽창을 통한 빈익빈 부익부로 가는 것을 막기 위해 국가가 모든 국민에게 이러한 다양한 교육기관을 이용할 수 있는 교육 쿠폰을 배급한다. 그럼 교육기관들이 학생들로부터 받은 쿠폰을 모아서 국가에게 제출하고 국가는 그것을 현금으로 교환해 준다.

즉, 교육은 민간이 감당하되, 그 비용은 국가가 부담하는 것이다. 그렇게 되면 누구나 교사가 될 수 있고, 누구나 학생이 될 수 있을 것이다. 컴퓨터 프로그래밍에 자신 있는 사람은 이러닝 사이트를 개설하여 교사가 되며, 동시에 피아노 학원에 등록하여 학생이 되는 것이다.

그러나 온오프라인에 다양한 교육기관, 업체, 사이트가 난립하는 것을 통제하는 역할은 어느 정도 필요하다. 이는 각 분야 교육자들의 전문단체가 감당하도록 한다. 예컨대 사회교사협회에 소속된 사람만이 사회과목과 관련한 각종 기관, 사이트를 개설할 수 있도록 하는 것이다. 그리고 그 협회에 소속되기 위해서는 당연히 소정의 자격을 갖추었음을 입증하는 문턱을 통과해야 할 것이다.

물론 일부 분야만 교육과정에 포함되어 교육사업을 할 수 있는 특권을 가져서는 안 되기 때문에 각 직능, 전문 단체들은 자신들의 분야가 교육과정에 포함될 만한 것임을 주장할 것이며, 국가교육과정위원회에서는 수시로 이를 심사하여 교육과정 포함 여부를 결정해야 할 것이다. 예를 들면 재즈 뮤지션들이 자신들이 개설한 사이트나 학원을 정규 음악교과의 한 부분으로 포함시켜 줄 것을 요구할 수 있으며, 이것이 받아들여지면 학생들의 쿠폰을 받으면서 영업할 수 있게 되는 것이다.

이 쿠폰은 세 종류로 발부한다. 한 종류는 국영수사과에 해당되는 분야를 수강할 수 있는 쿠폰, 또 한 종류는 예술·기능·취미와 관련된 쿠폰, 또 다른 종류는 보건·건강·체육과 관련한 쿠폰이다. 모든 학생은 일정한 수의 쿠폰을 모두 사용해서 통과해야 졸업 자격을 받으며 대학에 갈 수 있다. 학생들은 학년 구분 없이 각자 자기 수준에 맞춰 교육기관을 선택한다. 너무 어려우면 더 쉬운 강좌를 찾아 쿠폰을 이관하면 된다. 부지런하면 더 많이 다니고, 게으르면 더 적게 다닌다. 그래서 학생에 따라서는 5년 만에 모든 쿠폰을 소진할 수도 있고(즉, 조기 졸업), 9년에서 10년에 걸쳐 소진할 수도 있는 것이다. 단 교육이 입시교과에 치중되는 것을 막기 위해 이 세 종류의 쿠폰은 서로 호환되지 않도록 해야 한다. 즉 보건, 체육 쿠폰을 아껴서 그걸로 국영수사과를 더 할 수는 없도록 하는 것이다.

그럼 학교는 완전히 사라지는 것일까? 그렇지 않다. 현재 기준으로 중학교 2학년까지는 학교를 다닌다. 즉 유치원(2년), 초등학교(6년), 중학교(2년) 정도는 국민공통과정으로 의무교육기관인 학교에서 담당하도록 한다. (혹은 이를 통합 학교로 하여 10학년제로 운영할 수도 있다.) 이때 이 학교의 목표는 민주공화국의 시민으로서 필요한 규범과 태도를 몸에 익히는 것, 지식 그 자체보다 문제를 해결하고 학습을 조직하는 역량을 함양하는 것 등을 최우선으로 한다. 요즘 아이들의 무매너와 그 무매너를 방치하는 양식 없는 부모들을 보면 이런 기관의 필요성에 누구나 공감할 것이다.

아이들은 말귀를 알아들을 나이가 되면 바로 유치원에 들어가서 기초적인 몸가짐 등을 익히고, 초등학교 저학년에서는 기초적인 3R 교육과 신체 훈련을 받고, 고학년에서는 보다 고차적인 규범과 태도를 익히고, 장차 다양한 교육기관에서 스스로 학습할 수 있는 최소한의 소양을 익힌다. 초등학교는 유급제도를 두어 이 소양이 충분하지 않으면 보충학습 쿠폰 외에는 다른 쿠폰을 받지 못한다. 유급 대상 학생들은 보충학습 쿠폰을 이용하여 부진학생만을 전문적으로 가르치는 특별한 기관에서 보충수업을 받을 수 있다.

지금까지 구상한 학제를 그려보면 〈표5〉와 같다.

유치원과 초등교육은 아예 아이들을 부모들과 상당시간 격리시킬 수 있을 정도로 강도 높게 이루어져야 한다. 단 이때 학업이 아니라 태도와 가치관에 대한 교육이 중심이 되어야 한다. 이렇게 초등학교는 강화되지만 중등학교 이상은 해체된다. 인정받은 전문가라면 누구든지 강좌를 개설할 수 있고, 쿠폰을 가진 사람이라면 누구나 그 강좌를 이수할 수 있으며, 그 비용은 모두 국가가 담당하는 것이다.

즉, 각 분야의 전문가로 인정받으면 사실상 누구나 교사로 개업(?)

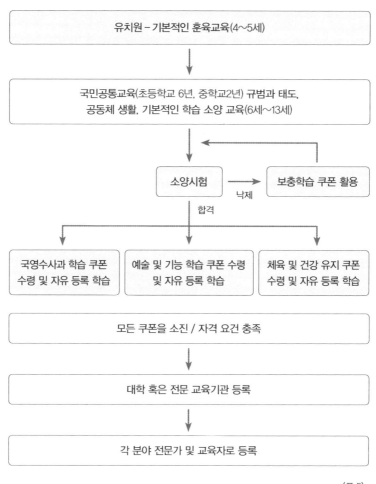

유치원 – 기본적인 훈육교육(4~5세)

국민공통교육(초등학교 6년, 중학교2년) 규범과 태도,
공동체 생활, 기본적인 학습 소양 교육(6세~13세)

소양시험 → 보충학습 쿠폰 활용
낙제

합격

국영수사과 학습 쿠폰
수령 및 자유 등록 학습

예술 및 기능 학습 쿠폰 수령
및 자유 등록 학습

체육 및 건강 유지 쿠폰
수령 및 자유 등록 학습

모든 쿠폰을 소진 / 자격 요건 충족

대학 혹은 전문 교육기관 등록

각 분야 전문가 및 교육자로 등록

〈표 5〉

할 수 있는 것이다. 물론 이 교사들은 겸직도 할 수 있다. 자동차 정
비소를 운영하면서 공업교육과정을 개설할 수 있고, 사회조사연구
기관에서 일하면서 통계학 강좌를 개설할 수 있다. 결국 어느 분야

든 노력하면 적어도 교사나 교수 정도(?)는 될 수 있게 되는 것이며, 이는 대학 서열화, 직업 서열화 등의 문제도 상당 부분 해소시킨다.

이렇게 되면 1)의 문제뿐 아니라 2)와 3)의 문제도 자연스럽게 해결된다.

2)의 경우는 각자 선택한 강좌들을 이리저리 이수하다 보면 결국 자신이 가장 적합하다고 여겨지는 분야로 진출하게 될 것이기 때문에 해소된다. 만약 그 분야에 적합하지 않다면 그 분야 강좌에서 계속 낙제를 할 것이며, 낙제를 반복하다 보면 다른 분야를 찾거나 더 많은 노력을 해서 적합해진 다음에 그 분야로 진출하게 될 것이기 때문이다.

3)의 경우는 쿠폰의 발급을 제한하면 간단히 해결된다. 먼저, 각종 교육기관, 사이트들은 교육쿠폰 외에 어떤 결제 수단도 사용할 수 없도록 법으로 규정한다. 즉, 현금이나 카드로 교육을 구입할 수 없도록 한다. 사교육기관도 철저히 국가가 발행한 쿠폰만 받아야 한다. 만약 다른 결제 수단을 사용한 것이 적발되면 교육자격을 박탈당한다.

당연히 모든 국민은 동등한 양의 교육쿠폰을 발급받는다. 따라서 이 쿠폰 수량 이상의 교육을 받을 수 없다. 다만 낙제를 한 경우에 한하여 보충학습 쿠폰을 받을 수 있으며, 극빈층에 한하여 할증된 쿠폰을 발부받을 수 있다. 교육 쿠폰은 절대 교환이나 판매·양도될 수 없으며, 만약 그러한 사실이 적발되었을 경우에는 해당 학생과 학부모가 그동안 소진한 쿠폰을 모두 무효화하여 초등학교부터 다시 다니게 한다(기본 소양이 틀려먹었으니). 또한 교육 경력 덕분에 얻게 된 모든 자격(학위, 졸업장 포함)과 직장을 상실한다.

3. 교육과정과 목표를 교육시키자

이상의 정책들이 제대로 자리를 잡으려면 학부모들의 의식이 바뀌어야 한다. 만약 그렇지 않다면 유명 학원 앞에서 쿠폰을 든 학부모들이 밤새도록 장사진을 이루는 진풍경을 이룰 수도 있다. 학부모들이 지금까지의 편협한 교육관을 넘어서 교육을 아이들의 입장에서 넓고 개방적으로 생각할 수 있게 해야 한다. 이를 위해 교육과정의 편성 과정에 시민들의 의견을 적극 반영할 필요가 있다.

이를 위해 먼저 '교육 조사사업'을 대대적으로 실시해야 한다. 이 조사사업은 교육에 대한 희망을 물어보는 것이 아니라 교육의 목표를 공유하기 위함이다. 이 조사는 학생, 학부모, 교육자, 기업가 등에게 "교육받은 사람과 그렇지 않은 사람의 차이는 무엇이라고 생각하는가?"라는 질문을 던지고 대답들을 수합하는 방식으로 이루어진다. 이를 통해 사회적으로 합의 가능한 교육의 목표를 설정하고 그것을 공유하여 교육과정을 편성하는 것이다. 국가의 교육과정은 이런 식으로 만들어지는 과정에서 이미 시민 참여가 보장된다.

이렇게 교육과정이 만들어진 다음에는 충분히 공유되어야 한다. 시민들, 특히 학부모들은 우리 사회의 교육과정, 교육목표가 무엇인지 학습해야 할 권리와 의무가 있다. 현재 우리나라는 교육과정이 소수 전문가 의견에 의해 좌우되고, 또 일반 시민들에게는 잘 알려져 있지 않다. 그래서 교육과정 따로 실제 교육 따로인 것이다. 하지만 이렇게 교육과정이 만들어지는 과정이 민주적이고, 또 만들어진 교육과정이 충분히 공유된다면 비정상적인 입시광풍은 상당히 잦아들 것이다.

4. 학교가 창조적으로 소멸되기까지

사실 앞에서 제시한 큰 그림이 단번에 이루어지지는 않는다. 따라서 일정 기간 동안 여전히 학교가 중심이 될 수밖에 없다. 그리고 학교가 해체되고 자유로운 지식 공동체들의 자유로운 교육이 이루어지더라도 처음 그 주체들은 교사 출신이 될 수밖에 없다. 따라서 우선 교사들을 업그레이드시켜 놓는 것이 이 정책의 출발점이 될 것이다. 이를 위해 다음과 같은 정책이 필요하다.

1)교원 승진제도 개편과 교사 업무의 전문화

간단히 말하면 교장, 교감이 되는 것이 교사의 승진이 아니게 하는 것이다. 교장, 교감은 학교 운영을 책임지는 행정관의 위상을 가진다. 즉 교사와 교장, 교감은 전혀 다른 직렬에 위치하게 된다. 교사들은 교육만 책임지며 학교의 모든 행정잡무는 교장과 교감, 그리고 그들이 채용한 몇몇 행정직원들이 전담한다. 그 대신 교사들은 남는 시간을 연구에 투자해야 하며, 이를 일정 기간마다 입증해야 한다.

2)교사의 겸직 완화

교사의 업그레이드가 이루어지면 교사의 겸직금지 조항을 완화한다. 물론 아무렇게나 겸직할 수 있는 것은 아니고, 교육적인 사업의 경우 겸직이 가능한 것이다. 교사는 방과후에는 자신의 강좌를 온오프라인에 개설하여 추가 소득을 올릴 수도 있으며, 학교의 틀을 벗어난 다양한 교육적 실험을 할 수도 있다. 조금 더 발전하면 교사가 학교에서의 수업을 줄이고 급여를 적게 받는 대신, 자신의 독자적인 온오프라인 교실에 더 많은 시간을 할애할 수 있는 선택권을 사용할 수 있도록 한다. 이런 식으로 학교 밖 교육활동 기회가 점점 많아지다가 적절한 시점에 의무교육기관 이상의 학교를 폐지하는 것이다.

3)기존 학교는 교육 시설 제공자로 재편성

그렇다고 기존의 학교가 완전히 사라지는 것은 아니다. 각 지역의 학교는 지역 교육 공동체들의 메카 역할을 하며 강의실과 각종 기자재, 자습실, 도서관 등을 저렴하게 제공한다. 또 각 지역 교육 공동체의 교육자들은 그 지역의 학교에서 관리하고 지원한다. 따라서 학교는 자유로이 교육하는 교육자들과 그들을 위한 시설과 지원을 담당하는 교장, 교감으로 구성된다.

5. 설계도는 소통을 통해 현실이 된다

지금까지의 제안이 너무 이상적이고 꿈같다고 여길 수도 있을 것이다. 그러나 이상은 꿈이 아니다. 물론 이상은 현실도 아니다. 이상은 하나의 설계도이며 지향점이다. 앞에서 제시한 것 같은 교육제도는 아마 이루어지기 힘들 것이며, 억지로 하려 해서도 안 될 것이다. 그러나 이러한 방향을 염두에 두고 정책을 펼쳐 나간다면 많은 문제를 해결할 수 있을 것이다.

그러나 주의할 점은 이 설계도가 적용될 곳은 사물이 아니라 사람이며 사회다. 따라서 설계도대로 주물을 떠서 강압적으로 적용해서는 안 된다. 이 설계도가 현실화된다면 교육계에 지진 같은 변동을 일으킬 것이고, 그 과정에 많은 사람들이 일자리를 잃거나 전혀 다른 종류의 일을 하게 될 것이다. 그 충격을 서서히 완화시킬 수 있는 대안을 마련하고, 당사자들을 끈기 있게 진심으로 설득하는 과정이 함께 있어야만 설계도는 비로소 현실이 될 것이다. 그렇지 않다면 끝없는 갈등과 지루한 분쟁으로 세월만 좀먹고 말 것이다.

학교가 꿈꾸는 교육,
교육이 숨쉬는 학교

ⓒ 권재원, 2018

초판 1쇄 발행 2018년 5월 23일

지은이 권재원

펴낸이 김혜선 **펴낸곳** 서유재 **등록** 제2015-000217호

주소 (우)04034 서울 마포구 잔다리로7길 18(서교동 377-20) 403호

전화 070-5135-1866 **팩스** 0505-116-1866 **대표메일** outdoorlamp@hanmail.net

종이 엔페이퍼 **인쇄** 성광인쇄

ISBN 979-11-89034-01-6 03370